DEUTSCH:

Workbook to accompany

NA KLAR!

Jeanine Briggs

DI DONATO CLYDE VANSANT

An Introductory German Course

McGraw-Hill, Inc.

New York St. Louis San Francisco Auckland Bogotá Caracas Lisbon London Madrid Mexico City Milan Montreal New Delhi San Juan Singapore Sydney Tokyo Toronto

This is an  book.

Workbook to accompany
Deutsch: Na klar! An Introductory German Course, Second Edition

This book is printed on recycled paper containing a minimum of 50% total recycled fiber with 10% post consumer de-inked fiber.

1 2 3 4 5 6 7 8 9 0 SEM SEM 9 0 9 8 7 6 5

ISBN 0-07-016971-3

This book was set in Palatino on an IBM computer by Ann Eisner.
The editors were Thalia Dorwick, Gregory Trauth, and E. A. Pauw.
The production supervisor was Diane Renda.
Illustrations were done by George Ulrich and Irene Benison. Electronic art was done by Anne Eldredge, Kevin Berry, and Brandon Carson.
Semline was printer and binder.

Grateful acknowledgment is made for use of the following material: Page 3 Aachener Volkszeitung; 3 PaperArt Holland; *3* © Eva Heller, From *Vielleicht sind wir eben zu verschieden; 15* Reprinted with permission of *Motorrad, Reisen & Sport; 21* JUKI (Europe) GmbH; *24 Landshut aktuell; 25* © *Hörzu; 26 Petra; 37* Markus/*Stern; 43* © 1991 Editors Press/Distri. Bulls; *45 Berliner Morgenpost; 49* © *Hörzu; 50* Reprinted with permission of McDonald's Corporation; *52* Reprinted with permission of Fuji Photo Film; *52* Klaus Pause, Munich; *71* Cartoon by Dubouillon/IFS; *72* © Papan; *75 Berliner Morgenpost; 109* © 1989 Oli Verlag N.V.; *126 Berliner Morgenpost; 128* © 1989 Oli Verlag N.V.; *133* © Société des Produits Nestlé S.A.—Trademark Owners; *136 Schuss; 142 Zwanzig Jahre; 148* Published in *Das Neue; 150* Reprinted with permission of *Blick auf Hoechst*, Hoechst Corporation; *152 Astro Venus; 152 Astro Venus; 155* © Papan; *164* Tourist-Information, Passage Cassius-Bastei; *167 Bonn Beethoven; 171 Bildwoche; 173 Frau im Spiegel; 175 TV Hören und Sehen; 183 Bildwoche; 191 Stern; 195* Reprinted with permission of *Blick auf Hoechst*, Hoechst Corporation; *197* Published in *Das Neue; 199 Berliner Morgenpost; 208 Berliner Morgenpost; 211* © *Ruhr-Nachrichten; 214 Berliner Morgenpost; 219* Société des Produits Nestlé S.A.—Trademark Owners; *219 TV Hören und Sehen; 225* © *Ruhr-Nachrichten; 233 Althaus Modernsieren; 236 Wohnidee; 238* © Peter Butschkow/*Wohnidee; 245* Reprinted with permission of *Quick; 248 Wohnidee; 251 Kurier; 258* Text: *Berliner Morgenpost*; photo: DPA; *260 Blitz Leipzig, Dresden, und Halle; 266 Berliner Morgenpost; 269* Markus/*Stern; 275 NDR Magazin; 277 Goslarer Zeitung; 282* © MEGAtimer; *284* From *Profil* 1/88, Schülerzeitung in Deutschland; *288 JUMA; 290 JUMA*

Contents

Preface

The *Workbook to accompany* **Deutsch: Na klar!**, *Second Edition*, includes an **Einführung** plus fourteen chapters, all correlating with the main text to offer written practice of vocabulary and grammar, additional reading materials and activities, and special activities to develop writing skills in German. Each regular chapter of the *Workbook* consists of three major sections, which correspond to those in the main text: **Wörter im Kontext, Grammatik im Kontext,** and **Sprache im Kontext.** As in the main text, each chapter also opens with a brief introductory activity entitled **Alles klar?**. The **Journal,** which concludes each chapter, is an exclusive feature of the *Workbook.* Art, maps, realia, and various graphics enhance the learning process throughout the *Workbook.* Whenever appropriate, **Kultur-Tips** and **Sprach-Tips** explain curiosities or points of interest in the realia.

Alles klar? sets the thematic stage of each chapter with a lively piece of realia and related activities.

Wörter im Kontext is divided into **Themen** that correspond to those of the main text. Each **Thema** offers two or three activities to help students comprehend, acquire, and practice the chapter vocabulary.

Grammatik im Kontext closely follows the sequence in the main text with exercises that focus on the understanding, practice, manipulation, and application of grammatical forms and structures.

Sprache im Kontext includes authentic texts for additional reading practice. As in the main text, a skimming and/or scanning activity called **Auf den ersten Blick** introduces the general idea of the reading, and an activity entitled **Zum Text** focuses more intently on the language and context. **Schreiben** offers suggestions and directions that enable students to respond to, react to, or in some way personalize ideas from the reading(s) through writing.

Journal offers guidelines, suggestions, questions, and a variety of prewriting techniques that enable students to think about a topic and to conjure up ideas and vocabulary items without needing to turn to the main text or to a dictionary for help. The goal is for students to write freely and with ease, applying the skills and knowledge of the language they have acquired up to any given point—without the fear of making mistakes that will be counted against them. Comfort is the key to the success of journal writing in this program: Students should feel comfortable with the topics and with their abilities. It is important that students not only feel free to express their thoughts but also receive responses that validate their efforts at written communication.

Please see *To the Instructor* and *To the Student* in this preface for further explanation of journal writing and for suggestions for responding to the journal entries.

To the Student

Benefits: As you progress through the *Workbook,* try to approach each exercise with an understanding of the benefits it will bring you: It will help you check your understanding of the language; it will reinforce what you have learned, so you can retain it; it will provide repetition of correct patterns and spelling, so you can develop an ease for writing in German; it will help you develop skills for communicating in German through writing. Giving full attention to even the simplest exercise will make the creative activities easier for you; you will feel comfortable with the mechanics of the language so that you can concentrate on content and the expression of your ideas.

Answer key: An answer key is provided at the end of the *Workbook* for all exercise items that have one answer or, at least, a predictable answer. To make the most effective use of this answer key, do not consult it until you have completed an assignment and looked it over yourself for possible errors; use the key only as a second check. Do not simply correct items, but try to understand the problem: What did you do wrong? Is there a grammar explanation in the textbook that you should study to get a firmer grasp of a particular concept? Do you need to review the vocabulary?

Writing space: Whenever blank lines or writing space is not provided in the *Workbook,* you will need to use a separate sheet of paper for your writing. This will be necessary when you are asked to write a description, a paragraph, a note or letter, or a brief composition. This symbol signals the need for a separate sheet of paper:

Complete and incomplete answers: Many of the exercises require only a short answer, and the directions may call for a **kurze Antwort.** Other exercises require complete sentences; longer or more lines are provided for writing, and the directions may ask for a **vollständige Antwort.** Each type of answer fulfills a different purpose: An incomplete answer allows you to focus on the information or on the correct expression of a key point; a complete answer gives you an opportunity to provide information within a context and to reinforce German sentence patterns.

Communication and sharing: In the *Workbook,* you will have many opportunities to express your own ideas and, also, to communicate with other students through an exchange of notes, invitations, and so forth. Sharing your work with others is an important part of the writing process, even when you have not written something specifically to be read by someone else. Whenever writing is shared in class through partner or group work, seize the opportunity to learn from the experience: How do other students respond to your writing? How can you respond to the writing of others, in terms of positive feedback and constructive suggestions? Sharing your writing and responding to someone else's writing and ideas will help develop your communication skills in German. Even the ability to detect minor errors will help sharpen your language skills.

Journal: For this section of the *Workbook,* you will need to provide your own notebook. Any notebook will do, but it should be one that you feel comfortable writing in and that you can use exclusively for journal writing in German. Each **Journal** section provides prewriting techniques to help you begin thinking, in German, about your topic before you begin to write. You do not need to follow the directions exactly, but you should apply the techniques in whatever way works best for you. Always feel free to annotate the *Workbook* page: Check and cross out items, for example; modify phrases so that they work for you; choose those thoughts that you want to include in your entry and omit others; jot down ideas in answer to some questions and ignore those that do not apply to you.

The purpose of the **Journal** is to help you feel comfortable thinking and writing in German; it is recommended, therefore, that you set aside a quiet time whenever journal writing is assigned. Quantity is an important aspect of journal writing. You should feel free to take risks by expressing yourself and by writing as much as you can without worrying about making mistakes; indeed, errors in your journal entries should be considered a natural part of the language-learning process. Through your journal, you will have the satisfaction of communicating through writing and of receiving some type of positive written response from your instructor or, possibly, from another member of the class.

As with all the creative writing assignments in this *Workbook,* you should feel free to personalize your journal entries with drawings, diagrams, or appropriate photos or pictures that you have cut from magazines. Captions for the visuals would also be an interesting addition.

By the end of the course, you will have completed fifteen journal entries; by comparing the beginning entries with those at the end, for example, you will be able to see for yourself the dramatic progress that you have made in your study of German.

Throughout the course, you always have three choices of how to approach each journal entry: You may (1) select one of the topics and write about it from your own personal perspective; (2) treat the topic in the third person and write about a friend, a family member, a celebrity, or a fictitious person; or (3) write in the first person about a German persona that you develop. If you assume a German name in your German class, for example, you may want to develop that image in your journal writing: You assume the identity of a German (Austrian, Swiss, . . .) citizen, age . . . , living in . . . , with a family that includes . . . , and so forth. You may always choose to write from your own viewpoint, from the viewpoint of a third person, or from that of your German persona; or else you may switch viewpoints from chapter to chapter.

To the Instructor

The following are suggestions for using this *Workbook* and the textbook materials in **Deutsch: Na klar!** to help students develop writing skills in German.

Spelling and grammar: To the extent possible, students should be responsible for learning spelling and grammar and for finding and correcting their own errors. They should, of course, always feel free to question and to seek help with anything they do not understand. As a self-checking aid to students, an answer key to all single-answer exercises has been provided at the end of this *Workbook.* Refer your students to the *To the Student* section of this preface, which suggests the most effective way of using the answer key.* You may want to have students hand in vocabulary and grammar assignments, not to correct them yourself but just to make sure they are completed. You will then be able to focus on correcting and responding to the open-ended or creative writing activities.

Alternatives for using the ***Wörter im Kontext*** *section:* Most of these exercises are based on the vocabulary list at the end of the chapter, so they could be assigned *after* the **Grammatik im Kontext** section, rather than before. By this time, the words would be more familiar to the students, and they should be able to complete the exercises quickly and accurately. This, then, would provide a quick vocabulary check before students turn to the creative writing exercises and before they face a chapter quiz or test.

Alternatives for handling written grammar exercises: Some of the grammar exercises in this *Workbook* are open-ended and allow for different answers. If your students need more help with grammar, asking students to share this work among themselves may prove valuable. For example, when students are asked to write sentences using prepositional phrases, each student will presumably come up with a different sentence. Working in small groups to compare sentences reinforces the patterns and gives students added grammar practice.

---

*If you dislike the idea of having an answer key for self-checking, you might ask students to remove the answers and hand them in to you.

If you have a few extra minutes at the end of a class period, you might ask students to do certain grammar exercises together, with partners, or in groups of three. Another idea is to assign one exercise to half the class and a different exercise to the other half; then ask students to exchange workbooks with someone from the other group and correct that person's work.

Responses to creative writing: Accept student work at face value and respect it; students will very likely clean up sloppy work on their own when they realize that you care. Make corrections and write comments neatly and in handwriting that students can readily decipher; otherwise, your marks will be of little value to students and a waste of your time. Give your feedback in the margins, at the beginning or at the end of a paper or on a clean slip of paper attached to the student's paper; except for proofreading or editing marks, never write on top of student writing. When marking papers, you might consider using green ink—or turquoise or purple—which has more positive connotations than red ink.

Responses to journal entries: The **Journal** is explained in a previous section of this preface and also in the *To the Student* section. Whenever you assign the **Journal,** students should complete the assignment in a separate notebook of their own choosing. It is recommended that you do not correct or even mark any spelling or grammar errors in the journals but, rather, give students the satisfaction of knowing that they have communicated and conveyed meaning through written German. At the end of every journal entry, write some kind of response in simple German: questions to indicate you are interested in hearing more, positive comments, personal experiences that the student's writing may have evoked, or whatever else comes to mind. From your written feedback, students realize that the communicative process was completed, and they also receive extra practice just reading your reply.

Postwriting sharing: Sometimes you might choose to allow a few extra minutes at the end of a class period for students to share their written work with partners or in small groups. The adjectives they learn at the very beginning of **Deutsch: Na klar!** (**ausgezeichnet, sehr gut, gut, interessant, usw.**) provide some rudimentary tools for positive replies. Students will pick up more phrases from your oral remarks in class and from your written comments on their papers—all of which they can recycle and reinforce in response to each other's work.

Learning through writing and responding: Use student papers in class whenever possible for group learning. Emphasize the importance of group support and helpful suggestions as opposed to criticism; point out that all the members of the class are in the learning experience together. When a student paper is read aloud in class or in a small group, for example, ask students to think of ways in which the student writer could expand his or her work, using vocabulary they have already learned: What details could be added, for example? What questions does the writing evoke but leave unanswered? What could the writer have said but did not? How could the writer have stated something in another way? Try to keep all answers in German, however simple.

Rewriting: Emphasize the importance of rewriting and developing written work. You need not ask students to rewrite each piece of creative writing but, from time to time, you might ask them to select a paper from among those they have written to rewrite and develop more fully. Your feedback and whatever feedback they have had from other students will help. Presumably, they will have acquired more language ability the second time around and will be able to see the improvement. You might consider giving credit for each piece of writing, but actually grading only those papers that students have had a chance to revise.

Binders: Writing is one way in which students can see their progress concretely and judge it accordingly. Encourage students to keep all written work in a binder so that they can review their errors, practice words that were misspelled, and refer when necessary to specific grammar explanations in the textbook.

Note-taking: To the extent possible, encourage note-taking in German not only during class but during the reading of the texts in the textbook and in the *Workbook.* Suggest that students jot down key words and phrases, as well as simple questions that come to mind as they read. Students might also jot down short personal comments during or after reading. Emphasize that the more students write in the target language, the more they will learn and retain.

Use of visuals for impromptu writing: The visuals in this *Workbook* have been used for a variety of purposes, but many lend themselves well to discussion and to oral or written description. Sometimes you might want to select an appropriate visual from anywhere in the *Workbook,* or the textbook, or from a magazine or your own files, and focus on it for a few minutes in class: Brainstorm on the board as students identify items they see. Ask any pertinent questions about the picture, then allow five to ten minutes for students to write about it. If there is time, call on volunteers to share what they have written. This type of impromptu writing will help students become more accustomed to thinking and responding directly and immediately in German. It will also prepare them for paragraph- or essay-writing on tests.

Acknowledgments

Many thanks to the following people for contributing their time, talents, and effort to the success of this *Workbook:* To Gregory Trauth, Robert Di Donato, Bettina Pohle, Harriet Dishman, and Stacey Sawyer for all their helpful editorial suggestions and input; to Monica Clyde, whose fine editorial work on the first edition carried over in large part to this edition; to Robert Di Donato, Lida Baldwin, and Beate Engel-Doyle for the new pieces of realia that came from the many newspapers, magazines, and authentic materials they offered; to Liz Pauw for expertly supervising the manuscript through the production process; to David Sweet for cheerfully obtaining permission to reprint the authentic materials; to George Ulrich for his captivating illustrations; and to Irene Benison for her appealing handwritten art.

Einführung

Hallo! Guten Tag! Herzlich willkommen!

Aktivität 1 Willkommen in Deutschland!

KULTUR-TIP

Notice the word **Karstadt** on the menu, napkin, bowl, and plate. **Karstadt** is the name of a large department store chain in Germany; another is **Hertie**. The stores belonging to these two chains often have their own restaurant on the premises.

A chef in Germany welcomes American students to his culinary class. Write the missing words to complete the greetings.

HERR LANG: Hallo! ________ Name ist Peter Lang. ________ ist Ihr Name bitte?

FRAU WALL: Guten Tag, Herr Lang. Ich ________ Carolyn Wall.

HERR LANG: ________ mich, Frau Wall. Und ________ kommen Sie?

FRAU WALL: Ich ________ aus Chikago.

HERR LANG: Ah ja, Chikago . . . Und Sie? Wie ________ Sie, bitte?

HERR GRAY: Ich heiße Jonathan Gray, und ich komme aus Boston.

HERR LANG: Nun, herzlich ________ in Deutschland!

Das Alphabet

Aktivität 2 Wie, bitte?

The first letter of each word is correct. Unscramble the remaining letters, and write the correctly spelled expressions. For practice, spell each expression aloud in German; then say each exchange aloud with appropriate intonation.

A: Getnu Abdne! *Guten Abend!*

B: Gßür dhic! ________

C: Dknae sönhc! ________

D: Btiet shre! ________

E: Ftreu mhci! ________

F: Gfiellscalh! ________

G: Afu Wheeesdirne! ________

H: Tücssh! ________

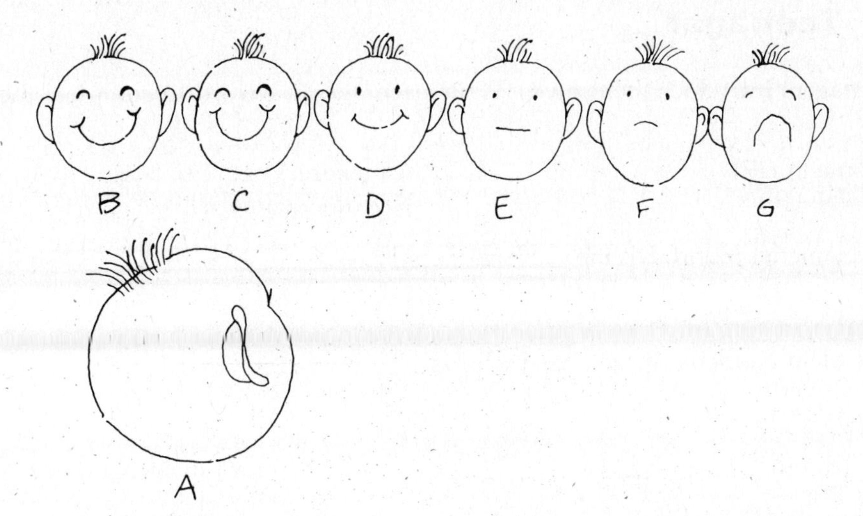

A: Wie geht es dir?

B: *Ausgezeichnet!*

C: ______________________

D: ______________________

E: ______________________

F: ______________________

G: ______________________

Zahlen und Nummern

Aktivität 5 Anzeign° über Telex

°ads

Complete the dialogue by writing each digit as a word.

Anzeigen über Telex

aufgeben: **1 83 594**

HERR REUTER: Wie ist die Telexnummer für Anzeigen, bitte?

FRAU WENDT: Die Nummer ist ____________, ____________, ____________,
____________, ____________, ____________.

HERR REUTER: Danke.

FRAU WENDT: Bitte.

Aktivität 6 Teenager

The following teenagers introduce themselves. Write each age as a word to complete the information.

Sigrid Lippmann (17)
Jürgen Schwab (16)
Anneliese Vogt (19)
Thomas Zellmer (13)

1. Tag! Mein Name ist Sigrid. Ich bin ______________________. Ich komme aus Mainz.
2. Guten Tag! Mein Name ist Jürgen, und ich bin ______________________. Ich komme aus Leipzig.
3. Grüß dich. Ich bin ______________________, und mein Name ist Anneliese. Ich komme aus Salzburg.
4. Hallo! Ich komme aus Basel. Ich bin ______________________, und mein Name ist Thomas.

Aktivität 7 Countdown

The fans are counting down the seconds to the end of an exciting soccer game. Supply the missing numbers.

FANS: ______________________, neunzehn,

______________________,

siebzehn, sechzehn, ______________________,

______________________, dreizehn,

______________________,

______________________,

______________________, neun,

acht, ______________________,

______________________, fünf,

vier, drei, ______________________, eins!

Aktivität 8 Paare

Write the numbers as words.

1. Herr Voß ist ______________________ (23),

   Frau Voß ist ______________________ (32).
2. Frau Kramer ist ______________________ (59),

   ihr (*her*) Vater ist ______________________ (95).

3. Frau Hübner ist ______________________ (67),

   Herr Hübner ist ______________________ (76).

4. Frau Bruhn ist ______________________ (84),

   ihr Sohn ist ______________________ (48).

Aktivität 9 Zahlen über hundert

> SPRACH-TIP
>
> In German as well as in English, large numbers normally appear as numerals rather than as words. However, when spelled out, a number in German is printed as one word, regardless of length.
>
> | | |
> |---:|---:|
> | 42 | zweiundvierzig |
> | 842 | achthundertzweiundvierzig |
> | 6 842 | sechstausendachthundertzweiundvierzig |

Write the numeral for each word.

1. einhundertzweiundsiebzig ____________
2. dreihundertfünfundachtzig ____________
3. fünfhundertneunundneunzig ____________
4. zweitausendsiebenhundertsechs ____________

For practice, write each number as a word.

5. 201 ______________________________
6. 446 ______________________________
7. 647 ______________________________
8. 9 661 ______________________________

Now, for pronunciation practice, say each of the eight numbers aloud. Practice saying them until they sound smooth and natural.

Aktivität 10 Wie ist Ihre Adresse, bitte?

> **SPRACH-TIP**
>
> The address side of a German postcard normally includes four lines with a space between the third and fourth lines. The word **Frau** or **Herrn** (accusative form) normally appears by itself on the first line. The name goes on the second line, the street address on the third line, and the zip code and city on the fourth line.

Mr. Schuster has just ordered a book from a bookstore. The bookdealer fills out a postcard, which he will send to Mr. Schuster when the book arrives. Read the following dialogue; then address the postcard accordingly.

BUCHHÄNDLER: Wie ist Ihr Name, bitte?
HERR SCHUSTER: Georg Schuster.
BUCHHÄNDLER: Und Ihre Adresse?
HERR SCHUSTER: Poststraße zwanzig.
BUCHHÄNDLER: Die Postleitzahl?
HERR SCHUSTER: Sechs, neun, eins, eins, fünf.
BUCHHÄNDLER: Und die Stadt?
HERR SCHUSTER: Heidelberg.
BUCHHÄNDLER: Danke, Herr Schuster.

1. *RETURN ADDRESS see other side*

Name ______________________ Datum ____________ Klasse ______________

Nützliche Ausdrücke im Sprachkurs

Aktivität 11 Im Deutschkurs

Write an appropriate statement or question for each student, as suggested by the picture. More than one expression is possible for Karin.

STEFAN: Ich habe eine Frage.

ANNA: Wie sagt man interesting auf deutsch?

BRIGITTE: Ich weiss es nicht.

THOMAS: Haben wir Hausaufgaben?

KARIN: ______________________

Sie können schon etwas Deutsch!

Aktivität 12 „Alligator"

The word **Alligator** is spelled in German exactly as in English, although in standard German it would begin with a capital letter because it is a noun. German pronunciation of this word also differs somewhat from English, as you will hear when your instructor models it for you.

Study the ad; then circle the phrase that best completes each sentence. Write the word(s) from the ad that offer the clue(s) to this information. Even though you do not know many of these words, you will be able to guess what they mean from the context of the ad and through the activity.

1. **Alligator** is the name of
   a. a language school.
   b. a travel agency.

   alligator sprachenschule ______________________

2. **Alligator** offers intensive courses

   a. during the winter.

   b. in the summer.

   ____

3. One has a choice of attending three weeks of instruction

   a. in the mornings or in the evenings.

   b. in the afternoons or on weekends.

   ____

4. The 45 hours of instructions are offered with a

   a. minimum of 5 participants.

   b. maximum of 5 participants.

   ____

Now complete the following sentences.

5. Sommerintensivkurse kosten ____________.

6. Die Schule ist in ____________.

7. Die Postleitzahl ist ____________.

8. Die Adresse ist Knobelsdorffstraße ____________.

9. Die Telefonnummer ist ____________.

Wo spricht man Deutsch?

Aktivität 13 Land und Sprache

Complete the chart with the name of the country or the corresponding primary language. The ad in the preceding activity will help you with names of languages; the **Wortschatz** section of your textbook lists names of countries.

LAND	SPRACHE
die Bundesrepublik Deutschland	
	Dänisch
	Französisch
	Griechisch
	Italienisch
Liechtenstein	
Österreich	
	Portugiesisch
Saudi-Arabien	
	Spanisch
Thailand	
die Türkei	
	Ungarisch
England	

Aktivität 14 Sie können schon etwas Deutsch schreiben.

You can already write some German. Write a brief note to another student. In a note or a letter, **dich** and **dir** are capitalized: **Grüß Dich! Wie geht es Dir?**

Hallo, Andrew, wie geht's? Prima? Na, mach's gut!

Beth

Alles klar? Fabelhaft? Hallo! Wiedersehen! Miserabel? Prima? Wie ist Deine Telefonnummer? Wie geht es Dir? Na, mach's gut! Na, wie geht's? Tschüs! Grüß Dich!

Journal

Before you begin writing, please reread the section entitled "To the Student" in the preface to this workbook, especially the paragraphs about journal writing.

Introduce yourself in your first journal entry. Write a greeting, then add your name, where you are from, your address (**Meine Adresse ist . . .**), and your telephone number. Write one more sentence to express your interests: **Meine Interessen sind** (*are*) **. . . und . . . .**

Film	Sport
Fotografieren	Tanz
Literatur	Tennis
Musik	Theater

Name ______________________ Datum ____________ Klasse ______________

Kapitel 1

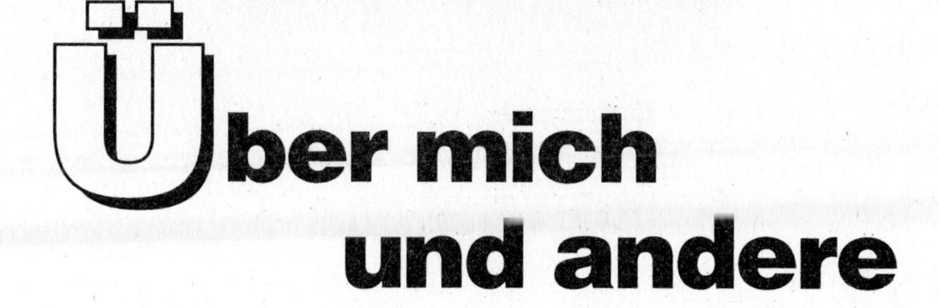

Alles klar?

Look at the ad and read through the information. Then look at the following list and cross out any information about the man that the ad does not provide.

Adresse
Alter
Beruf
Geburtsdatum
Geburtsort
Hobby
Lieblingsbuch
(Lieblings- = *favorite*)
Lieblingsfilm
Lieblingsvideospiel
Lieblingszeitschrift oder -magazin
Name
Nationalität
Religion
Telefonnummer

Vokabelsuche. Now write the German equivalent of each of the following words.

1. *name:* ______________________
2. *occupation, profession:* ______________________
3. *hobby:* ______________________
4. *magazine:* ______________________

Thema 1

Persönliche Angaben

Aktivität 1 Wolfgang Schehlmann

Choose the words that logically complete the following paragraphs about the man in the preceding ad.

macht	Student	kommt	wohnt
Freund	Beruf	Architektin	studiert
Deutschlehrer	heißt		

Der Mann ______________________ Wolfgang Schehlmann. Er ______________________ aus Deutschland. Er ______________________ in Darmstadt. Er ist Polizeibeamter von ______________________. Wolfgangs Vater ist ______________________ in Marburg. Seine Mutter ist ______________________. Wolfgangs Bruder Johann ist ______________________ in Münster.

Thema 2

Information erfragen

Aktivität 2 Wer ist sie?

Read the following paragraph; then extract information from it to complete the chart.

Hallo! Ich heiße Renate Menzel. Ich komme aus Österreich. Mein Geburtsstadt ist Linz. Ich bin 26 Jahre alt. Ich bin Studentin an der Universität Wien. Ich studiere Musik. Ich finde die Uni und die Stadt Wien wirklich faszinierend. Fotografieren macht mir Spaß.

Vorname: ______________________

Nachname: ______________________

Geburtsort: ______________________

Wohnort: ______________________

Alter: ______________________

Beruf: ______________________

Hobby: ______________________

Aktivität 3 Was fragt man Jennifer?

Jennifer, a new exchange student in Germany, is just learning the language. Choose the appropriate verb and complete each question.

A: Wie ______________ Sie, bitte? (heißen / besuchen)

B: Jennifer Roberts.

A: Woher ______________ Sie? (tanzen / kommen)

B: Aus Chikago.

A: Was ______________ Sie heute (*today*) in Bonn? (machen / wohnen)

B: Fotografieren.

A: Wie ______________ Sie die Stadt? (finden / gewinnen)

B: Sehr interessant.

A: Wie lange ______________ Sie hier? (sagen / bleiben)

B: Ein Jahr.

A: Was ______________ Sie von Beruf? (sind / kommen)

B: Studentin.

A: Was ____________________ Sie denn au der Uni? (reisen / studieren)

B: Musik.

A: ____________________ Sie gern Musik? (Hören / Sehen)

B: Ja, klassische Musik.

A: ____________________ Sie oft Zeitung? (Spielen / Lesen)

B: Nein.

A: ____________________ Sie Deutsch am Sprachinstitut? (Sammeln / Lernen)

B: Ja, seit September.

Thema 3

Meine Eigenschaften

Aktivität 4 Sonja und ihr Partner

Sonja's partner is her opposite in every way. Complete Sonja's description of him.

1. Ich bin faul, mein Partner ist ____________________.
2. Mein Partner ist ____________________, ich bin unpraktisch.
3. Ich bin romantisch, mein Partner ist ____________________.
4. Ich bin tolerant, mein Partner ist ____________________.
5. Mein Partner ist ____________________, ich bin freundlich.
6. Ich bin treu, mein Partner ist ____________________.
7. Mein Partner ist ____________________, ich bin langweilig.

Aktivität 5 Gegenteile

A. Write the adjective that has the opposite meaning of each listed.

1. alt ____________________
2. faul ____________________
3. ernst ____________________
4. freundlich ____________________
5. groß ____________________
6. häßlich ____________________
7. klein ____________________
8. nervös ____________________

9. traurig glücklich

10. unsympathisch sympathisch

B. Now use any three of the preceding adjectives and write a sentence to describe yourself.

Ich bin jung, glücklich und lustig.

____

> SPRACH-TIP
>
> German does not use a comma before **und** with a series of three or more elements.
>
> Hans-Jürgen ist fleißig, ernst und praktisch.

Aktivität 6 Was macht dir Spaß?

How would each person answer the question?

MICHAEL: Fotografieren macht mir Spaß.

GISELA: Computer spielen macht mir Spass

CHRISTIAN: Kochen macht mir Spass

ANDREAS: Arbeiten macht mir Spass

HANNA: Fischen macht mir Spass

ELISABETH: Lesen macht mir Spass

Grammatik im Kontext

Nouns, Gender, and Definite Articles

Übung 1 Fragen

Write the definite articles to complete the questions within each general topic.

Menschen

1. Woher kommt ___die___ Freundin von Hans?
2. Wie heißt ___der___ Gast aus Bochum?
3. Wer ist ___die___ Person aus Österreich?
4. Wie heißt ___das___ Mädchen?
5. Ist ___der___ Mensch tolerant und sympathisch?

Aktivitäten

6. Ist ___die___ Frage logisch?
7. Ist ___das___ Gespräch interessant?
8. Macht ___das___ Computerspiel dir Spaß?

Länder, Städte, Orte

9. Wie groß ist ___das___ Land?
10. Ist ___die___ Stadt sehr alt?
11. Ist Bonn wirklich ___der___ Geburtsort von Beethoven?
12. Wo ist ___die___ Uni?

Personal Pronouns

Übung 2 Mann und Frau

Complete the exchanges with **der, die, er,** and **sie** in the appropriate places.

A: Ist ___die___ Amerikanerin freundlich?

B: Ja, ___sie___ ist sehr freundlich.

C: Wohnt ___der___ Architekt in Augsburg?

D: ___Er___ wohnt in Flensburg. ___Die___ Architektin wohnt in Augsburg.

E: Ist ___die___ Professorin kritisch?

F: Nein, ___sie___ ist nicht kritisch. ___Der___ Professor ist auch unkritisch.

G: Wie lange bleibt ___der___ Gast hier in Bern?

H: ___Er___ bleibt ein Jahr als Gast hier.

I: Findet ___der___ Student das Land interessant?

J: Ja, ___er___ findet es wirklich interessant.

Übung 3 Was ist da?

"Single sheets? Form paper? Index Cards? Yes." Rudi is checking what he has in front of him before he begins work on a rather odd new project. Write the missing definite articles and all the corresponding personal pronouns.

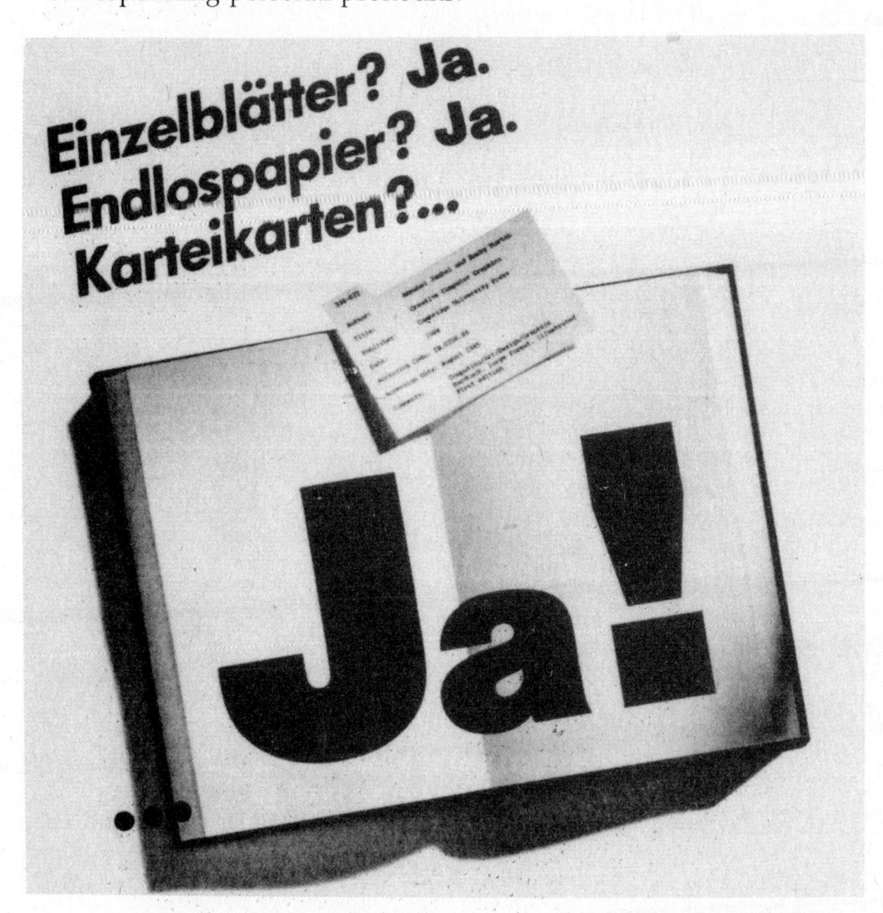

1. ________ Buch? Ja, ________ ist da.

2. Die Zeitung? Ja, ________ ist da.

3. Die Karte? Ja, ________ ist da.

4. Der Film? Ja, ________ ist da.

5. Das Videospiel? Ja, ________ ist da.

6. ________ Geld? Ja, ________ ist da.

The Verb: Infinitive and Present Tense

Übung 4 Wer ist Wolfgang Schehlmann?

Use the correct verb forms to complete the questions about the man pictured in **Alles klar?** at the beginning of this chapter.

1. Wie ____________________ der Mann? (heißen)

2. Was ____________________ er von Beruf? (sein)

3. Wo ____________________ er? (arbeiten)

4. Woher ____________________ Herr Schehlmann? (kommen)

5. Wo ____________________ er jetzt? (wohnen)

6. ____________________ Fotografieren und Fischen Wolfgang Schehlmanns Interessen? (sein)

7. ____________________ er Karten? (spielen)

8. ____________________ er Briefmarken (sammeln)

9. ____________________ er Musik? (hören)

10. ____________________ er oft? (reisen)

Übung 5 Wer sind sie?

Complete the following dialogue with the correct forms of **sein** and **heißen**.

SOFIE: Mein Name ____________________ Sofie. Wie ____________________ du?

PETER: Ich ____________________ Peter, und das ____________________ Alex und Andreas.

SOFIE: Wie, bitte? ________ ________ ihr Max und Andreas?

ALEX: Nein, Alex. Alex und Andreas.

SOFIE: ____________ ihr alle neu in Freiburg?

ANDREAS: Alex und ich ____________ neu hier? Peter, ____________ du auch neu hier?

PETER: Nein, ich ____________ schon (*already*) ein Jahr in Freiburg.

SOFIE: Wie findest du Freiburg, Peter?

PETER: Das Land und die Stadt ____________ faszinierend. Die Uni ____________ auch wirklich interessant.

SOFIE: Woher kommst du denn?

PETER: Ich komme aus Liverpool. Ich ____________ Engländer.

Word Order in Sentences

Übung 6 Minidialoge

Write a response to each question. Begin each of your answers with one of the following words or phrases: **heute, heute abend, jetzt (*now*), morgen, nächstes Jahr.**

A: Herr und Frau Braun, wann besuchen Sie Kiel?

B: Nächstes Jahr besuchen wir Kiel.

C: Thomas und Sabine, wann geht ihr tanzen?

D: ______________________

E: Susanne, wann arbeitest du?

F: ______________________

G: Wann kommt Matthias?

H: ______________________

I: Wann spielen Maria und Adam Karten?

J: ______________________

Asking Questions

Übung 7 Was ist es?

Write the question that each sentence answers. The information regards the city where the structure in the picture is located.

1. ______________________________

____

____

Ja, die Stadt ist in Deutschland.

2. ______________________________

____

____

Ja, man findet die Stadt in Süddeutschland.

3. ______________________________

____

____

Nein, die Stadt heißt nicht Regensburg.

4. ______________________________

____

____

Nein, die Stadt ist nicht wirklich groß.

Bildersuch-Rätsel

Gewinnen Sie

?

Now use the cues to formulate questions one might ask about the structure (**Bauwerk**) and about the "picture-search puzzle" itself.

5. wie alt / sein / das Bauwerk

____

6. was / machen / man / hier

____

7. wer / arbeiten /hier

____

8. wieviel Geld / gewinnen man

____

Übung 8 Wer bin ich?

A. What would you ask this mysterious woman to find out more about her? Write six questions addressed to this person (**Sie**). Then exchange workbooks with another student and, taking the part of the mystery woman, answer each other's questions.

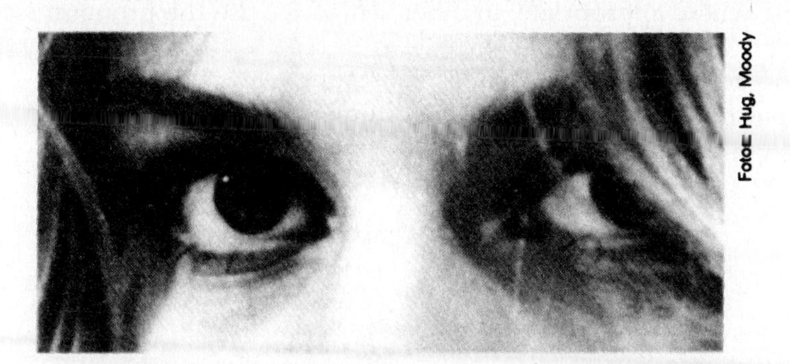

Foto: Hug, Moody

Wer bin ich?

Wie . . . ? Was . . . ? Sind . . . ? Studieren . . . ? Wo . . . ? Woher . . . ? Wann . . . ? Lernen . . . ?

____

Antwort: ______________________________________

____

Antwort: ______________________________________

____

Antwort: ______________________________________

____

Antwort: ______________________________________

____

Antwort: ______________________________________

____

Antwort: ______________________________________

B. Use the answers your partner provided to write a paragraph about the mystery woman.

- First, look at the information and find one sentence that would serve as a topic sentence.
- Then, number the rest of the sentences in an order that allows the information to flow smoothly and logically.
- Now, use the title **Wer ist die Frau?** and write your paragraph in the third person. Use the term **die Frau** and/or a name where appropriate; in other sentences, use the pronoun **sie** for variation.
- Fill in any details you wish to add to make your paper interesting.
- Share your questions, your partner's answers, and your resulting paragraph with other students.

Sprache im Kontext

Lesen

Auf den ersten Blick

Look at the pictures and read the accompanying texts. Even though you do not know some of the words, you will still be able to use key words to fill out the comparison chart.

OLIVER, 1,80 m groß, schlank, 28, Textil-Kaufmann[1], Abitur. Ich habe eine Eigentumswohnung[2], viel[3] Humor und noch mehr Spaß an der Freude[4]. Ich bin sportlich und tolerant, liebe[5] Fernreisen[6], verwöhne gern. Augenfarbe: grau-grün, Haarfarbe braun.

BJÖRN, 1,76 m groß, schlank, 36. Ich studiere Philosophie, mache gerade meinen Doktor. Ich liebe Rockmusik und Fahrradfahren[7], habe kein Auto und wohne in einem Wohnprojekt: Wir restaurieren ein altes Haus. Ich schreibe gern Kurzgeschichten, plane einen Roman[8].

1. *textile merchant*
2. *condominium*
3. *a lot of, much*
4. *joy*
5. *love*
6. *long-distance travel*
7. *bicycle riding*
8. *novel*

SPRACH-TIP

Used with a verb, the adverb **gern** means that someone likes to do something or enjoys a particular activity. You will learn to use this word in your own sentences in Chapter 2.

OLIVER: Ich verwöhne gern. *I like to treat.*
BJÖRN: Ich schreibe gern Kurzgeschichten. *I enjoy writing short stories.*

	OLIVER	BJÖRN
Alter		
Größe		
Beruf		
Haarfarbe (*hair color*)		
Augenfarbe (*eye color*)		
Eigenschaften		
Interessen und Hobbys		

Zum Text

1. Write the names of the young men to complete the statements according to the texts.
   a. Basteln macht ________________ Spaß, und Reisen macht ________________ Spaß.
   b. ________________ arbeitet, und ________________ studiert.
2. Now complete the following tasks related to the texts.
   a. Both men claim to be slender. The word they use to describe themselves is ________________.
   b. This man is restoring the old house in which he lives with other residents. Circle the section in one of the texts that explains this.
   c. This man is planning a novel. The phrase he uses to say this in German is: (Ich) ____.

Schreiben

A. Suppose you are writing to a friend about one of the men described in the texts. What details might you mention? Choose either Oliver or Björn; then use the lines alongside each question to write a complete sentence about him. You do not need to include all the information offered in the text, just enough to give an answer to the question.

Wie heißt er? ______________________________

Wie alt ist er? ______________________________

Was ist er von Beruf? ______________________________

____

Wie ist er? (Welche [*Which*] Eigenschaften hat er?) ______________________________

____

____

____

Was macht er? (Was sind seine Hobbys und Interessen?) ______________________________

____

____

____

B. Now read aloud the text that you have just written.

Journal

Write as much as you can about yourself. If you wish, attach a photo or draw a picture of yourself. Include some or all of the following information.

- your name
- your age
- where you are from
- where you live now
- how you find the city you live in
- your profession or occupation
- what you study
- what language(s) you are learning
- your characteristics
- your hobbies and interests
- what you find fun

Alternate topic: For each of your journal entries, including the one for this chapter and from here on, you may choose to write about someone else: a fictitious person, a character from a book or a movie, a celebrity, or your German persona, if you have chosen a German name in your class and wish to develop the image. You may always choose to write about yourself, or you may vary your entries from one chapter to the next.

Name ______________________ Datum __________ Klasse ______________

Kapitel 2

Was ich habe und was ich brauche

Alles klar?

Read through the ad; then mark the correct or most likely answer(s) to each question.

111 | MÖBLIERTE ZIMMER/WOHNUNGEN MIETGESUCHE

10.000 DM für 1 1/2 Monate!

Canadischer Geschäftsmann sucht für sich und seine Familie möbliertes Haus oder große Wohnung mit ca. 170 m² und 3 Schlafzimmern im Südwesten Berlins, Zehlendorf, Wannsee, Dahlem, Grunewald.

☎ Mo.-Fr.: 03328/474 057.

1. Woher kommt der Geschäftsmann?
   a. Aus Berlin. b. Aus Kanada. c. Aus Grünewald.
2. Wie lange bleibt er in Berlin?
   a. Ein Jahr. b. Eineinhalb Monate. c. Elf Monate.
3. Was macht der Kanadier wohl (*probably*) in Berlin?
   a. Er besucht nur Freunde dort. b. Er studiert dort. c. Er arbeitet dort.
4. Was braucht er?
   a. Ein großes Zimmer oder ein Appartement. b. Eine große Wohnung. c. Ein Haus.
5. Für wen (*whom*) braucht der Mann eine Wohnung?
   a. Für sich selbst (*himself*). b. Für seine Familie. c. Für seine Freunde.
6. Wie sollte (*should*) die Wohnung sein?
   a. Möbliert. b. Groß. c. Modern.

7. Wie viele Schlafzimmer sollte die Wohnung haben?
   a. Eineinhalb. b. Zwei. c. Drei.
8. Wo in Berlin sucht der Kanadier eine Wohnung?
   a. Im Südwesten Berlins. b. In Mariendorf. c. In Wannsee. d. In Charlottenburg. e. In Kreuzberg. f. In Dahlem. g. In Grünewald. h. In Zehlendorf. i. In Schöneberg.
9. Wie hoch kann (*can*) die Miete sein?
   a. 10.000 DM insgesamt (*in all*). b. 10.000 DM pro Monat. c. 10.000 DM pro Jahr.
10. Wie finden Sie die Miete?
   a. Preiswert. b. Niedrig. c. Hoch. d. Teuer.

Vokabelsuche. Find and then write the German words for

1. *months:* ____________________
2. *businessman:* ____________________
3. *family:* ____________________
4. *house:* ____________________
5. *apartment:* ____________________
6. *southwest:* ____________________

Thema 1

Auf Wohnungssuche

Aktivität 1 Was braucht Claudia?

Claudia needs a room, but her requirements are the exact opposite of those listed. Write the antonyms to the crossed-out words.

das Zimmer: ~~unmöbliert~~ ______________________________

~~dunkel~~ ______________________________

das Fenster: ~~klein~~ ______________________________

die Miete: ~~hoch~~ ______________________________

~~teuer~~ ______________________________

das Bett: ~~unbequem~~ ______________________________

Aktivität 2 Wo und wie wohnen sie?

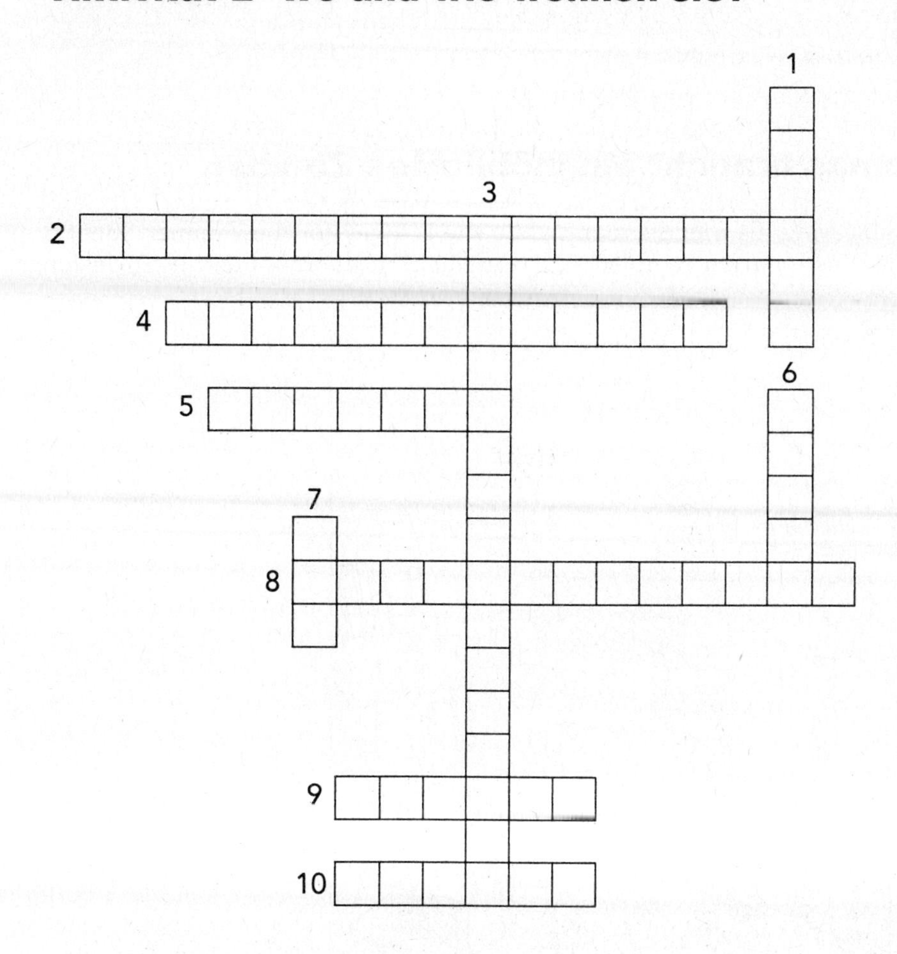

- Richard ist neu in Mainz, und er hat nicht viel Geld. Er braucht dringend ein _____.[1]
- Jakob ist Student in Freiburg. Er hat ein Zimmer in einem großen _____.[2]
- Marianne wohnt in einem Haus mit fünf anderen jungen Männern und Frauen. Sie wohnen alle in einer _____.[3]
- Erika wohnt mit Katrin zusammen. Katrin ist Erikas _____.[4]
- Renate hat schon ein großes Zimmer. Sie sucht jetzt eine Zwei- oder Dreizimmmer_____.[5]
- Volker wohnt und arbeitet in seiner Wohnung. Die Wohnung hat eine _____,[6] ein _____,[7] ein Schlafzimmer, ein Wohnzimmer und auch ein _____.[8]
- Elisabeth wohnt in einem Haus. Das Haus hat eine _____[9] fürs Auto. Das Haus hat auch einen _____[10] mit Gras, Rosen und Chrysanthemen.

Thema 2

Im Kaufhaus

Aktivität 3 Thomas braucht ein möbliertes Zimmer.

Thomas is thinking of subleasing his friend's room while she is away for the summer. Identify each item (definite article plus noun) to complete his assessment of the room and its furnishings.

BEISPIEL: *Das Zimmer* ist möbliert und nicht zu klein.

1. ______________________ ist nicht zu alt.
2. ______________________ ist nicht zu groß.
3. ______________________ ist schön.
4. ______________________ geht nicht.
5. ______________________ ist nicht so toll.
6. ______________________ ist viel zu klein.
7. ______________________ ist neu.
8. ______________________ ist unbequem.
9. ______________________ ist bequem.

Name ______________________ Datum ____________ Klasse ______________

Thema 3

Was wir gern machen

Aktivität 4 Was macht Paula heute?

Paula has outlined her day. Write the appropriate verbs to complete the list.

arbeiten essen schlafen laufen hören gehen erzählen kosten kochen lesen fahren schreiben trinken schwimmen

HEUTE:

Zeitung ____________

Toast mit Butter ____________

Kaffee ____________

in die Stadt ____________

im Büro (*office*) ____________

Briefe (*letters*) ____________

im Park ____________

Spaghetti ____________

Radio ____________

ins Bett ____________

____

Aktivität 5 Was macht Spaß? Was machen Sie gern?

Choose five activities that you like. Use two different expressions to state that you enjoy these activities.

BEISPIELE: Kochen macht mir Spaß.
Ich koche gern.

Deutsch lernen macht mir Spaß.
Ich lerne gern Deutsch.

arbeiten
Deutsch lernen
faulenzen
Freunde besuchen
Karten spielen
kochen
Radio hören
reisen
schlafen
schreiben
schwimmen
tanzen
wandern
Witze erzählen
Zeitung lesen

1. ______________________________

____

2. ______________________________

____

3. ______________________________

____

4. ______________________________

____

5. ______________________________

____

Name ______________________ Datum ______________ Klasse ______________

The Plural of Nouns

Übung 1 Menschen

A. Write the plural form of each word; include the definite article.

1. der Herr, ______________________
2. die Frau, ______________________
3. der Mann, ______________________
4. das Mädchen, ______________________
5. der Freund, ______________________
6. die Mitbewohnerin, ______________________
7. der Student, ______________________
8. der Amerikaner, ______________________

SALON ADAM
Damen•Herren•Kosmetik

Salon Adam
Hindenburgdamm 138
Berlin 45 (Lichterfelde)
Telefon 833 77 56

B. Now choose six of the preceding plural nouns and use each in a question with one of the following phrases.

BEISPIEL: Hunger haben → Haben die Studenten Hunger?

1. heute faulenzen

____

2. in Bern übernachten

____

3. Briefe schreiben

____

4. Radio hören

5. gern schwimmen

6. endlich schlafen

Übung 2 Wohnungssuche

Use plural nouns to rewrite each sentence.

BEISPIEL: Der Student hat ein Problem. → Die Studenten haben Probleme.

1. Die Studentin braucht eine Wohnung.

2. Die Frau liest die Anzeige.

3. Der Architekt sucht ein Hotelzimmer in Köln.

4. Die Amerikanerin sucht eine Mitbewohnerin.

5. Der Kunde braucht ein Haus.

6. Die Miete in Deutschland ist hoch.

Das Magazin für internationales Wohnen

HÄUSER

The Nominative and Accusative Cases

Übung 3 Das Zimmer

A. The cartoon shows a caricature of Helmut Kohl and suggests the political problems he faced back in February 1989.

1. Ist Helmut Kohl noch Bundeskanzler? ______________________________

2. Wenn (*If*) nein, wer ist heute Bundeskanzler? ______________________________

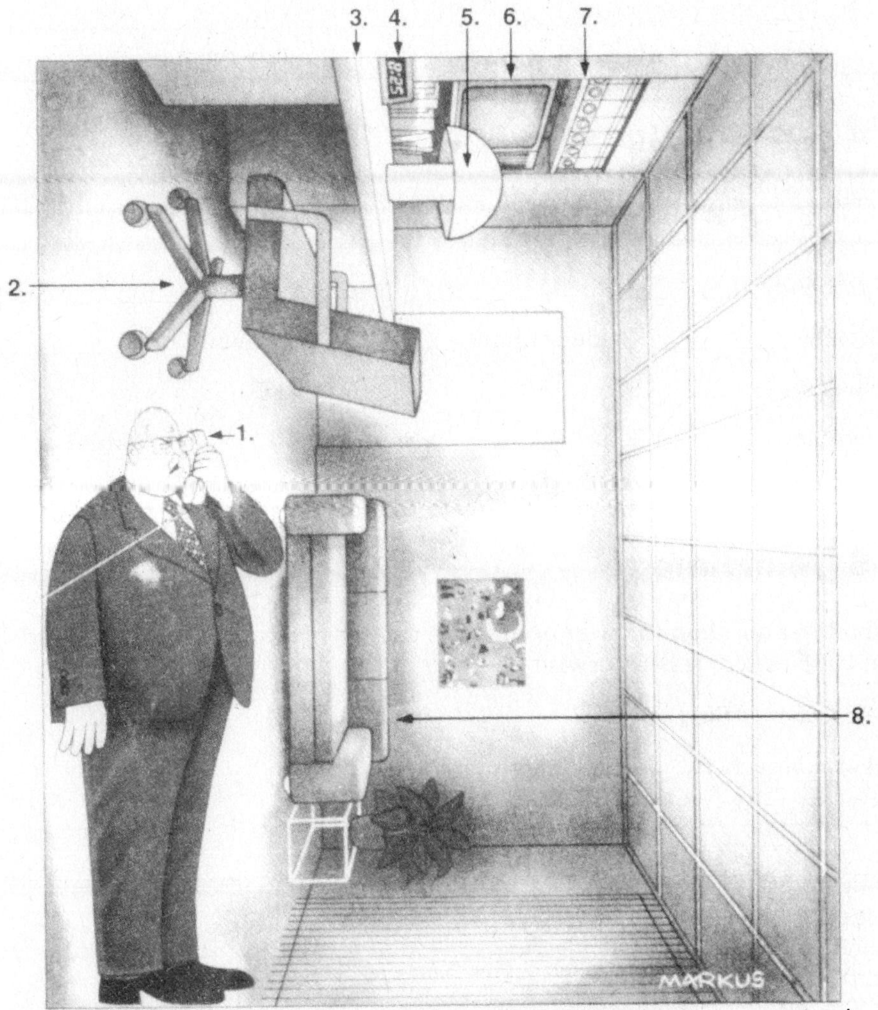

»In der jetzigen Situation kommt es vor allem darauf an, Stehvermögen zu beweisen!« [1]

1. *"In the present situation, what matters most is that we prove our staying* (stehen = *standing) power."*

B. Identify each numbered item in the cartoon.

1. Das ist ein Telefon.
2. ______________________
3. ______________________
4. ______________________
5. ______________________
6. ______________________
7. ______________________
8. ______________________

Übung 4 Im Möbelgeschäft

The salesperson in a furniture store asks a customer several questions. Supply the definite articles.

1. Wie finden Sie ________ Bett, ________ Nachttisch und ________ Lampe?
2. Finden Sie ________ Kleiderschrank, ________ Kommode und ________ Bücherregale preiswert?
3. Kaufen Sie ________ Sessel, ________ Sofa oder ________ Stühle?
4. Sehen Sie ________ Wand da drüben (*over there*)? Dort finden Sie ________ Teppiche.

Übung 5 Minidialoge

Write out the brief question / answer exchanges; use the correct forms of all words. The subject is indicated in cases where it is otherwise unclear.

A: wer / besuchen / Sie (*subj.*)?

B: ich (*subj.*) / besuchen / der Student aus Kenia.

A: ______________________

B: ______________________

C: wer / lesen* / der Name?

D: der Student aus Hannover / lesen / der Name.

C: ______________________

D: ______________________

E: wer / sein / der Herr da?

F: der Herr da / sein / der Professor aus Portugal.

E: ______________________

F: ______________________

*Check the **Wortschatz** for the correct third-person singular form.

G: wer / suchen / der Architekt (*subj.*)?

H: der Architekt / suchen / der Kunde.

G: ______

H: ______

I: wer /sehen* / das Kind (*subj.*) / heute?

J: heute / sehen / das Kind / der Mensch aus England.

I: ______

J: ______

______

Negation with *nicht* and the Negative Article *kein*

Übung 6 Was ich (nicht) habe, was ich (nicht) brauche

Use each of the following words to list the things you have or do not have and the things you need or do not need. Use the correct form of the indefinite article or **kein** with each word.

BEISPIEL: Ich habe ein Auto. *oder* kein Auto. — Ich brauche ein Auto. *oder* kein Auto.

Auto	Kleiderschrank	Radio	Telefon
Bett	Kommode	Schreibtisch	Teppich
Bücherregal	Lampe	Sessel	Videorecorder
CD-Spieler	Motorrad	Sofa	Wecker
Computer	Nachttisch	Stereoanlage	Zimmerpflanze
Fernseher	Poster	Stuhl	

Ich habe	Ich brauche
______.	______.
______.	______.
______.	______.
______.	______.
______.	______.
______.	______.
______.	______.
______.	______.

*Check the **Wortschatz** for the correct third-person singular form.

Ich habe

Ich brauche

Übung 7 Nein, . . .

Käthe has just found a room in a German city, and her friend Richard asks her about it. Write a negative response to each question.

BEISPIELE: Ist das Zimmer möbliert? → Nein, es ist nicht möbliert.

Ist das ein Problem? → Nein, das ist kein Problem.

1. Ist die Miete hoch?
2. Ist das Zimmer groß?
3. Brauchst du einen Sessel? (*Begin items 3–7:* Nein, ich . . .)
4. Hast du einen Schreibtisch?
5. Hast du Stühle?

6. Findest du das Zimmer schön?

______

______

7. Suchst du eine Wohnung?

______

Verbs with Stem-vowel Changes

Übung 8 Was fragt sie? Was sagt er? Was berichtet sie denn?

Use the cues to write each question that Christiane asks her friend Max, his negative answer, and what Christiane can then report to other friends.

Sie & Er

BEISPIEL: gern Motorräder haben →
Sie fragt: Hast du gern Motorräder?
Er sagt: Nein, ich habe Motorräder nicht gern.
Sie berichtet: Er hat Motorräder nicht gern.

1. das Zimmer nehmen

   Sie fragt: ______

   Er sagt: ______

   Sie berichtet: ______

2. oft in Restaurants essen

   Sie fragt: ______

   Er sagt: ______

   Sie berichtet: ______

3. gern im Park laufen

   Sie fragt: ______

   Er sagt: ______

   Sie berichtet: ______

4. heute Auto fahren

   Sie fragt: ______

   Er sagt: ______

   Sie berichtet: ______

5. heute abend Zeitung lesen

   Sie fragt: ______________________________

   Er sagt: ______________________________

   Sie berichtet: ______________________________

6. jetzt schlafen

   Sie fragt: ______________________________

   Er sagt: ______________________________

   Sie berichtet: ______________________________

Übung 9 Herr Reiner in Berlin

The slogan in the ad plays on the similarity between **ist** and **ißt.** The restaurant is on the top floor of a tall building, with a view of the city. The ad also suggests that "Berlin is tops."
Write the correct form of each verb to complete the paragraph

Herr Reiner aus Hannover ____________________ (fahren) nach Berlin. Er ____________________ (wohnen) in einem eleganten Hotel und ____________________ (schlafen) in einem bequemen Bett. Heute ____________________ (trinken) er Kaffee und ____________________ (lesen) die *Berliner Morgenpost.* Herr Reiner ____________________ (faulenzen) natürlich nicht. Er ____________________ (finden) einen Park und ____________________ (laufen). Übrigens ____________________ (haben) Herr Reiner manchmal Hunger. Dann ____________________ (gehen) er ins Restaurant i-Punkt zum Brunch-Buffet und ____________________ (essen) Berliner Spezialitäten. Das Restaurant i-Punkt ____________________ (sein) ganz oben in der 20. Etage im Europa-Center.

Demonstrative Pronouns

Übung 10 Was sagen die Schnaken und die Gnus?

The cartoon depicts mosquitoes (**Schnaken**) as tiny dots flying around the heads of two gnus and insulting them. Read the cartoon text as many times as necessary to understand it; then complete the following tasks.

1. Find and circle the five demonstrative pronouns in the cartoon text. (Note that the mosquitoes refer to both gnus as males.)
2. Circle the speech bubble that includes the accusative demonstrative pronoun and that means: *Stupid? Then just look at this one here.*
3. Write the two adjectives that the mosquitoes use repeatedly in reference to the gnus.

   ______________________, ______________________
4. Write the equivalent of the English interjection *hey!* __________
5. Write the adjective used by one of the mosquitoes that means *revolting* or *disgusting* and to which another mosquito responds with **iih!**. ____________________
6. Write the two names that the mosquitoes call the gnus.

   ______________________, ______________________
7. The gnus speak in the last frame, exclaiming that the mosquitoes get worse every year. Write the word that means *worse.* (A synonym is the word **schlechter**.) ____________________

SPRACH-TIP

Die Schnake, -n is the southern German term for **die Stechmücke, -n** or simply **Mücke,** meaning *mosquito* or *gnat.*

Übung 11 Was sagen die Gnus über die Schnaken?

Suppose in another cartoon strip the gnus were inspecting the mosquitoes under a magnifying glass. Complete the text with the correct forms of the demonstrative pronouns. (Hint: **die Schnake, -n**)

GNU EINS: Sieh dir erst mal __________ (*pl.*) hier an.

GNU ZWEI: Ja, __________ sind wirklich häßlich.

GNU EINS: Mann, ist __________ blöd.

GNU ZWEI: Ja, wirklich blöd. Aber nicht so dumm wie __________ (*sg.*) da.

GNU EINS: He! Du, Torfkopp!

GNU ZWEI: __________ hört das nicht. __________ ist zu dumm. Dumm und haßlich! Ich habe __________ (*sg.*) ungern.

GNU ZWEI: Schnaken! Iih! Ich finde __________ ekelhaft.

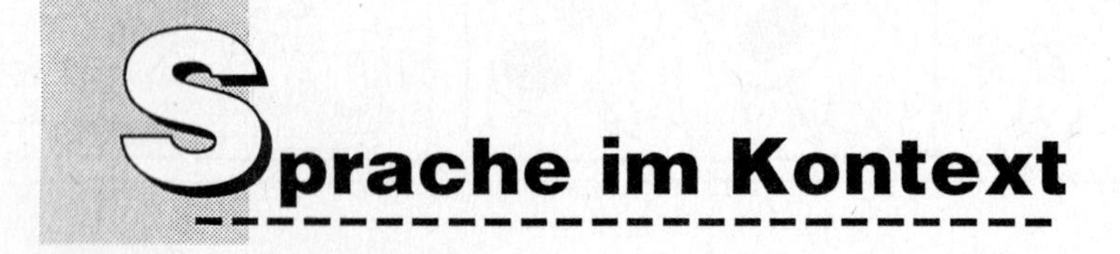

Sprache im Kontext

Lesen

Auf den ersten Blick

Look at the advertisements that appeared in the *Berliner Morgenpost* and determine whether they were placed by

a. persons with rooms or apartments for rent,
b. persons looking for rooms or apartments, or
c. persons looking for roommates.

Dipl.-Kaufmann[1] sucht 1-2-Zimmerwohnung in Charlottenburg oder Wilmersdorf. #38-9252 Morgenpost, Brieffach 3044, 10888 Berlin
Mathematiker sucht ruhige 2-3-Zimmerwohnung bis 1500,- DM warm, in TU-Nähe. #38-9876 Morgenpost, Brieffach 3044, 10888 Berlin
Studentin sucht 1-Zimmerwohnung oder Zimmer in WG, 0711-29 34 00, rufe zurück[2]
Unternehmensberater[3] mit Frau und Kind bietet[4] Vermietern[5] Ruhe[6] und problemlose Mietzahlung.[7] Suche attraktive 3-4-Zimmerwohnung bis 2000.- DM inkl.[8] (Charlottenburg o. ä.) 313 58 66
Leitende Angestellte[9] eines amerikanischen Konzerns[10] suchen nur in Wannsee eine Wohnung zur Miete für ca 5 Jahre, Mietpreis bis mtl. 3000,- DM. Bitte rufen Sie uns an! Engel & Völkers, RDM Makler, Tel. 0331-28 03 842
Ärztin[11] mit 16jährigem Sohn sucht 2-3-Zimmerwohnung in nördlichen Stadtteilen oder Umland. #38-9211 Morgenpost, Brieffach 3044, 10888 Berlin
Ergo-Therapeutin[12] sucht 1-2-Zimmerwohnung bis 600,- DM Warmmiete, 345 16 15

1. der Dipl. Kaufmann = Diplom Kaufmann *qualified businessman*
2. *(I) will call back.*
3. *industrial advisor*
4. *offers*
5. *landlord*
6. *quiet, peace*
7. *payment of rent*
8. inkl. = inklusive
9. *managerial staff*
10. *group of companies*
11. *physician*
12. *occupational therapist*

KULTUR-TIP

In German-speaking countries rooms and apartments are often described as **warm**, meaning that heat is included in the rent, or **kalt**, meaning that heat is not included.

Zum Text

Read the ads that were placed in the *Berliner Morgenpost.* Answer the first seven questions briefly with the definite article plus noun.

1. Wer sucht eine Ein- oder Zweizimmerwohnung?

   a. ______________________

   b. ______________________

2. Wer sucht eine Einzimmerwohnung oder ein Zimmer in einer Wohngemeinschaft?

   ____

3. Wer sucht eine Zwei- oder Dreizimmerwohnung?

   ____

4. Wer sucht eine Drei- oder Vierzimmerwohnung?

   ____

5. Wer hat einen sechzehnjährigen Sohn?

   ____

6. Wer hat eine Frau und ein Kind?

   ____

7. Wer sucht eine Wohnung in der Nähe der technischen Universität?

____

8. Eine leitende Angestellte sucht eine Wohnung nur in Wannsee. Für wie viele Jahre braucht sie die Wohnung?

____

Schreiben

Now take the part of one of the persons who placed an ad. Write a brief paragraph about yourself that you might leave with a rental agency. Draw from bits of information given in the ad and give details to round out the picture. Use vocabulary and structures you know.

BEISPIEL: Mein Name ist Anton Brandt. Ich bin Unternehmensberater. Ich habe eine Frau und ein Kind. Das Kind, ein Mädchen, ist fünf Jahre alt und heißt Anna. Sie ist sehr nett und auch ruhig. Jetzt haben wir eine Zweizimmerwohnung. Wir brauchen aber ein Kinderzimmer und ein Arbeitszimmer. Wir suchen eine Drei- oder Vierzimmerwohnung bis 2000,- DM in Charlottenburg. Die Miete ist kein Problem. Meine Telefonnummer ist 313 58 66.

Journal

Write about your living quarters, your friends, and your likes and dislikes. The following questions will give you some ideas. Use the extra space on the page to jot down notes and to organize your thoughts before you begin writing in your journal.

- Wo wohnen Sie? (Stadt)
- Haben Sie ein Zimmer, eine Wohnung oder ein Haus?
- Wie ist Ihr Zimmer? (Ist es groß? klein? bequem? __________? Ist die Miete hoch oder niedrig?)
- Haben Sie Möbel? (Haben Sie ein Bett? einen Tisch? Bücherregale? __________?)
- Was brauchen Sie?
- Haben Sie einen Mitbewohner oder eine Mitbewohnerin? Wenn ja: Wie ist er oder sie?
- Haben Sie viele Freunde? Wie sind sie?
- Was machen Sie gern? (Schreiben Sie gern Briefe? Kochen Sie gern __________?)
- Was machen Sie nicht gern?

Remember, in this chapter as well as in all others, you may choose to write about someone other than yourself.

Kapitel 3

Familie und Freunde

Alles klar?

Although Germans frequently send notices and announcements regarding family matters to be printed in the local newspaper, this one that appeared in 1990 was a bit unusual.

Unser Dackel wird 10!
Frauchen Rosi und Herrchen Dicki sind sehr glücklich.

Bodo
geb. 22. Oktober 1980

A. Look at the ad and the drawing; then choose the correct completion to each sentence.

1. Bodo ist
   a. eine Katze. b. ein Hamster. c. ein Hund.
2. Bodo ist
   a. ein Pudel. b. ein Dackel. c. ein Dobermann.
3. Die Familie feiert
   a. Bodos Geburtstag. b. Bodos Hochzeitstag (*wedding day*). c. Bodos erste Weihnachten (*Christmas*).
4. 22. Oktober 1980 war (*was*) Bodo
   a. zehn Jahre alt. b. einen Tag alt. c. neugeboren.
5. 22. Oktober 1990 war Bodos Familie
   a. sehr traurig. b. sehr unglücklich. c. sehr glücklich.

B. Vokabelsuche.

Find and write the German word that means:

1. *our:* ______________
2. *dachshund* (**Dachshund** oder): ____________________

3. *mistress:* ______________________

4. *master:* ______________________

C. Now complete the following information according to the announcement.

1. Bodos ______________________ heißt Dicki, sein ______________________ heißt Rosi.
2. Heute ist Bodo schon ______________ Jahre alt.

> SPRACH-TIP
>
> **Das Herrchen** and **das Frauchen** are terms of endearment that refer to an animal's master and mistress.

Thema 1

Ein Familienstammbaum

Aktivität 1 Eine Familie

Write the masculine or feminine counterpart to complete each sentence of this family's description.

1. Frau Harz ist die Mutter; Herr Harz ist der ______________________.
2. Rolf und Michael sind ihre Söhne; Helene und Erika sind ihre ______________________.
3. Helene und Erika sind Schwestern; Rolf und Michael sind ______________________.
4. Frau Mertens ist ihre Oma; Herr Mertens ist ihr ______________________.
5. Frau Schuster ist ihre Urgroßmutter; Herr Schuster ist ihr ______________________.
6. Helene und Erika sind die Nichten von Frau Schram; Rolf und Michael sind die ______________________.
7. Herr Schram ist ihr Onkel; Frau Schram ist ihre ______________________.

Thema 2

Der Kalender: Die Wochentage und die Monate

Aktivität 2 Tage

Anzeigen-annahme

(Montag bis Freitag)

25 91 61

Write the day that corresponds to each abbreviation. Note that German calendars usually begin with Monday and end with Sunday.

Mo ______________________ Fr ______________________

Di ______________________ Sa ______________________

Mi ______________________ So ______________________

Do ______________________

Aktivität 3 Monate

SPRACH-TIP

The impersonal pronoun **man** refers to people in general, as do the English words *one, they, you,* or *people.* Like **er, sie,** or **es, man** is used with third-person singular verb forms. Be careful not to confuse the pronoun **man** with the noun **der Mann.** You will learn to use this pronoun in your own sentences in Chapter 4.

In welchem (*which*) Monat feiert man was?

1. Im ______________________ feiert man das Oktoberfest.
2. Im ______________________ feiert man Neujahr.
3. Im ______________________ feiert man Muttertag.

4. Im ______________________________ feiern Amerikaner den Independence Day mit Paraden, Picknicks und Feuerwerk.

5. Im ______________________________ feiert man Valentinstag.

6. Im ______________________________ feiert man Hanukkah und Weihnachten.

7. Ende ______________________________ sind die Sommerferien in Amerika vorbei (*over*).

8. Im ______________________________ und manchmal schon im ______________________________ feiert man Ostern (*Easter*).

9. Der Sommer beginnt im ______________________________.

10. Im ______________________________ feiern die Amerikaner Thanksgiving.

11. Das Schuljahr in Amerika beginnt meistens im ______________________________.

Aktivität 4 Wann haben Sie Geburtstag?

Füllen Sie die Karte in Druckschrift aus.

Druckschrift = Müller

Kursivschrift = *Müller*

Mitgliedskarte Ronald McDonald Geburtstagsclub

______________________________ ______________________________
Familienname Geburtsdatum

____
Vorname

____
Wohnort

____
Straße

____

Bitte in Druckschrift ausfüllen.

McDonald's

Name ______________________ Datum ____________ Klasse ______________

Thema 3

Feste und Feiertage

Aktivität 5 Was sagen sie?

Write an appropriate response for each situation.

alles Gute	viel Spaß	viel Glück	vielen Dank
grüß dich	herzlichen Glückwunsch zum Geburtstag		
mach's gut	tschüs	herzliche Grüße zum Valentinstag	
	herzlichen Glückwunsch zur Hochzeit		alles klar

1. Max wird am Sonntag 18. Was sagt seine Familie?

   ____

2. Karin hat nächste Woche Examen. Was wünscht ihr Freund?

   ______________________ zum Examen.

3. Susan dankt Mark für das Buch zum Geburtstag. Sie schreibt:

   ______________________ für das Buch.

4. Paul hat am Samstag ein Tennisturnier. Was wünschen seine Freunde Paul?

   ____

5. Yasmin geht zu Peters Party. Was sagt ihre Mitbewohnerin?

   ____

6. Peter findet Heike sehr nett. Zum Valentinstag schreibt er Heike eine Karte. Was schreibt er? ______________________________

   ____

7. Sabine trifft (*meets*) ihre Freundin im Café. Was sagt sie?

   ____

8. Richards Kusine heiratet am Samstag. Wie gratuliert ihr (*her*) Richard?

   ____

Aktivität 6 Glückwünsche

Design and write a brief message to cheer someone up. It may be a birthday or a special greeting, a congratulatory note, a wish for good luck on an exam or a sports event, or simply an expression of best wishes.

Heute abend gegen Dänemark:

Viel Glück!

Herzlichen
Glückwunsch
zum Examen,

Manfred

Christina und Laura

1. *birthday (in refined language)*

Name ______________________ Datum ____________ Klasse ______________

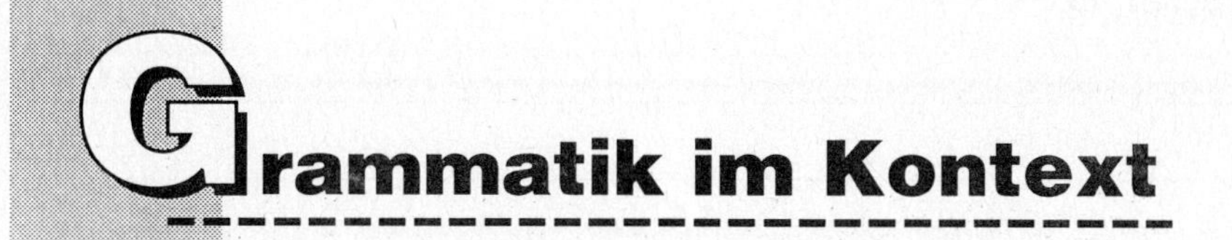

Possessive Adjectives

Übung 1 Im Kaufhaus

Was kauft Frau Schiller für ihre Familie? Sie kauft ein Bild für ihre Eltern, ein Fahrrad für

____

____

____

____

____

Personal Pronouns in the Accusative Case

Übung 2 Es ist gegenseitig°

°*mutual*

Use the cues to write sentences according to the model.

BEISPIEL: etwas fragen: er/sie (*sg.*) →
Er fragt sie etwas, und sie fragt ihn etwas.

1. nicht gut kennen; wir/ihr

____

____

2. manchmal besuchen: ich/du

____

____

3. interessant finden: er/Sie

____

____

4. schon gut verstehen; es/sie (*pl.*)

____

____

Übung 3 Minidialoge über Möbel und sonst was

Complete the exchanges with the correct definite articles and personal pronouns.

A: Wie finden Sie ______________ Computer (*sg.*)?

B: Ich finde ______________ wirklich komplex.

C: Wie finden Sie ______________ Fernseher, ______________ CD-Spieler, ______________ Stereoanlage und ______________ Radio?

D: Ich finde ______________ alle ausgezeichnet.

E: Kaufen Sie ______________ Teppich?

F: Ja, ich kaufe ______________.

G: Fahren Sie ______________ Auto gern?

H: Ja, ich fahre ______________ sehr gern.

I: Suchen Sie ______________ Fotos?

J: Ja, ich suche ______________. Sehen Sie ______________?

Prepositions with the Accusative Case

Übung 4 Minidialoge

CHRISTOPH: Ich verstehe Robert nicht gut, und er versteht ______________ (*me*) auch nicht gut. Verstehst du ______________ (*him*)?

BRIGITTE: Ja, kein Problem. Ich verstehe ______________ (*him*) gut.

CHRISTOPH: Woher kommt er eigentlich?

BRIGITTE: Aus Kanada.

HERR SCHULZ: (*am Telefon in Frankfurt*) Hören Sie ____________ (*me*), Herr Jones?

HERR JONES: (*am Telefon in Los Angeles*) Ja, ich höre ____________ (*you*) ganz gut, Herr Schulz.

FRAU KLAMM: Laufen Ihre Kinder immer so laut ________________________ (*around the house*) herum und ________________________ (*through the garden*), Frau Kleist? Das macht mich ganz nervös.

FRAU HARZ: Sie sind doch Kinder. Die spielen nun mal gern.

PAUL: Hast du etwas ________________________ (*against my friend*)?

UTE: Nein, natürlich habe ich nichts ________________________ (*against him*). Aber er hat etwas ________________________ (*against me*).

SUSI: Spielt ihr schon wieder Cowboys ________________________ (*without me*)?

ALEX: Nein, Susi, wir spielen nicht ________________________ (*without you*).

MARGRET: Fährst du im Winter ________________________ (*through Switzerland*)?

MICHAEL: Ja, und auch ________________________ (*through Austria*). Die Straßen sind sehr gut, auch im Winter.

MÄXCHEN: Opa, hast du eine Cola ________________________ (*for us*)?

OPA: Nein, aber ich habe Milch ________________________ (*for you*). ________________________ (*without milk*) bleibt ihr klein.

MÄXCHEN: Ach, Opa, bitte!

OPA: Na gut, eine Cola ________________________ (*for you*) und Barbara.

Übung 5 Sätze

Use each phrase in a complete sentence.

für meinen Freund
um acht Uhr
durch den Park
für mich
ohne meine Familie
gegen meine Freunde

1. ______________________________

____

2. ______________________________

____

3. ______________________________

____

4. ______________________________

____

5. ______________________________

____

6. ______________________________

____

The Verb *werden*

Übung 6 Wie alt werden sie?

Write the correct forms of **werden.**

1. Meine Eltern ______________________ nächstes Jahr 50.
2. Ich ______________________ 23, und mein Bruder ______________________ 18.
3. Brigitte, du ______________________ nächstes Jahr 21, nicht?
4. Jochen und Erwin, wann ______________________ ihr 21?

Der KAUFHOF wird 100.
wird auch immer älter.
SERVICE BANK
SO EINFACH WIE EINKAUFEN

The Verbs *wissen* and *kennen*

Übung 7 Musikprogramme

A. Schreiben Sie die richtigen Formen von **wissen** oder **kennen.**

1. Ich ______________ die Musik von Hummel nicht. ______________ du sie?
2. ______________ Sie, wann die Wiener Philharmoniker spielen?
3. Ich gehe morgen abend ins Konzert, aber ich ______________ noch nicht genau (*exactly*), wann es beginnt.
4. ______________ Sie den Dirigenten Gunther Schuller?
5. ______________ ihr, wo der Kammermusiksaal ist?
6. Wer ______________, wann der Klavierabend mit Daniel Barenboim ist?
7. ______________ ihr die Debussy Preludes I und II?
8. ______________ Sie, wieviel die Karten fürs Konzert kosten? —Nein, aber Sie können den Kartenservice anrufen. Ich ______________ aber die Nummer leider nicht. Vielleicht ______________ mein Kollege (*colleague*) das. Moment mal, ich frage ihn.
9. Spielen die Wiener Symphoniker am Freitag oder am Samstag? —Das ______________ wir nicht.

— Konzert-Dir. Adler, 8256255

In Zusammenarbeit mit Concert Concept
Philharmonie, Fr., 26. Okt., 20 Uhr
WIENER PHILHARMONIKER
Dirigent:
RICCARDO MUTI
Mozart, Schubert
Telefonischer Kartenservice 8827011

PRO MUSICA — 1. Meisterkonzert
Philharmonie, So., 28. Okt., 20 Uhr
Klavier-Abend Daniel
BARENBOIM
Bach, Beethoven

PRO MUSICA MUSIKALISCHE AKADEMIE
Philharmonie, Fr., 9. Nov., 20 Uhr
WIENER SYMPHONIKER
Dirigent:
Georges Prêtre
Strauss, Mahler

KAMMERMUSIKSAAL
Sonntag, 11. Nov., 20 Uhr
ENSEMBLE MODERN
Dirigent: Gunther Schuller
Solist: Hermann Kretzschmar, Klavier
Bourland, Babbitt, Schuller, Martino, Carter

PRO ARTE — 1. Meister-Klavierabend
Philharmonie, Mi., 14. November, 20 Uhr
Krystian
ZIMERMAN
Debussy: Preludes I und II

PRO MUSICA KAMMERMUSIK-ZYKLUS
KAMMERMUSIKSAAL
Sonnabend, 17. November, 20 Uhr
BEAUX ARTS TRIO
Hummel, Schumann, Ravel
Karten: Bekannte Vorverkaufsstellen und Musik-Riedel im Schauspielhaus

B. Look at the ad again, and use complete sentences to answer the following questions.

1. Welche Komponisten kennen Sie?

____

____

2. Welche Komponisten kennen Sie nicht?

____

____

3. Welche Gruppe oder welchen Solisten möchten Sie besonders gern hören? (*Hints:* **die** Wiener Philharmoniker, **die** Wiener Symphoniker, **das** Ensemble Modern, **das** Beaux Arts Trio)

____

____

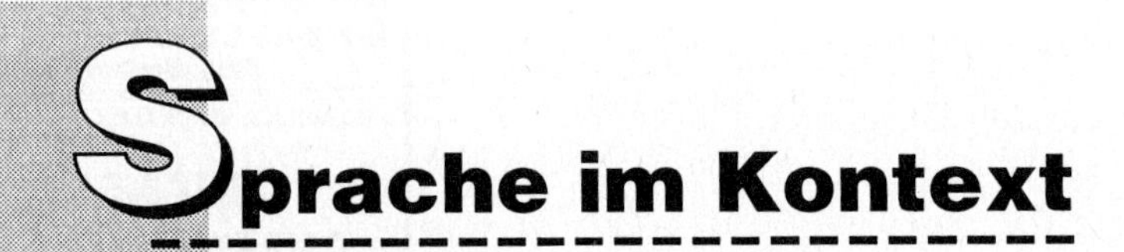

Lesen

Auf dem ersten Blick 1

Quickly glance at the ad; then write the answer to the question on page 59.

Zum 80. Geburtstag

ihrer hochverehrten Musiklehrerin Frau

Hanna Walch-Moser

gratulieren herzlich im Gedenken
an viele unvergessene Musikstunden,
Feste und Aufführungen

die ehemaligen Schüler und Schülerinnen
der Beethovenschule

Wer feiert was?

____

____

Zum Text 1

Now read the announcement through line by line; then mark the answers to the following questions. More than one answer may be correct.

1. Wer ist Frau Hanna Walch-Moser?

   a. Eine hochverehrte (*highly respected*) Frau. b. Musiklehrerin. c. Medizinprofessorin.

2. Wer gratuliert Frau Walch-Moser in dieser Anzeige?

   a. Ihre Familie und Freunde. b. Ihre Musikkollegen und Musikkolleginnen.
   c. Ihre ehemaligen (*former*) Schüler und Schülerinnen.

3. Wie heißt die Schule?

   a. Mozartschule. b. Beethovenschule. c. Haydnschule.

4. Wofür (*For what*) danken die Schüler und Schülerinnen Frau Walch-Moser?

   a. Für die Musikstunden. b. Für viele Musikfeste. c. Für viele Aufführungen (*performances*).

Schreiben

Using the box below, write a birthday announcement for an older person, who may be a family member, a friend, a member of your community, or a celebrity. Use phrases and structures you have learned in this chapter.

Lesen

Auf den ersten Blick 2

Take a quick look at the two birth announcements and answer the following question.

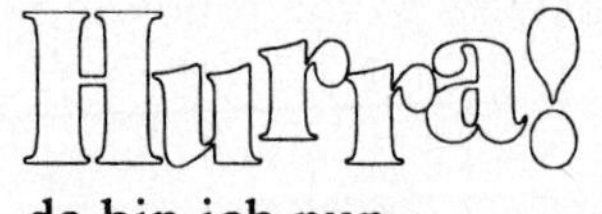

da bin ich nun,
ich heiße **Nathalie**

bin geboren am:
23. Juli 1994
um 21.18 Uhr
bin 51 cm lang
3170 g schwer[1]

Riesig[2] über
meine Ankunft[3]
haben sich
gefreut[4]
meine Eltern

Susanne & Jürgen Lindt
Liebermann-Straße 11, Meckenheim

Dank für alle Glückwünsche und Aufmerksamkeiten.[5]

1017.32

Von nun an[6] fahren wir zu fünft[7]!
Unsere Zwillinge[8] sind da!

Hendrik   Maximilian

Jürgen und Astrid von Meer mit Julia
53359 Rheinbach · Rotdorn 37

4. August 1994

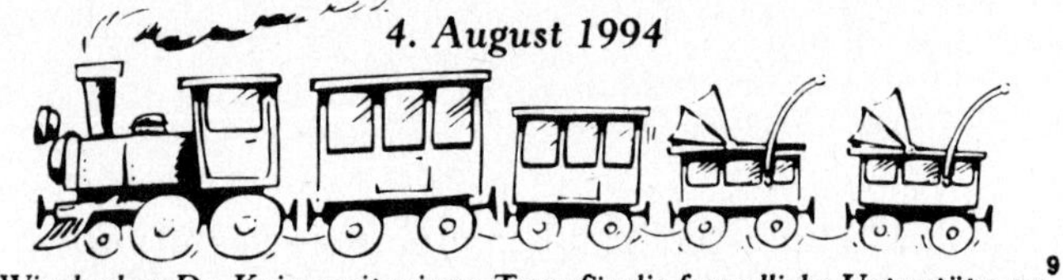

Wir danken Dr. Kaiser mit seinem Team für die freundliche Unterstützung.[9]

1. *heavy*
2. *enormously*
3. *arrival*
4. haben . . . (*present perfect tense*) *were pleased*
5. *attention; (here also) small gift*
6. von . . . *from now on*
7. zu . . . *as five*
8. *twins*
9. *support*

Wie heißen die drei Neugeborenen?

____

____

Zum Text 2

A. Das stimmt nicht. Correct each of the following statements to make it true according to the ad. There may be more than one way to alter some of the sentences.

BEISPIEL: Nathalies Eltern sind ~~Jürgen und Astrid von Meer~~. *Susanne und Jürgen Lindt.*

oder ~~Nathalies~~ *Hendriks und Maximilians* Eltern sind Jürgen und Astrid von Meer.

1. Nathalie ist um 18.21 Uhr am 23. Juni 1994 geboren.
2. Das Baby Nathalie ist 51 g schwer und 3170 cm lang.
3. Die Eltern sind sehr unglücklich über ihren Sohn.
4. Die Familie Lindt wohnt in Mainz.
5. Ihre Adresse ist Liebermann-Platz 11.
6. Herr und Frau Lindt sagen „Dank für alle Hochzeitswünsche und Partys".
7. Jetzt hat die Familie von Meer vier Mitglieder (*members*): Vater, Mutter, Tochter und Sohn.
8. Die Tochter und Schwester heißt Astrid.
9. Die Familie von Meer wohnt in Rotdorn, und ihre Postleitzahl ist 37.
10. Doktor Kaiser dankt Jürgen und Astrid für die freundliche Unterstützung.

B. Wie alt sind die drei Kinder heute? ______________________________

____

Schreiben

Design and write your own birth announcement. Use phrases and ideas from the materials in this chapter. You can use your own name and include actual facts, or you can make up a German-speaking persona and create details accordingly.

Alternate topic: Make a birth announcement for a pet, a friend, or a celebrity.

Journal

Schreiben Sie über Ihre Familie. Before you begin writing, make a family tree and include as much information about each person as you are able to give in German. The following questions will give you ideas for your journal entry, as will the reading and dialogues at the beginning of Chapter 3 in your textbook. You might also include photos and write a caption to accompany each one.

- Wie groß ist Ihre Familie?

  Haben Sie Geschwister?

  Haben Sie eine Stiefmutter (*stepmother*) oder einen Stiefvater?

  Haben Sie Stiefbrüder oder -schwestern?

  Haben Sie Halbbrüder oder -schwestern?

  Haben Sie Nichten und Neffen? Tanten und Onkel? Kusinen und Vettern (*male cousins*)? Großeltern? Urgroßeltern?

- Sind Sie verheiratet (*married*)?

  Wenn ja: Haben Sie einen Schwiegervater (*father-in-law*)? eine Schwiegermutter? einen Schwager (*brother-in-law*) oder Schwäger (*brothers-in-law*)? eine Schwägerin (*sister-in-law*) oder Schwägerinnen?

  Haben Sie Kinder? Wenn ja: Wie beschreiben (*describe*) Sie sie? Haben Sie vielleicht Enkelkinder?

- Wie heißen die Familienmitglieder (*family members*)?

  Wie alt sind sie?

  Wo wohnen sie?

  Was machen sie gern?

  Was machen sie nicht gern?

- Haben Sie einen Hund? ein Pferd? eine Katze?

  Beschreiben Sie ihr Haustier (*pet*).

Name ______________________ Datum ____________ Klasse ______________

Kapitel 4

Alles klar?

Look over the ad; then scan it for the following information. As you find each item, enclose the word(s) or phrase(s) in parentheses and write the corresponding number next to or above the information. The first item is done for you as an example.

Was?

1. Titel
2. Genre

Wer?

3. Librettisten
4. Komponist

Wann?

5. Tag
6. Datum
7. Uhrzeit
8. Daten für drei weitere Aufführungen (*performances*)

Wo?

9. Gebäude (*buildings*)
10. Adresse für Karten
11. Telefonnummer für Karten
12. Kassen (*box offices*) für Karten

PREMIERE

Sonntag, **24. Mai**, 19.00 Uhr

(1.)(**Eine Nacht in Venedig**)

Operette in drei Akten
von Friedrich Zell und Richard Genée

Musik von Johann Strauß

Musikalische Leitung: Roland Seiffarth
Inszenierung: Karl Absenger
Bühnenbild: Pantelis Dessyllas
Kostüme: Johanna Weise
Choreographie: Monika Geppert
Chöre: Wolfgang Horn

Nächste Vorstellungen:
30. Mai, 3. und 7. Juni

Musikalische Komödie im Opernhaus

Kartenvorbestellungen ab sofort schriftlich
Besucherservice Opernhaus, PF 35, Leipzig
oder telefonisch über

TELEFON-THEATER-SERVICE
29 10 36

Karten an der Tageskasse Opernhaus
und an der Abendkasse.

OPER LEIPZIG

Vokabelsuche. The ad contains a number of cognates, German words that look similar to and have essentially the same meaning as their English counterparts. Find words in the ad to complete the chart.

ÄHNLICHE WÖRTER

ENGLISCH	DEUTSCH	ENGLISCH	DEUTSCH
Sunday	____________	*choreography*	____________
May	____________	*costumes*	____________
June	____________	*comedy*	____________
night	____________	*opera*	____________
music	____________	*operetta*	____________
musical	____________	*opera house*	____________

Although not an obvious cognate, the German word for the city of Venice is ______________.

Thema 1

Der Tagesablauf

Aktivität 1 Was machen die zwei Familien?

Ergänzen Sie die richtigen Verben.

fängt . . . an	sieht . . . aus	kocht
ruft . . . an	bekommt	kommt . . . mit
räumt . . . auf	kauft . . . ein	spricht
steht . . . auf	sieht . . . fern	geht . . . spazieren
~~geht . . . weg~~	frühstückt	kommt . . . vorbei

Es ist halb acht, und Frau Fiedler *geht* ______________ jetzt *weg* ______________.

Um Viertel nach acht hat sie eine Verabredung mit zwei Kollegen. Ihr Sohn Josef

______________ schon sein Zimmer ______________, und ihre Tochter

Maria ________________ jetzt ________________. Jeden Tag bleibt ihr Mann, Herr Fiedler, bis acht Uhr zu Hause. Heute morgen ________________ er seine Mutter ________________.

Die Familie Jahn ist heute morgen auch noch zu Hause. Frau Jahn ________________, und Herr Jahn ________________. Ihr Kind, das kleine Hänschen, ________________. Frau Jahns Vater ________________ alle zwei Wochen ________________. Heute morgen ________________ die Familie ________________, und der Opa ________________ ________________.

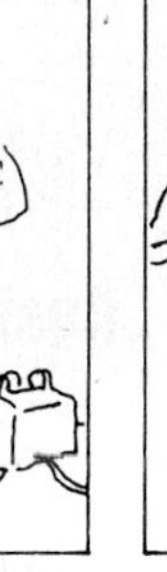
Herr Fiedler

Josef

Maria

Frau Fiedler

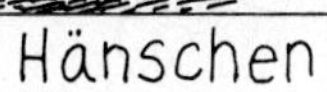
Hänschen

Herr Jahn

Frau Jahn

Opa

Aktivität 2 Bei Haußner

Lesen Sie die Anzeige. Ergänzen Sie dann den Werbetext. Diesen Text hört man im Radio.

Möchten Sie sich wohlfühlen (*feel good*)? Dann kommen Sie zu Haußner. Haußner ist ein Tanzrestaurant. Gehen Sie gern aus? Bei Haußner kann man ______________________ und ______________________, ______________________ und träumen (*dream*). Es gibt täglich eine Live Musik Show mit der, „Austrian Starlight" Band. Dienstags bis ______________________ und ______________________ ist das Restaurant von zwanzig bis ______________________ Uhr geöffnet, freitags, ______________________ und feiertags von ______________________ bis fünf Uhr. ______________________ ist Ruhetag. Reservieren Sie einen Tisch. Unsere ______________________ ist Joachimstaler Straße 1, und unsere ______________________ ist 881 55 20. Rufen Sie uns mal an.

Thema 2

Die Uhrzeit

Aktivität 3 Wieviel Uhr ist es?

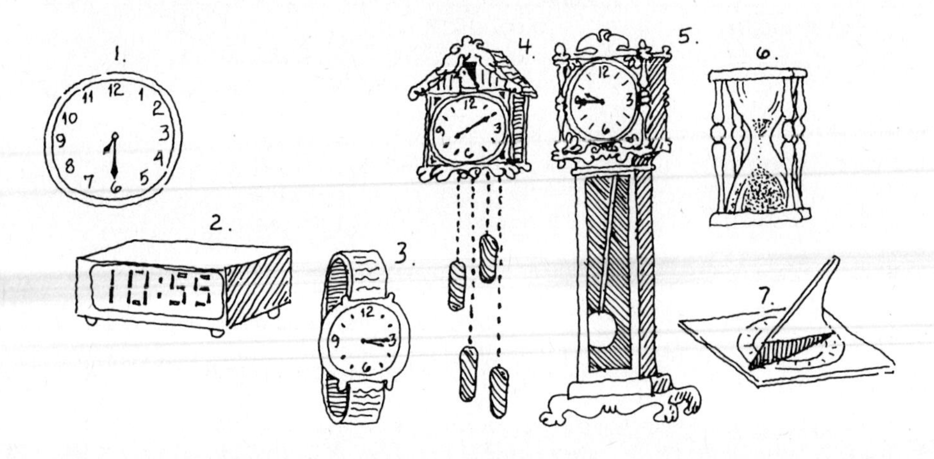

A. Schauen Sie sich die Uhren an, und ergänzen Sie die Sätze.

1. Es ist ____________ acht.
2. Es ist fünf ____________ elf.
3. Es ist ____________ ____________ drei.
4. Es ist zehn ____________ acht.
5. Es ist ____________ ____________ zehn.

B. Wie nennt man diese Uhren? Markieren Sie die Antworten.

__3__ Das ist eine Armbanduhr.

_____ Das ist eine Digitaluhr.

_____ Das ist eine Kuckucksuhr.

_____ Das ist eine Kuchenuhr.

_____ Das ist eine Sanduhr.

_____ Das ist eine Sonnenuhr.

_____ Das ist eine Standuhr.

C. Benutzen Sie die Namen für Uhren aus Teil B, und beantworten Sie die folgenden Fragen.

1. Was für Uhren haben Sie schon?

____

____

2. Was für eine Uhr brauchen oder möchten Sie?

____

____

Aktivität 4 Die Zeit

Ergänzen Sie die fehlenden Wörter. (*Hint:* Some nouns will be singular, others plural. Include the definite or indefinite article whenever appropriate.)

1. ______________________ hat 60 Sekunden.
2. ______________________ hat 60 ______________________.
3. ______________________ hat 24 ______________________.
4. Zwischen (*Between*) „morgens" und „nachmittags" kommt „______________________".
5. Zwischen „nachmittags" und „nachts" kommt „______________________".
6. ______________________ hat 7 ______________________.
7. ______________________ ist der Zeitraum (*time span*) von ungefähr 30 Tagen.
8. ______________________ ist der Zeitraum von 12 Monaten oder 365 Tagen.

Thema 3

Kino, Musik und Theater

Aktivität 5 Wohin gehen Sie? Was sehen Sie? Was hören Sie?

Schreiben Sie **ins** oder **in die.**

1. Wohin gehen Sie gern?

   Gehen Sie gern ______________ Kino?

   ______________ Disko?

   ______________ Konzert?

   ______________ Theater?

   ______________ Oper?

Schreiben Sie die fehlenden Wörter.

2. Was für Filme sehen Sie gern?

   Ein Film mit viel Abenteuer ist ein ____________________________.

   Ein Film mit viel Horror ist ein ____________________________.

   Ein Film mit psychologischer Spannung (*tension*) ist ein ____________________________.

   Ein Film mit einem Detektiv ist ein ____________________________.

3. Was sehen Sie auf der Bühne (*on the stage)?*

   Ein dramatisches Stück ist ein ____________________________.

   Ein komisches Stück ist eine ____________________________.

   Ein tragisches Stück ist eine ____________________________.

   Ein Stück, in dem man singt, ist eine ____________________________.

   Ein Stück, in dem man tanzt, ist ein ____________________________.

4. Was hören Sie gern?

   Musik aus dem amerikanischen Westen heißt ____________________________.

   Musik aus der klassischen Periode heißt ____________________________.

   Rockmusiker/Rockmusikerinnen spielen ____________________________ (kurz für „Rock and Roll").

Beantworten Sie die folgenden Fragen mit Hilfe der Wörter und Ausdrücke von 1–4.

5. Wohin gehen Sie, oder was machen Sie gern Freitag abends?

   ____

   ____

6. Ihre Freunde sehen heute abend fern. Was machen Sie lieber?

____

____

7. Was für Filme sehen Sie am liebsten?

____

____

8. Was für Theateraufführungen (*theater performances*) sehen Sie am liebsten?

____

____

9. Was für Musik hören Sie gern morgens? (*Begin with* Morgens . . .)

____

____

10. Was für Musik hören Sie gern abends? (*Begin with* Abends . . .)

____

____

Aktivität 6 Jens und Klaus machen Pläne.

Ergänzen Sie den Dialog mit Informationen aus der Anzeige.

Eine deutsch-deutsche
Fotodokumentation
aus dem Frühjahr 1990
Ost
sieht West
West sieht
Ost
Im Museum im Zeughaus,
Berlin, Unter den Linden 2
bis 26. Dezember 1990
Mo-Do 10-17 Uhr · Sa/So 10-16 Uhr

JENS: Hast du am Sonntag schon etwas vor?

KLAUS: Nein, ich habe nichts vor.

JENS: Möchtest du einen Dokumentarfilm sehen?

KLAUS: Vielleicht. Wie heißt denn der Film?

JENS: ______________________________

KLAUS: Und was für ein Film ist das?

JENS: ______________________________

____

____

KLAUS: Wo läuft der Film?

JENS: ______________________________

____

KLAUS: Und wann fängt der Film an?

JENS: ______________________________

KLAUS: Gut. Dann bin ich um fünf vor zehn vor dem Museum.

JENS: Prima. Ich bin auch da.

Separable-prefix Verbs

Übung 1 Anjas Alltag

Anja ist Studentin. Wie verbringt sie ihren Tag?

BEISPIEL: 6.30 Uhr / aufstehen → Um halb sieben steht sie auf.

1. 7.10 Uhr / frühstücken ______________________________

   ____

2. 7.30 Uhr / schnell ihr Zimmer aufräumen ______________________________

   ____

3. 8.20 Uhr / ausgehen ______________________________

   ____

4. 9.05 Uhr / ihre Englischstunde anfangen (*Note:* ihre Englischstunde *is the subject of this sentence.*) ______

5. 2.15 Uhr / nach Hause zurückkommen ______

6. 5.45 Uhr / ihre Freundin anrufen ______

7. 6.30 Uhr / fernsehen ______

8. von 8.00 bis 10.00 Uhr / Englisch lernen ______

Übung 2 Der Bumerang

Find the two sentences in the cartoon that contain separable-prefix verbs. Circle each conjugated verb form and underline each prefix. Then write a complete answer to each question.

NÜTZLICHE WÖRTER

wegwerfen (wirft weg) *to throw away*
zurückbringen (bringt zurück) *to bring back*

1. Was wirft der Vater weg? ______
2. Wie funktioniert ein Bumerang normalerweise? ______
3. Wie kommt der Bumerang im Cartoon zurück? ______
4. Sieht der Mann fröhlich oder böse aus? ______

Modal Auxiliary Verbs

Übung 3 Von Köln nach Hamburg

Wieviel muß jede Person zahlen? Ergänzen Sie die richtigen Formen von **müssen.**

Der undressierte Mann

1. Sie fahren mit dem Auto von Köln nach Hamburg. Wieviel ________________________ Sie für Benzin zahlen? (Wieviel kostet das Benzin?) —Ich ________________________ 80 Mark zahlen.
2. 80 Mark ist zuviel. Sie nehmen also einen Freund mit, und Ihr Freund zahlt die Hälfte. Wieviel ________________________ er zahlen?
3. Noch zwei andere Freunde wollen jetzt nach Hamburg mitkommen. Ein Freund fragt Sie: Wieviel ________________________ du jetzt für Benzin zahlen? Und dann fragt er Ihre Freunde: Wieviel ________________________ ihr zahlen? Sie antworten: Wir ________________________ 20 Mark für Benzin zahlen.
4. Und wenn 112 Personen mitfahren? Wieviel ________________________ die zahlen?

Übung 4 Eine Autofahrt

Sie fahren mit Ihrem Mercedes 300 SL von Köln nach Hamburg. Drei Freunde möchten mitkommen. Was fragen sie?

1. ________________________ wir mitfahren, oder ________________________ du lieber allein fahren? (dürfen/möchte)
2. ________________________ ich meine Freundin auch einladen? (dürfen)
3. Wo ________________________ man tanken? (können)
4. Um wieviel Uhr ________________________ ich morgen früh vorbeikommen? (sollen)
5. Warum ________________________ du diese Strecke nicht? Ich finde die Landschaft (*scenery*) interessant. (mögen)

6. Ich ____________________ die Staus (*traffic jams*) nicht. (mögen) Wie ____________________ wir sie vermeiden (*avoid*)? (können)
7. Wie ____________________ das Wetter morgen sein? (sollen)
8. Was ____________________ wir mitbringen? (können)

The Imperative

Übung 5 Machen Sie das bitte.

Frau Siebert ist neu hier. Was plant Frau König für sie? Schreiben Sie jede Frage neu als Imperativsatz. Benutzen (*Use*) Sie auch das Wort in Klammern.

BEISPIEL: Können Sie mich heute abend anrufen? (bitte) →
Rufen Sie mich bitte heute abend an.

1. Möchten Sie morgen früh im Café frühstücken? (doch)

   ____

2. Möchten Sie morgen nachmittag einkaufen gehen? (doch)

   ____

3. Möchten Sie durch den Park spazierengehen? (mal)

   ____

4. Möchten Sie morgen abend im Restaurant essen? (doch)

   ____

5. Möchten Sie dann einen Abenteuerfilm sehen? (mal)

   ____

6. Können Sie am Samstag vorbeikommen? (bitte)

   ____

Übung 6 Was müssen die Kinder alles machen?

Herr Kramer schickt seine Kinder, Helga und Jens, zum Einkaufen. Was sagt er? Schreiben Sie jeden Satz neu im Imperativ.

BEISPIEL: Ihr müßt zuerst euer Zimmer aufräumen. →
Räumt euer Zimmer zuerst auf.

1. Jens, du mußt aber erst die Katze füttern.

   ____

2. Helga, du darfst jetzt nicht fernsehen.

   ____

3. Helga, du mußt nur eine Minute warten.

____

4. Jens, du darfst die Tür noch nicht öffnen.

____

5. Ihr müßt eure Jacken mitnehmen.

____

6. Ihr dürft das Geld nicht vergessen.

____

7. Ihr müßt eine Zeitung und ein Buch für mich kaufen.

____

8. Ihr müßt dann sofort zurückkommen.

____

Übung 7 Mach es jetzt! Du mußt das jetzt machen!

Martin und Josef sind Brüder. Heute hat Martin ein Problem: Josef schläft noch. Was sagt Martin? Wählen (*Choose*) Sie Verben, und schreiben Sie sechs Satzpaare.

BEISPIEL: 1. a. Bleib nachts nicht so spät auf.
b. Du sollst nachts nicht so spät aufbleiben.

aufbleiben aufstehen dürfen frühstücken
sollen ausgehen einschlafen spazierengehen
fernsehen Basketball spielen aufwachen müssen lesen können

Sprache im Kontext

Lesen

Auf den ersten Blick

Schauen Sie sich den kurzen Zeitungsartikel an.

1. The first sentence in the title invites the readers to participate. It states:

   ____

   ____

2. Scan the text for words and phrases that look familiar. Do you think the text concerns
   - ☐ a political campaign?
   - ☐ an advertising campaign for a product?
   - ☐ an advertising campaign for a service?
   - ☐ a new series in a newspaper and/or on TV or radio?
   - ☐ a gimmick to advertise a TV or radio station?
   - ☐ plans for a party?

Machen Sie mit!
Holen Sie den Sticker

Holen Sie sich den „Gut drauf!"-Sticker im Foyer des Springer-Hauses (Kochstraße), im SFB-Pavillon am Theodor-Heuss-Platz, bei den Touristen-Info-Stellen Flughafen Tegel, Hauptbahnhof, Bahnhof Zoo und Europa-Center oder der Schloßattrappe am Lustgarten und kleben Sie ihn an Ihr Auto oder Ihren Laden.

Ein Team von SFB und Berliner Morgenpost ist täglich unterwegs – auf der Suche nach Berlinern, die „Gut drauf!" sind. Es winkt eine große Party im Journalisten-Club im Axel Springer Verlag – Überraschungen garantiert.

Auch wenn heute der letzte Teil unserer „Gut-Drauf"-Serie erscheint, zeigen Sie weiterhin mit ihrem Aufkleber, daß Berliner gut drauf sind.

Zum Text

A. Lesen Sie jetzt den Text, und füllen Sie die Tabelle aus.

1. **was man holt:**

 ____

2. **wo man ihn holen kann:**

 a. im ______________________________

 in der Kochstraße

 b. im ______________________________

 am ______________________________

 c. bei ______________________________

 (1) am Flughafen Tegel (*Tegel airport*)

 (2) am Hauptbahnhof (*main train station*)

 (3) am ______________________________

 d. bei der Schloßattrappe (*mock castle*) am Lustgarten

3. **wo man ihn kleben** (*stick*) **kann:**

 a. an das ______________

 b. an den Laden (*store or business*)

4. **wer täglich unterwegs** (*on the move*) **ist:**

 ein Team von SFB (Sender Freies Berlin [*a broadcasting station*]) und

 ____

5. **wen das Team sucht:**

 ______________________, die (*who*) „Gut drauf!" sind

6. **was es winkt (signaliert):**

 eine ______________________________

7. **wo:**

 im ______________________________

 im Axel Springer Verlag (*name of a large German publishing firm*)

8. **was auf der Party garantiert ist:**

 Überraschungen (*surprises*)

B. Lesen Sie nochmals das Ende des Artikels. Was bedeutet (*means*) das?

1. ☐ Today is the last part of the "good mood" series and also the last day one can obtain and post the stickers.
2. ☐ Even though the "good mood" series is coming to an end today, one can continue to show that the people of Berlin are in a "good mood" by displaying the stickers.
3. ☐ Even though the last part of the "good mood" series appears today, the people of Berlin can continue to obtain the "good mood" stickers.

Schreiben

Eine Einladung: Mach mit! Write a friendly note to a friend as an invitation to an outing or to some upcoming event in your community. Include whatever information is appropriate regarding who, what, when (day, date, time), where, and so forth. See **Sprach-Tip** below.

Liebe . . . / Lieber . . .
Hallo, . . .
Herzliche Grüße
?

Hast Du . . . etwas vor?
Möchtest Du . . . ?
. . . ein Picknick machen?
. . . gemütlich Kaffee trinken?
. . . (Karten) spielen?
. . . ins Kino (Konzert, __?__) gehen / mitkommen?
Im (*Kino*) läuft (*Film*).
Das Konzert (Der Film, __?__) fängt um . . . an.
?

Ich komme . . . vorbei.
Ich rufe Dich . . . an.
Ich hol Dich . . . ab.
Wir können viel Spaß haben.

Komm mit.
Ruf mich . . . an.
Komm um . . . vorbei.
?

SPRACH-TIP

In a note or letter, address a male with **lieber** and a female with **liebe,** followed by the person's name.

Lieber Doug, Liebe Beth,

The salutation can be followed by a comma or by an exclamation point. After a comma, begin the first word with a lowercase letter unless the word is a noun. After an exclamation point, the first word should begin with an uppercase letter.

Liebe Jane, Liebe Jane!

ich . . . Ich . . .

All forms of the pronoun **du** are capitalized in a note or a letter. **Kommst Du mit? Grüß Dich! Wie geht es Dir?**

At the end of a friendly note or letter to someone whom you address with a first name, write the word **Dein** (*your*) if you are a man, **Deine** if you are a woman, and sign your name.

Dein Michael Deine Maria

Journal

Wie verbringen Sie Ihre Zeit? Write about your general routines and habits: what you do when.

- Before you begin writing, look over the list of verbs and circle those activities you want to include; draw a line through those you do not want to use.

(Freunde) anrufen	fernsehen	schlafen
arbeiten	frühstücken	(Briefe) schreiben
aufstehen	(ins Kino) gehen	schwimmen
aufwachen	(Radio) hören	spazierengehen
ausgehen	kochen	(Karten) spielen
(Freunde) besuchen	laufen	(Deutsch) sprechen
bleiben	lernen	tanzen
einkaufen (gehen)	lesen	(Kaffee) trinken
einschlafen	mitkommen	vorbeikommen
essen	mitnehmen	wandern
(nach . . .) fahren	reden	zurückkommen
faulenzen		

- Jot down appropriate time adverbs, qualifying words, or any other pertinent notes alongside some or all of the verbs you have circled. (You need not use all the words listed).

TIME ADVERBS	QUALIFYING WORDS
jeden Tag	ich darf
montags, . . .	ich kann
morgens	ich möchte
mittags	ich muß
nachmittags	ich soll
abends	ich will
nachts	
am Wochenende	

- Number your circled verbs and notes in the sequence in which you want to present them.

The preceding steps will provide you with some thoughts and a rough outline for writing in your journal.

Name ______________________ Datum ____________ Klasse ______________

Kapitel 5

Alles klar?

A. Schauen Sie sich die Anzeigen an, und markieren Sie die richtigen Antworten. Unterstreichen Sie die Stichwörter (*cues*) in den Anzeigen.

Mit neuer Mode in den Frühling

Damenjacken
Blazer und Long - Jacken
Anzüge
ein- und zweireihig
Sakkos
in Trevira und Wolle
Viskose und Baumwolle
Hosen
elegant und sportlich
Jeans
für Damen, Herren und Kinder
Blousons u. lange Jacken
in Microfaser und Baumwolle
in Amaretta und Leder

Der Auswahl und des Preises wegen
gleich zu . . .

Kirner
KLEIDUNG
HOHENTHANN

8.30 - 12.00 u. 13 - 18.30 Uhr, Sa. 8.30 - 13 Uhr
langer Sa. bis 16 Uhr · Telefon 08784 / 304
Dienstag geschlossen

NEUERÖFFNUNG

TEE-LADEN im Westend

Groß- und Einzelhandel – Versand

über 200 Teesorten
aus allen Ländern der Welt
sowie **Gesundheitstees.**

Angebot:
Darjeeling Autumnal
second flush
100 g **5.80** 250 g **14.–**

Geöffnet: Montag–Freitag 10.00 bis 18.30 Uhr
Samstag 9.00 bis 13.00 Uhr

JOSP-TEE

WESTENDSTRASSE 35

Nähe Ecke Holzapfelstraße

Gesundheit
und Frische
den ganzen Tag!

Kleve-Materborn
Materborner Allee 4
Telefon 2 48 55

Treppkesweg 44
Telefon 1 80 74

Hoffmannallee
im Penny-Markt

1. Kirner hat jetzt
   a. neue Frühlingskleidung. b. neue Sommerkleidung. c. neue Herbstkleidung. d. neue Winterkleidung.
2. Bei Kirner kann man
   a. nur Männerkleidung kaufen. b. nur Kleidung für Männer und Frauen kaufen. c. nur Kleidung für Frauen kaufen. d. Kleidungsstücke für Männer, Frauen und Kinder kaufen.
3. Dienstags ist Kirner
   a. nur bis um 16 Uhr geöffnet. b. bis um 18.30 Uhr geöffnet. c. nur einmal im Monat geöffnet. d. geschlossen.
4. Die Bäckerei Quartier hat drei Adressen
   a. in München. b. in Landshut. c. in Kleve. d. in Münster.
5. Quartier ist eine Bäckerei
   a. und eine Apotheke. b. und eine Konditorei. c. und ein Bioladen. d. und eine Drogerie.

6. Man findet Josp-Tee

   a. im Nordend. b. im Ostend. c. im Südend. d. im Westend.

7. Hier kann man

   a. gemütlich Tee oder Kaffee trinken. b. Tee und Brötchen bestellen (*order*). c. über 200 Teesorten kaufen. d. nur Kräutertee finden.

B. Markieren Sie die Antwort auf jede Frage. Welches Wort / Welche Wörter im Text der Anzeige gibt / geben Ihnen diese Information? Schreiben Sie dieses Wort / diese Wörter unter die Frage.

	KIRNER	QUARTIER	JOSP-TEE
1. Welcher Laden ist neu?	☐	☐	☐
______________________			
2. Wo ist alles jeden Tag frisch?	☐	☐	☐
______________________			
3. Wo kann man am langen Samstag einkaufen?	☐	☐	☐
______________________			

KULTUR-TIP

In Germany business hours are regulated by law. On weekdays businesses must close by 6:30 P.M., except on Thursdays, when stores may remain open until 8:30. On the first Saturday of each month, businesses are allowed to stay open until 4:00 P.M., in the winter until 6:00. On all other Saturdays of the year, stores must close by 2:00 P.M. Because of the extended hours, Thursday is known as **langer Donnerstag,** and the first Saturday of the month as **langer Samstag.**

	Mo., Di., Mi., Fr.	langer Do. (jeden Do.)	Sa.	langer Sa. (erster Sa. im Monat)
Öffnungszeiten:	18.30	20.30	14.00	16.00 18.00 (nur im Winter)

Wörter im Kontext

Thema 1

Kleidungsstücke

Aktivität 1 Bekleidung

A. Wie heißt jedes Kleidungsstück?

Name ________________________ Datum ____________ Klasse ______________

1. der Anzug
2.
3.
4.
5.
6.
7.
8.
9.
10.
11.
12.
13.
14.
15.
16.

B. Welche Kleidungsstücke haben Sie schon? Kreuzen Sie diese Wörter an. (√) Welche Kleidungsstücke brauchen Sie oder möchten Sie? Machen Sie einen Kreis um diese Wörter. (Wort) Welche Kleidungsstücke wollen Sie nie (*never*) tragen (*wear*)? Streichen Sie diese Wörter aus. (~~Wort~~)

- ☐ einen Sommeranzug
- ☐ einen Winteranzug
- ☐ eine Lederjacke
- ☐ eine Windjacke
- ☐ eine Cordhose
- ☐ einen Ledergürtel
- ☐ ein Sommerkleid
- ☐ einen Wintermantel
- ☐ eine Baumwollbluse
- ☐ ein Baumwollhemd
- ☐ einen Baumwollschal
- ☐ ein Flanellhemd
- ☐ einen Cowboyhut
- ☐ Wanderschuhe
- ☐ Tennisschuhe
- ☐ Fußballschuhe
- ☐ Joggingschuhe
- ☐ Cowboystiefel

C. Schauen Sie sich jetzt die Bilder und Ihre Liste an. Schreiben Sie dann einen kurzen Absatz (*paragraph*): Was haben Sie? Was brauchen Sie? Was möchten Sie kaufen?

BEISPIEL: Ich habe einen Anzug, fünf Baumwollhemden, . . . Ich brauche eine Windjacke, . . . Ich möchte auch gern einen Cowboyhut, . . . kaufen.

Thema 2

Beim Einkaufen im Kaufhaus

Aktivität 2 Was sagt man im Kaufhaus?

Markieren Sie die richtigen Sätze.

1. *You need to find the register.*
   a. Wo ist die Kasse, bitte? b. Wo finde ich den Käse, bitte?
2. *You want to try on a shirt.*
   a. Darf ich dieses Hemd anprobieren? b. Darf ich Ihnen dieses Hemd zeigen?
3. *You remark that the shoes fit you.*
   a. Diese Schuhe passen mir. b. Diese Schuhe gefallen mir.
4. *A salesperson asks what color you want.*
   a. Welche Größe möchten Sie? b. Welche Farbe möchten Sie?
5. *Say that a certain color suits you.*
   a. Diese Farbe steht mir gut. b. Diese Farbe gefällt mir nicht.
6. *A salesperson tells you to pay at the counter.*
   a. Zahlen Sie da bitte an der Kasse. b. Zeigen Sie mir bitte die Kasse.

Aktivität 3 Dialog in einem Modegeschäft

Ergänzen Sie den Dialog.

VERKÄUFERIN: Darf ich Ihnen helfen?

ELISABETH: Ja, ich ______________________ ein Sommerkleid. (*need*)

VERKÄUFERIN: Dieses Kleid ist sehr schön.

ELISABETH: Ja, aber ich möchte etwas ______________________? (*in blue*)

VERKÄUFERIN: Möchten Sie etwas in ______________________ oder ______________________? (*light blue / navy blue*)

ELISABETH: ______________________, bitte. (*in navy blue*).

VERKÄUFERIN: Dieses Kleid hier ist wirklich schön, und wir haben auch Ihre ______________________. (*size*)

ELISABETH: Ist dieses Kleid aus ______________________ oder aus Synthetik? (*cotton*)

VERKÄUFERIN: Es ist aus Synthetik.

ELISABETH: Darf ich es ______________________? (*try on*)

VERKÄUFERIN: Natürlich.

Ein paar Minuten später:

VERKÄUFERIN: ____? (*Do you like it?*)

ELISABETH: Ja, es ______________________ gut. Ich nehme es. (*fits me*)

VERKÄUFERIN: Gut. Zahlen Sie dann bitte ______________________ ______________________. (*up front at the register*)

ELISABETH: Danke sehr.

VERKÄUFERIN: Bitte.

Thema 3

Lebensmittel

Aktivität 4 Lebensmittel und Farben

Welche Farbe haben diese Lebensmittel gewöhnlich?

1. Tomaten und Erdbeeren sind ______________________.
2. Salz und Zucker sind meistens ______________________.
3. Gurken und Salat sind gewöhnlich ______________________.
4. Pfeffer ist meistens ______________________.
5. Butter ist ______________________.
6. Orangen sind ______________________.
7. Kaffee ist dunkel______________________, aber Kaffee mit Milch ist hell______________________.

Aktivität 5 Im Supermarkt

Herr Eckhardt kann die Lebensmittel im Supermarkt nicht finden. Was sagt er? Ergänzen Sie die bestimmten (*definite*) Artikeln.

Wo ist ______________ Apfelsaft? Ich kann ______________ Apfelsaft nicht finden.

______________ Salz? ______________ Salz

______________ Pfeffer? ______________ Pfeffer

______________ Wein? ______________ Wein

______________ Leberwurst? ______________ Leberwurst

______________ Kaffee? ______________ Kaffee

______________ Mineralwasser? ______________ Mineralwasser

______________ Brot? ______________ Brot

______________ Limonade? ______________ Limonade

Aktivität 6 Was essen und trinken Sie?

A. Kreuzen Sie Ihre Antworten an.

1. Was für Säfte trinken Sie gern?
   - ☐ Orangensaft
   - ☐ Apfelsaft
   - ☐ Tomatensaft

2. Was für Salate essen Sie gern?
   - ☐ Kartoffelsalat
   - ☐ Tomatensalat
   - ☐ Gurkensalat
   - ☐ Obstsalat
   - ☐ Fleischsalat
3. Was für Kuchen essen Sie gern?
   - ☐ Apfelkuchen
   - ☐ Käsekuchen
4. Trinken Sie Wein? Trinken Sie
   - ☐ Rotwein?
   - ☐ Weißwein?
5. Es gibt viele verschiedene (*different*) Brot- und Brötchensorten (*types of bread and rolls*) in Deutschland. Welche kennen Sie?
   - ☐ Weißbrot
   - ☐ Schwarzbrot
   - ☐ Sesambrötchen
   - ☐ Salzbrötchen
   - ☐ Käsebrötchen
   - ☐ Milchbrötchen
6. Es gibt auch viele Wurst- und Würstchensorten in Deutschland. Kennen Sie zum Beispiel
   - ☐ Leberwurst?
   - ☐ Weißwurst?
   - ☐ Bratwurst?
   - ☐ Wiener Würstchen?
   - ☐ Frankfurter Würstchen?

B. Planen Sie ein Picknick für Freunde. Was möchten Ihre Freunde essen und trinken? Was müssen Sie in den Picknickkorb packen? Listen Sie mindestens (*at least*) acht Sachen.

Für das Picknick brauchen wir ______________________________

____

____

____

____

____

____

____

____

Name ______________________ Datum ____________ Klasse ______________

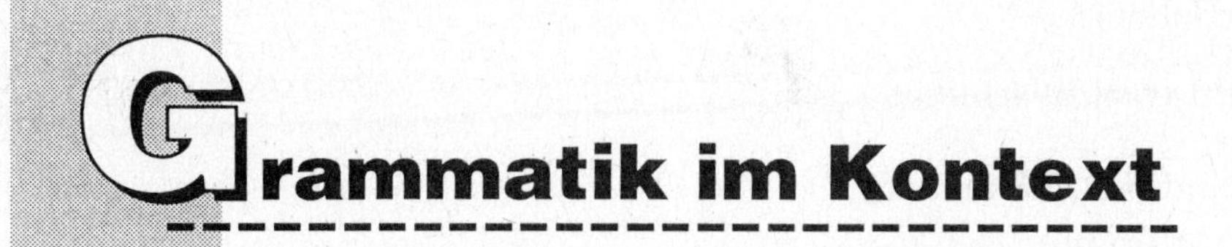

The Dative Case

Übung 1 Kleidungsstücke überall

Schreiben Sie jede Frage auf deutsch.

1. *To whom do these articles of clothing belong?*

   ____

2. *Does this bathrobe belong to you? (**Sie**-form)*

   ____

3. *Does this tie belong to him?*

   ____

4. *Does this scarf belong to her?*

   ____

5. *Does this jacket belong to you? (**du**-form)*

   ____

6. *Do these T-shirts belong to them?*

   ____

7. *Do these shoes belong to you? (**ihr**-form)*

   ____

Mittwochs gehört er Ihnen

dieser Anzeigenraum • Telefon 0 22 25 / 50 51

Übung 2 Wie geht es . . . ?

Schreiben Sie die fehlenden Personalpronomen.

Mir geht es gut. Dir auch?

A: Wie geht es Herrn Körner?

B: ____________ geht es nicht so gut.

C: Wie geht es Frau Schuhmacher?

D: ______________ geht es nicht schlecht.

E: Wie geht es Herrn und Frau Wollmann?

F: Es geht ______________ sehr gut.

G: Wie geht es Familie Lessing?

H: Es geht ______________ ganz gut.

I: Wie geht es Ihnen, Herrn und Frau Koch?

J: Es geht ______________ ausgezeichnet, danke.

Übung 3 Wer schenkt wem was?

Schauen Sie sich die Tabelle an, und schreiben Sie Sätze.

	VATER	MUTTER	NEFFE	SOHN	BRUDER	ELTERN	OMA
Rudi					Gürtel		
Karin							Schal
Herr Lenz		Hut					
Peter	Krawatte						
Emilie			Hemd				
Herr und Frau Pohl				Anzug			
Frau Effe						Flasche Wein	

1. *Rudi schenkt seinem Bruder einen Gürtel.*
2. ____

   ____
3. ____

   ____

4. ______________________________

5. ______________________________

6. ______________________________

7. ______________________________

Übung 4 Nein, das stimmt nicht.

Schauen Sie sich die Tabelle in Übung 3 noch einmal an, und beantworten Sie dann jede Frage.

1. Schenkt Rudi seinem Vater den Gürtel?

   Nein, Rudi schenkt ihn seinem Bruder.

2. Schenkt Karin ihrer Mutter den Schal?

   ____

3. Schenkt Herr Lenz seiner Tochter den Hut?

   ____

4. Schenkt Peter seinem Onkel die Krawatte?

   ____

5. Schenkt Emilie ihrem Bruder das Hemd?

   ____

6. Schenken Herr und Frau Pohl ihrem Neffen den Anzug?

   ____

7. Schenkt Frau Effe ihrem Nachbarn (*neighbor*) die Flasche Wein?

   ____

Übung 5 Ja, das stimmt.

Frau Grünwald beantwortet jede Frage positiv. (Ja, ich . . .) Schreiben Sie ihre Antworten, und ersetzen (*replace*) Sie jedes Substantiv mit einem Pronomen.

BEISPIEL: Sie schicken Ihrem Sohn diese Handschuhe, nicht wahr?
Ja, ich schicke sie ihm.

Ihre Nachbarin fragt sie:

1. Sie kaufen Ihrer Tochter das Medikament, nicht wahr?

   ____

2. Sie zeigen Ihren Nichten diesen Kuchen, nicht wahr?

___

3. Sie geben uns diese Brötchen, nicht wahr? (*Sie-form*)

___

Die Nachbarkinder fragen sie:

4. Sie geben uns diese Kekse, nicht wahr? (*ihr-form*)

___

Ihr Neffe fragt sie:

5. Du schickst mir den Brief, nicht wahr? (*du-form*)

___

Übung 6 Was sagt man in jeder Situation?

Schreiben Sie für jede Situation einen Ausdruck auf deutsch.

1. *You are eating strawberries. Say that they taste good.*

___

2. *You are trying on a pullover. Say that it fits you well.*

___

3. *Your friend is wearing new jeans. Tell her they look good on her.*

___

4. *You are in a store and need assistance. Ask someone if he/she can please help you.*

___

5. *Tell your friend that you would like to thank him for the tea.*

___

6. *Your aunt recently sent you a cap. Tell her you like it.*

___

7. *You did something you now regret. Say that you are sorry.*

___

8. *A salesperson wants you to buy a shirt. Tell him/her it's too expensive (for you).*

___

9. *Your roommates want to know whether you prefer to see a movie in a theater or at home on videotape. Tell them you don't care.*

___

Name ______ Datum ______ Klasse ______

Übung 7 Was sagen Sie?

Benutzen Sie jeden Ausdruck in einem vollständigen (*complete*) Satz.

1. aus der Schweiz: ______
2. beim Bäcker: ______
3. mit meinen Freunden: ______
4. nach dem Frühstück: ______
5. seit einer Woche: ______
6. von meiner Familie: ______
7. zur Uni: ______

Übung 8 Wer ist Richard? Was macht er?

Schreiben Sie vollständige Sätze.

1. Richard / sein / schon / seit / drei / Monate / in Münster.
2. Morgens / gehen / er / zu / die Uni.
3. Nachmittags / gehen / er / zu / die Arbeit.
4. Er / wohnen / bei / Herr und Frau Mildner.
5. Er / sprechen / oft / mit / ein Student / aus / die Schweiz.
6. Sie / sprechen / besonders gern / von / ihre Freunde.

7. Manchmal / gehen / Richard / mit / seine Freunde / zu / Supermarkt.

____

____

8. Da / können / er / Lebensmittel / auch / aus / die USA (*pl.*) / finden.

____

____

9. Nach / das Einkaufen / fahren / Richard / mit / der Bus / nach / Haus.

____

____

where, where to where from

Interrogative Pronouns *wo, wohin,* and *woher*

Übung 9 Was sagt Erika? Was fragen Sie?

Erika spricht über sich und ihre Familie. Schreiben Sie Fragen mit **wo, woher** oder **wohin**.

1. Ich arbeite bei einer Firma in der Stadtmitte.

   Wie, bitte? ____

2. Abends bleibe ich oft zu Hause.

   Wie, bitte? ____

3. Samstag nachmittags gehe ich gern ins Kino.

   Wie, bitte? ____

   ____

4. Meine Eltern wohnen jetzt in München.

   Wie, bitte? ____

5. Mein Bruder arbeitet manchmal in Regensburg.

   Wie, bitte? ____

6. Meine Freundin Maria studiert in Marburg.

   Wie, bitte? ____

7. Mein Freund Peter kommt aus der Schweiz.

   Wie, bitte? ____

8. Meine Kusine kommt aus Fulda.

   Wie, bitte? ____

9. Mein Onkel fährt nächste Woche nach Bonn.

   Wie, bitte? ____

10. Meine Tante will in die Türkei reisen.

    Wie, bitte? ____

Name ______________________ Datum ____________ Klasse ______________

der-Words: *dieser*, *jeder*, and *welcher*

Übung 10 Minidialoge in der Lederboutique

Was sagen die Freunde und Freundinnen zueinander? Ergänzen Sie die Sätze.

A: Ich brauche ______________ Lederjacke, und ich kaufe ____________. (*this* / *it*)

B: Wie, bitte? ______________ Lederjacke kaufst du? (*which*)

C: Ich möchte ______________ Lederrock, und ich kaufe ____________. (*this* / *it*)

D: Wie, bitte? ______________ Lederrock möchtest du? ______________ Rock gefällt dir am besten? ______________ Farbe gefällt dir denn am besten? (*which* / *which* / *which*)

E: Ich muß ______________ Gürtel haben. (*each*) Sind sie nicht toll?

F: Ja, wirklich toll. ______________ Größe trägst du? (*which*)

G: ____________________ Ledermantel paßt mir super. (*each*) Wieviel kostet ____________________ Mantel hier? (*this*)

H: Ich weiß es nicht. ____________________ Mäntel sind alle zu teuer für mich—für dich auch! (*these*)

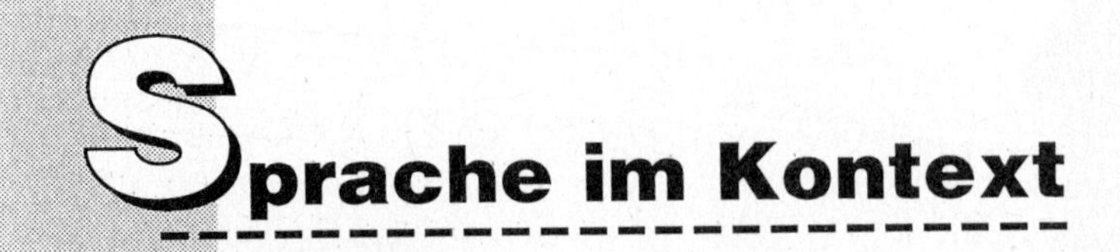

Lesen

Auf den ersten Blick

Schauen Sie sich das Foto an. Was trägt die junge Frau? Kreuzen Sie an.

ICH WILL JEANS

Mit Jeans ist man einfach immer flott und richtig angezogen." Das meint Sybille, Jungschauspielerin in einer TV-Vorabendserie. „Wenn ich zu den Dreharbeiten fahre, trage ich immer Jeans. Aber auch in der Schule oder in der Freizeit sind Jeans gut. Man kann sie mit vielen anderen Kleidungsstük-ken kombinieren." Besonders gut gefallen Sybille die witzigen Hosen-träger-Jeans mit hohem Bund: „Für so kleine Personen wie mich sind diese Jeans ideal und besonders bequem." Ein Wunder, daß sich diese Hose immer wieder der neuen Mode anpaßt. Dabei ist das Grundmodell von Levy Strauss über 100 Jahre alt!

Foto: Cramer/Gärtner

- ☐ eine Bluse
- ☐ ein T-Shirt
- ☐ Jeans
- ☐ Stiefel
- ☐ Hosenträger
- ☐ Basketballschuhe
- ☐ Tennisschuhe
- ☐ Stiefel

Was will die junge Frau? (ein Wort) ________________________________

Wollen Sie das auch? ☐ Ja. ☐ Nein.

Wie finden Sie Jeans? Kreuzen Sie an.

- ☐ Jeans stehen mir gut.
- ☐ Jeans passen mir gut.
- ☐ Ich finde Jeans bequem (*comfortable*).
- ☐ Ich kann Jeans überallhin (*everywhere*) tragen.
- ☐ Meine Freunde und Freundinnen tragen alle Jeans.
- ☐ Jeans stehen mir nicht gut.
- ☐ Jeans passen mir nicht gut.
- ☐ Ich finde Jeans sehr unbequem.
- ☐ Ich trage Jeans nur zu Hause oder gar nicht.
- ☐ Meine Freunde und Freundinnen tragen nie Jeans.

Zum Text

Lesen Sie jetzt den Text, und markieren Sie dann die richtigen Antworten. (Jede Frage kann mehr als eine richtige Antwort haben.)

1. Warum will Sybille Jeans?
   a. Jeans sind besonders preiswert.
   b. Jeans sind flott (schick).
   c. Mit Jeans ist man immer elegant angezogen (*dressed*).
2. Was ist Sybille?
   a. Schauspielerin (*actress*).
   b. Sängerin.
   c. Schülerin (*pupil*).
3. Wann trägt sie Jeans?
   a. Wenn sie zu Dreharbeiten (*film shooting*) fährt.
   b. In der Schule.
   c. In der Freizeit.
4. Warum mag sie Jeans?
   a. Sie kann Jeans mit vielen anderen Kleidungsstücken kombinieren.
   b. Sie sind für eine kleine Figur ideal.
   c. Sie sind sehr bequem.
5. Was kann man über Jeans sagen?
   a. Jeans passen sich immer wieder der neuen Mode an.
   b. Das Grundmodell für Jeans ist über 100 Jahre alt.
   c. Das Grundmodell kommt von Levy Strauss.

Schreiben

Wer sind sie? Was machen sie? Was tragen sie?

Die Alternative zum Barfußgehen.
Und plötzlich
läuft alles
viel besser.

Step 1. Use the space around the photo to label each article of clothing worn by the three persons.

NÜTZLICHE WÖRTER

der Handschuh, -e *glove*
die Weste, -n *vest*

Step 2. Write at least one descriptive word after each noun in Step 1. Even though colors are not shown, you can guess what they might be.

BEISPIEL: der Mantel, ¨ → (Winter-, dunkelgrau, lang)

Step 3. Now use your notes in Steps 1 and 2 to write a complete description of each person's attire.

BEISPIEL: Die Frau trägt einen Pullover, . . . und einen Wintermantel. Der Pullover ist . . . Der Mantel ist dunkelgrau und lang . . .

Step 4. Revise and rewrite the draft you prepared in Step 3.

- Make up information about the three persons to make them more interesting.
- Add appropriate adverbs and transition words as necessary to help give your writing a smoother flow: **heute, jetzt, hier, und, auch, dann** (*then*), **später** (*later*).
- Proofread your paper aloud to make sure your ideas are clearly expressed.

BEISPIEL: Sabine Müller (35) arbeitet als Verkäuferin bei einem Modegeschäft in Freiburg. Heute geht sie mit ihrem Mann und seiner Schwester spazieren. Später gehen sie in ein Restaurant.

Es ist schon Spätnovember, und Sabine trägt Winterkleidung. Ihr Mantel ist . . .

SPRACH-TIP

Remember that in German sentences the verb is in the second position, whether the subject or some other word or phrase begins the sentence.

SUBJECT 1	VERB 2	
Sabine Müller (35)	ist . . .	
ADVERB **1**	**VERB** **2**	**SUBJECT** **3**
Heute	geht	sie . . .

When two independent clauses are joined by **und**, **aber**, or **oder**, the word order of both clauses remains the same, with the verb in second position.

SUBJECT 1	VERB 2		SUBJECT 1	VERB 2	
Es	ist	. . . schon Spätnovember, und	Sabine	trägt	Winterkleidung.
SUBJECT **1**	**VERB** **2**		**ADVERB** **1**	**VERB** **2**	
Sie	geht	jetzt spazieren, aber	später	ißt	sie in einem Restaurant.

Journal

Wählen (*Choose*) Sie ein Thema. Machen Sie sich zuerst auf diesem Blatt (*page*) Notizen. Schreiben Sie dann mit Hilfe Ihrer Notizen in Ihr Journal.

Thema 1: Ihr Lieblingskleidungsstück

Sybille trägt fast immer Jeans. Sind Jeans auch Ihr Lieblingskleidungsstück? Oder haben Sie vielleicht einen Lieblingshut, eine Lieblingsjacke oder sonst was? Wie beschreiben (*describe*) Sie dieses Kleidungsstück?

- Welche Farbe hat es?
- Ist es groß? klein? eng? lang? kurz? schön häßlich? alt? neu? __?__
- Ist es ein Geschenk? Wenn ja: Von wem?
- Woher kommt es? (aus Mexiko? aus Miami? aus der Schweiz? __?__)
- Wann tragen Sie es?
- Wo oder wohin tragen Sie es?
- Warum tragen Sie es gern?

Thema 2: Ein Glücksbringer

Haben Sie einen Glücksbringer (*good luck charm*) oder einen Talisman? Ist er vielleicht ein Ring, ein Ohrring oder ein Paar Ohrringe, eine Kette (*chain*), ein Armband (*bracelet*), eine Figur oder ein Stofftier (*stuffed animal*)?

- Tragen Sie den Talisman immer, oder bleibt er in Ihrem Zimmer oder in Ihrem Auto?
- Wie beschreiben Sie ihn? (Farbe, Größe, Aussehen [*appearance*], . . .)
- Woher kommt er? (aus welchem Land? aus welcher Stadt? aus welchem Geschäft? von wem? . . .)
- Wie bringt er Ihnen Glück? Geben Sie ein Beispiel.

Thema 3: Ein besonderer Einkaufstag (*special shopping day*).

Stellen Sie sich vor (*Imagine*): Sie gewinnen mehrere Millionen in der Lotterie. Planen Sie einen Einkaufstag.

- Wo wollen Sie einkaufen? (in welchem Land? in welcher Stadt? in welchen Geschäften? . . .)
- Wie kommen Sie dorthin? (Fahren Sie mit dem Auto? mit dem Bus? mit einem Taxi? Fliegen Sie? Gehen Sie zu Fuß [*on foot*]? __?__)
- Wer kommt mit?
- Was kaufen Sie alles? Für wen?
- Was machen Sie nach dem Einkaufen?
- ?

Name ______________________ Datum ____________ Klasse ______________

Kapitel 6

Wir gehen aus

Alles klar?

A. Welche Informationen stehen auf dieser Rechnung? Kreuzen Sie an.

- ☐ die Namen der Restaurants
- ☐ die Art (*type*) von Küche
- ☐ die Adressen
- ☐ die Telefonnummern
- ☐ die Telefaxnummer
- ☐ die Stadt
- ☐ der Name des Kellners / der Kellnerin
- ☐ der Name des Inhabers (Inh.) (*owner*)
- ☐ das Datum
- ☐ die Getränke, die man bestellt
- ☐ das Gericht, das man bestellt
- ☐ die Preise
- ☐ die Mehrwertsteuer (*sales tax*)
- ☐ der Ruhetag
- ☐ die Summe
- ☐ wie man die Rechnung bezahlt (bar oder mit Kreditkarte)
- ☐ eine Danksagung
- ☐ die Unterschrift (*signature*) des Kunden / der Kundin
- ☐ die Tischnummer
- ☐ die Öffnungszeiten

Internationale Spezialitäten

SCHNEIDER-WIBBEL-STUBEN

Schneider-Wibbel-Gasse 7 · Tel. 0211/80000

SPANISCH-ARGENTINISCHE SPEZIALITÄTEN-RESTAURANTS

Schneider-Wibbel-Gasse 9
Tel. 0211/323203

Telefon Büro 0211/327753
Telefax 0211/326511

Bergerstraße 9
Telefon 0211/134745

DÜSSELDORF-ALTSTADT · Inh. Primo Lopez

Rechnung 0 0 7TH007 >03< 28/04/91 1

1	2 ALT BIER	6.00
2	1 ORANGENSAFT	3.50
3	3 SPARGEL	79.50
4	MWST. 14.00%	10.93
5	SUMME	89.00
6	BAR	*89.00
7		
8	VIELEN DANK FÜR IHREN BESUCH	

% Mehrwertsteuer = DM

Bitte zahlen Sie nur den ausgedruckten Betrag.

Unterschrift

Service und gesetzliche Mehrwertsteuer } inbegriffen Compris included

SCHNEIDER-WIBBEL-STUBEN

Wir danken für Ihren Besuch!

Tisch

DURCHGEHEND GEÖFFNET VON 12.00 bis 1.00 UHR

B. Schauen Sie sich die Rechnung noch einmal an, und ergänzen Sie die Sätze.

1. Es gibt drei Restaurants. Die Adressen sind Schneider-Wibbel-Gasse 7, Schneider-Wibbel-Gasse 9 und ______________________________.
2. Diese Restaurants servieren ______________________ Spezialitäten und besonders ______________________________ Spezialitäten.
3. Der Inhaber heißt ______________________.
4. Diese Rechnung ist für ____________ Personen.
5. An diesem Tag bestellen diese Kunden / Kundinnen ______________________ und ______________________ zu trinken und Spargel (ein Gemüsegericht) zu essen.
6. Jedes Bier kostet ____________ DM, der Orangensaft kostet ____________ DM und die Spargelgerichte kosten zusammen ____________ DM.
7. Die Mehrwertsteuer (MWST.) ist ____________ Prozent.
8. Man kann in diesen Restaurants nicht frühstücken, denn die Restaurants sind erst um ____________ Uhr geöffnet.

Thema 1

Lokale

Aktivität 1 Was haben diese Lokale?

Lesen Sie die drei Anzeigen, und markieren Sie Ihre Antworten in der Tabelle auf Seite 102.

Das preiswerte Spezialitätenrestaurant

APOLLO-GRILL

Türkisches Restaurant - Intern. Küche

Goslarsche Straße 20, Tel.: 50 60 72

**Gyros Pita mit
Salat und Zazicki,
Köfte Pita, Pizza
und vieles mehr
bekommen Sie bei uns
immer frisch zubereitet.**

Besuchen Sie auch unseren
Apollo express **Grill**
Langer Hof 2c, Tel.: 4 99 55

Dieses Lokal	LEEZE	APPOLO-GRILL	KNEIPE
hat türkische Küche.			
ist ein Biergarten.			
ist preiswert.			
liegt in der Frauenstraße (in Münster).			
hat Getränke und Speisen.			
hat eine Zimmervermittlung (*rental agency for rooms*).			
hat auch eine Filiale (*branch*), einen express Grill.			
hat internationale Küche.			
liegt in der Goslarsche Straße (in Braunschweig).			
hat live Musik.			

Name ______________________ Datum ____________ Klasse ______________

Aktivität 2 Terminologie

Ergänzen Sie die Sätze mit den passenden Wörtern.

Speisekarte	Ruhetag	Rechnung	Brezel
besetzt	probieren	Ist hier noch frei?	Kellnerin
Ober	zahlen	Tischreservierung	getrennt
Imbißstand			

1. Beim Einkaufen möchte man schnell essen. Man sucht also einen ______________________.
2. Am ______________________ ist ein Restaurant geschlossen.
3. Man will zu einer bestimmten Zeit in einem Restaurant essen. Man ruft das Restaurant an und macht eine ______________________.
4. Man sieht einen freien Platz an einem Tisch. Man will sich hier hinsetzen, aber zuerst fragt man die anderen Leute, die (*who*) an diesem Tisch sitzen: ______________________?
5. Ein Platz ist schon ______________________. Das heißt, er ist nicht mehr frei.
6. Man sitzt in einem Restaurant und liest die ______________________. Dann bestellt man.
7. Nach dem Essen in einem Restaurant oder in einem anderen Lokal muß man die ______________________ zahlen. Man sagt: Herr ______________________! (oder Frau ______________________!) ______________________, bitte!

Thema 2

Die Speisekarte, bitte!

Aktivität 3 Was steht auf der Speisekarte?

1. Welche Wörter sieht man wahrscheinlich (*probably*) nicht auf einer Speisekarte? Streichen Sie diese Wörter aus.

Servietten	Salate	Besteck
Hauptgerichte	Vorspeisen	Hausspezialitäten
Gaststätten	Ober	Pfannengerichte
Nachtische	Nachspeisen	Suppen
Kneipen	Rechnung	Beilage
Speisen	Imbisse	Wirtshäuser
Getränke	Messer	Ruhetage

2. Ergänzen Sie jetzt den folgenden Absatz mit der richtigen Form (Singular oder Plural) der übrigen (*remaining*) Wörter aus der Liste.

An einem Imbißstand kann man schnell einen ______________________ kaufen und essen. Aber in einem Restaurant nehmen sich die Gäste viel Zeit für ihre ______________________ und ______________________. Da kann man zuerst eine ______________________ bestellen. Das kann oft eine ______________________ oder ein ______________________ sein. Dann wählt (*chooses*) man ein ______________________ mit ______________________. Das ist vielleicht ein Pfannengericht oder eine ______________________. Dazu wählt man auch ein ______________________, wie zum Beispiel ein Bier oder ein Glas Wein oder sonst was. Nach diesem Gericht kann man einen ______________________ (oder eine ______________________) bestellen—wenn man noch Hunger hat.

Aktivität 4 Eine Speisekarte

Markieren Sie die richtigen Satzendungen. Mehr als eine Antwort kann richtig sein.

Herzlich willkommen im Ramspauer Hof

Zum Abschluß der Romantischen Waldwanderung empfehlen wir Ihnen:

Getränke nach Wahl

Speisen:

Wiener Schnitzel mit Pommes frites und Salat	9,00 DM
Jägerschnitzel mit Spätzle und Salat	9,50 DM
Curry-Wurst mit Pommes frites	5,50 DM
Brotzeitteller	7,50 DM
Wurstbrot	3,50 DM
Käsebrot	4,50 DM

1. Der Ramspauer Hof ist wahrscheinlich (*probably*)
   a. am Strand (*beach*).
   b. in oder in der Nähe von einer Großstadt.
   c. im Wald (*forest*) oder in der Nähe von einem Wald.
2. Gäste kommen oft zum Ramspauer Hof
   a. nach dem Einkaufen.
   b. nach dem Wandern.
   c. nach dem Spazierengehen im Wald.
3. Die Atmosphäre im Ramspauer Hof soll
   a. gemütlich sein.
   b. romantisch sein.
   c. kultiviert sein.
4. Auf der Speisekarte steht / stehen
   a. zwei Gerichte mit Kalbsschnitzel.
   b. ein Wurstgericht.
   c. drei Gerichte mit Brot.
5. Welches Gericht möchten Sie besonders gern im Ramspauer Hof bestellen?

   ____

Thema 3

Im Restaurant

Aktivität 5 Was steht auf dem Tisch?

1. Identifizieren Sie die Gegenstände (*objects*) auf dem Bild.

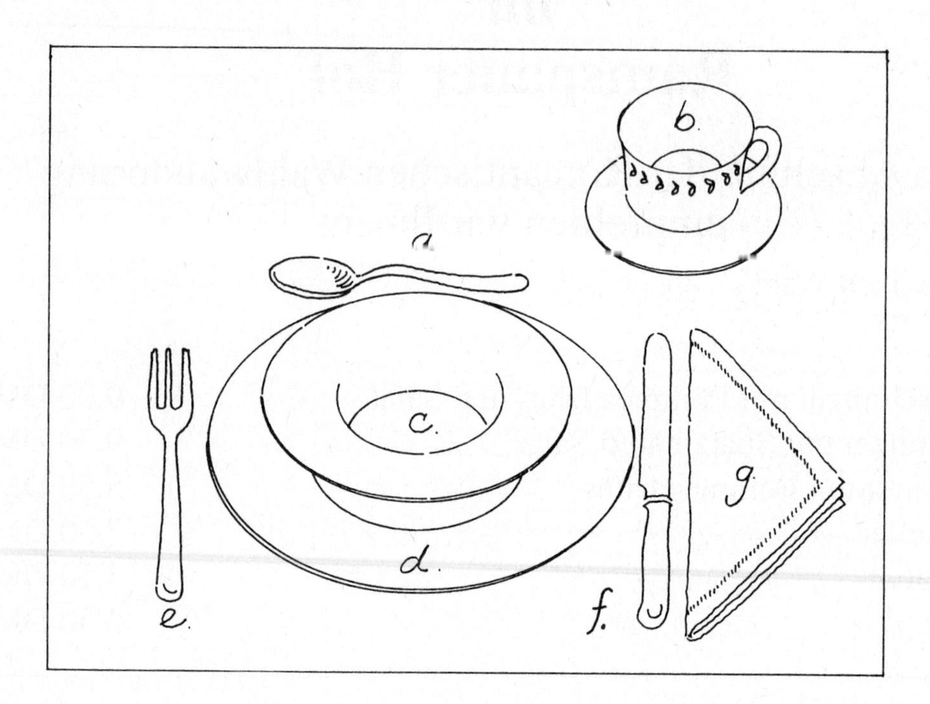

a. ______________________ e. ______________________

b. ______________________ f. ______________________

c. der Suppenteller g. ______________________

d. ______________________

Ein Satz (*set of*) a, e und f heißt ______________________.

2. Und Sie? Was haben Sie? Was haben Sie nicht? Haben Sie zum Beispiel eine Tasse oder keine Tasse? Benutzen (*Use*) Sie alle acht Wörter, und erklären (*explain*) Sie, was Sie haben und was Sie nicht haben.

____

____

____

____

____

____

____

Aktivität 6 Ein Abend in einem Restaurant

1. Was sagt der Ober? Was sagt der Kunde / die Kundin? Schreiben Sie **O** für Ober oder **K** für Kunde / Kundin.

K: Herr Ober, zahlen bitte! ____

____: Vielen Dank. Auf Wiedersehen. ____

____: Ein Pilsener bitte. ____

____: Guten Abend. Möchten Sie die Speisekarte? 1

____: Eine Pizza Margherita, bitte. ____

____: „Dinner for Two". Also, das macht 29 Mark 90. ____

____: Und für mich einen Weißwein. ____

____: Was möchten Sie gern bestellen? ____

____: 32 Mark. ____

____: Und zu trinken? ____

____: Ja, bitte. ____

2. Bringen Sie jetzt die vorhergehenden Sätze in die richtige Reihenfolge. Der erste Satz ist schon für Sie numeriert.

Grammatik im Kontext

Two-way Prepositions

Übung 1 Was trägt man wo?

„Was trägt man im Herbst in Tokio?“
Ruf doch mal an!

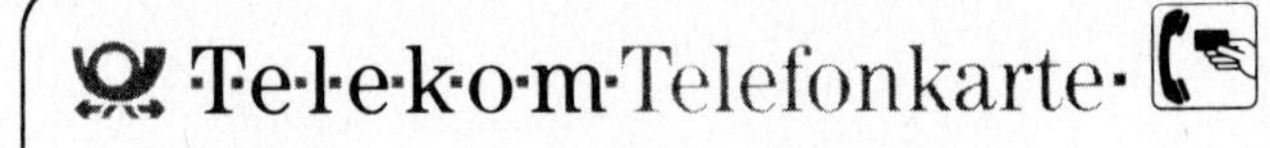

Ob Sie sich für den Nippon-Index, Kimonos, Origami oder Ikebana interessieren: Ein Anruf in Japan macht Freude und kostet nicht die Welt.
50 DM
ODS P 20 D 11.91 500.000

KULTUR-TIP

Telephone cards have become a necessity in Germany. At least half of all public telephones require a card rather than coins. Because of their graphic designs, used cards have become popular collector's items. Hundreds of designs are already available, and new ones are being developed continually. How does the question on the front of the telephone card relate to the card itself? Does the text on the back of the card answer the question?

Ergänzen Sie die Sätze.

1. Mein Freund ist jetzt ____________ Café. (in / das) Was trägt er?
   ____________ Stadt. (in / die)
   ____________ Markt. (auf / der)
   ____________ Imbißstand. (an / der)
   ____________ Ballett. (in / das)
   ____________ Geburtstagsparty. (auf / eine)
   ____________ Land. (auf / das)
   ____________ Kasse. (an / die)
   ____________ Zimmer. (in sein)
2. Heute abend gehe ich ____________ Kino. (in / das) Was trage ich?
   ____________ Party. (auf / eine)
   ____________ Lokal an der Ecke. (in / das)
   ____________ Familienfest. (auf / ein)
   ____________ Studentenkneipe. (in / eine)
   ____________ Lieblingsrestaurant. (in / mein)
   ____________ Biergarten Leeze. (in / der)
   ____________ Konzert. (in / das)
   ____________ Oper. (in / das)

Describing Location: *hängen, liegen, sitzen,* and *stehen*

Übung 2 Ein Fernsehabend im Wohnzimmer

Wer oder was ist wo? Schreiben Sie Sätze.

1. ein Mann / sitzen / neben / seine Frau / auf / ein Sofa

____

____

2. neben / das Sofa / stehen / ein Tisch

____

3. auf / der Tisch / stehen / eine Tasse

____

4. über / der Tisch / hängen / eine Lampe

____

5. vor / der Tisch / liegen / ein Hund / und / schlafen

____

____

6. mitten in / Zimmer / stehen / ein Fernseher

____

____

Übung 3 Wo und wohin?

Paul und Anna haben ein neues Restaurant. Was fragt Paul? Was sagt Anna? Ergänzen Sie Pauls Fragen mit dem richtigen Verb: **hängen; legen / liegen; setzen / sitzen; stehen / stellen.** Schreiben Sie dann Annas Antworten.

BEISPIEL: PAUL: Wohin soll ich dieses Foto hängen?
ANNA: Über die Kasse.
PAUL: Wo liegt meine Zeitung?
ANNA: Unter den Speisekarten.

PAUL: Wohin soll ich das Besteck ________________?

ANNA: ________________________________. (auf / die Tische)

PAUL: Wo ________________ die Tassen?

ANNA: ________________________________. (in / der Schrank)

PAUL: Wo ________________ der Schrank?

ANNA: ________________________________. (in / das Foyer)

PAUL: Wohin soll ich die Servietten ________________?

ANNA: ________________________________. (in / die Schublade)

PAUL: Wohin soll ich die Fotos ______________________?

ANNA: ____. (an / diese Wand)

PAUL: Wo ______________________ das große Poster?

ANNA: ____. (zwischen / die Fenster)

PAUL: Wo ______________________ der kleine Teppich?

ANNA: ____. (vor / die Tür)

PAUL: Wohin soll ich die Stühle ______________________?

ANNA: ____. (an / die Tische)

PAUL: Wohin soll ich den ersten Gast ______________________?

ANNA: ____. (an / dieser Tisch)

PAUL: Wo können die Kellner und Kellnerinnen ______________________?

ANNA: ____.

(an / der Tisch / neben / die Hintertür)

Expressing Time with Prepositions

Übung 4 Ein Telefongespräch

Thomas und Maria sprechen am Telefon. Ergänzen Sie den Dialog.

MARIA: Also, wir gehen heute abend ins Theater, nicht?

THOMAS: Ja, wann soll ich vorbeikommen?

MARIA: ____. (in / eine Stunde)

THOMAS: Und um wieviel Uhr soll das sein?

MARIA: ____. (gegen / halb sechs)

THOMAS: Wann möchtest du essen? ______________________________?

(vor oder nach / das Theater)

MARIA: Vielleicht können wir etwas schnell ______________________________

essen. (in / die Pause)

THOMAS: Wie lange läuft dieses Stück schon im Volkstheater?

MARIA: ____. (seit / zwei Monate)

THOMAS: Nun, es soll sehr spannend sein. Bis dann.

MARIA: Wiederhören.

Expressing Events in the Past

Übung 5 Wo waren sie?

Schreiben Sie fünf Fragen und fünf Antworten mit den gegebenen Satzteilen (*sentence elements*).

FRAGEN			
wo	sein	du ihr Sie die Frauen Michael ?	gegen / 7 Uhr vor / der Film nach / das Abendessen zwischen / 6 und 7 Uhr von / 7 bis 9 Uhr ?

ANTWORTEN		
ich wir er sie (*Pl.*)	sein	in / eine Kneipe in / das Restaurant zu / Haus auf / eine Party in / der Gasthof ?

BEISPIEL: wo / sein / die Kinder / nach / der Film?
Frage: Wo waren die Kinder nach dem Film?
sie / sein / in / Bett
Antwort: Sie waren im Bett.

____

Übung 6 Das Abendessen im Restaurant

Herr Geisler, der Restaurantinhaber, fragt die Familie Schulze nach ihrem Abendessen in seinem Restaurant. Ergänzen Sie den Dialog mit den richtigen Formen von **haben** im Imperfekt.

HERR GEISLER: Was ______________ Sie denn zum Abendessen, Herr Schulze?

HERR SCHULZE: Ich ______________ das Wiener Schnitzel, meine Frau ______________ die Hausspezialität, und meine drei Kinder ______________ einen Wurstteller.

HERR GEISLER: Was ______________ ihr zum Nachtisch, Kinder?

ANGELIKA: Wir, das heißt Corinna und ich, ______________ beide einen Eisbecher. Christoph, etwas anderes.

HERR GEISLER: Und du, Christoph. Was ______________ du?

CHRISTOPH: Ich ______________ ein Stück Apfelstrudel.

HERR GEISLER: Und wie war denn das alles?

HERR SCHULZE: Ausgezeichnet, wie immer.

HERR GEISLER: Vielen Dank, Herr Schulze.

Übung 7 Minidialoge über das Leben als Kind

Ergänzen Sie die Dialoge mit den richtigen Formen des jeweiligen (*respective*) Modalverbs im Imperfekt.

1. **müssen:**

   A: Am Abendtisch ______________ wir den ganzen Teller leer essen. Du auch?

   B: Ja, ich ______________ das auch. Und ihr?

   C: Nein, wir ______________ das nicht, aber unsere Kusine ______________ das.

2. **dürfen:**

   A: Im Sommer ______________ wir bis 10 Uhr aufbleiben. Und ihr?

   B: Ich ______________ im Sommer spät am Abend spielen. ______________ du spät aufbleiben?

   C: Ich ______________ nur bis neun aufbleiben, aber mein Bruder ______________ bis zehn oder elf fernsehen.

3. **können:**

A: Wir ______________________ Freitag abends ins Kino gehen.

______________________ ihr oft ins Kino gehen?

B: Ich ______________________ nur Samstag nachmittags ins Kino gehen.

______________________ du abends in Kino?

C: Ich ______________________ nachmittags oder abends ins Kino gehen, aber mein bester Freund ______________________ nur selten mitkommen.

4. **sollen:**

A: Wir ______________________ jeden Samstag unser Zimmer aufräumen. Was ______________________ ihr zu Hause machen?

B: Ich ______________________ manchmal für meine Mutter einkaufen, und meine Brüder ______________________ Sonntag morgens das Frühstück für die Familie machen.

______________________ du auch manchmal kochen?

C: Nein, nie.

5. **wollen:**

A: ______________________ du immer fernsehen?

B: Nein, ich ______________________ Basketball oder Fußball mit meinen Freunden spielen. Was ______________________ ihr als Kinder machen?

C: Wir ______________________ jeden Tag im Park spielen, aber unsere Schwester ______________________ zu Hause bleiben und lesen.

6. **mögen:**

A: ______________________ ihr als Kinder Gemüse?

B: Wir ______________________ nichts Grünes, aber unsere Eltern ______________________ Brokkoli, Spinat, Spargel—alles, was grün ist.

______________________ du Gemüse?

C: Ich ______________________ Gemüse, Obst, Brot, alles. Heute esse ich meistens vegetarisch.

Name ______________________ Datum __________ Klasse ______________

Sprache im Kontext

Lesen

Auf den ersten Blick

1. Schauen Sie sich zuerst die Anzeige mit Bild an. Was erfahren Sie über das Wirtshaus „Zur Krone"?

Wirtshaus "Zur Krone", Oberwinter, Tel. 02228/ 309
Verbinden Sie doch an einem Wochenende den Spaziergang am Rhein mit einem Besuch bei uns. Wir servieren Ihnen neben kleinen Leckereien auch stets etwas Herzhaftes oder Leichtes, gerade wie sie es gerne möchten. Besonderer Beliebtheit erfreuen sich unsere Pfannekuchen, von süß bis herzhaft in den Füllungen oder unser stets frisches reichhaltiges Salatbuffet. Gerne schauen wir Ihrem Besuch entgegen. Übrigens können Sie bei uns auch Fremdenzimmer oder Ferienwohnungen anmieten.

Stadt: ______________________

Adresse: ______________________

Ruhetag: ______________________

2. Ein Restaurant hat Speisen und Getränke. Das Wirtshaus hat nicht nur Speisen und Getränke, sondern auch (*but also*) ______________________.

Zum Text

A. Wörter. Although the text contains many new words, you can figure them out using what you already know.

1. ***Compound nouns:*** You know at least one component of the following words and can therefore guess the meaning: **Wochenende, Pfannkuchen, Salatbuffett, Fremdenzimmer, Ferienwohnungen.**

2. ***Related words:*** You already know the following two verbs. Find the related nouns in the text.

   spazierengehen: ______________________________

   besuchen: ______________________________

3. ***Cognates:*** Scan the text and list words that you recognize because of their similarity to English words.

   ____

   ____

   ____

4. ***Synonyms and paraphrases:*** The following definitions will help you understand some phrases that might otherwise puzzle you.

   kleine Leckereien: appetitliche Imbisse
   stets: immer
   etwas Herzhaftes: ein großes Gericht wie Schweinebraten mit Beilage
   etwas Leichtes: ein kleines, leichtes Gericht wie Salat oder Suppe

   Likewise, knowing that the following words are opposites will help you understand the meaning of both words in each pair.

   süß / sauer
   herzhaft / leicht

B. Sätze. Lesen Sie jetzt den Text Satz für Satz. Beantworten Sie nach jedem Satz die entsprechende (*corresponding*) Frage.

1. Wo liegt die Stadt Oberwinter?
2. Hat das Wirtshaus eine große Speisekarte mit vielen Gerichten oder eine kleine Speisekarte?
3. Welche zwei Gerichte sind hier sehr populär?
4. Welche Atmosphäre hat dieses Wirtshaus?
5. Möchten Sie mal ein Zimmer oder eine Ferienwohnung hier buchen? Warum (nicht)?

Schreiben

Schreiben Sie eine Anzeige für Ihr Lieblingsrestaurant, Ihr Lieblingscafé, Ihre Lieblingskneipe oder Ihr Lieblingslokal.

- Was ist die Adresse? in welcher Stadt?
- Was sind die Öffnungszeiten?
- Gibt es einen Ruhetag?
- Welche Speisen und Getränke serviert man dort?
- Welches Gericht / Getränk ist dort besonders beliebt (populär)?
- Wie ist die Atmosphäre?
- Wer kommt gern in dieses Restaurant? (in dieses Café? in diese Kneipe? in dieses Lokal?) Warum?
- Kann man dort essen und trinken? tanzen? live Musik hören? singen ____?
- Wem empfehlen Sie dieses Restaurant (dieses Café? diese Kneipe? dieses Lokal?)

Name ______________________ Datum ____________ Klasse ______________

Journal

Planen Sie eine Party, ein Picknick oder ein Familienfest.

- Was feiern Sie? Warum? (den Semesteranfang? das Semesterende? einen Geburtstag? eine Hochzeit? Weihnachten? Silvesterabend [*New Year's Eve*]? __?__
- Wann ist die Party / das Picknick / das Fest?
- Wer ist der Ehrengast (*guest of honor*)? Warum?
- Wen laden Sie ein?
- Wo feiern Sie? (im Restaurant? in einem Tanzlokal? am Strand [*beach*]? im Wald [*forest*]? an Bord eines Schiffes? im Park? in einem Schloß [*castle*]? __?__)
- Was tragen die Gäste? (Kostüme? Sportkleidung? Winterkleidung? Sommerkleidung? Gesellschaftskleidung [*formal wear*]? Badeanzüge? __?__
- Welche Dekorationen brauchen Sie? (Ballons? Kerzen [*candles*]? Blumen wie Rosen, Chrysanthemen, Tulpen, Dahlien, Gladiolen oder etwas anderes?)
- Was essen und trinken die Gäste?
- Was machen die Gäste?

Name ______________________ Datum __________ Klasse ______________

Kapitel 7

Freizeit und Sport

Alles klar?

Schauen Sie sich die Anzeige an, und markieren Sie alle richtigen Antworten.

Globetrotterladen
Neukölln
DAUNENSCHLAFSACK
innen Baumwolle,
Gewicht nur 1500g
229.-
INNENGESTELL-RUCKSACK
Cordura, Inhalt 51 l
159.-
TREKKING-SCHUHE
Dachstein & Meindl
ab 99.-
1/44, Hermannstr. 31, Tel: 6223830

1. Was trägt der Mann auf seinem Rücken?
   - ☐ Ein Rad.
   - ☐ Einen Rucksack.
   - ☐ Einen Schlafsack.
   - ☐ Ein Zelt.
   - ☐ Trekking-Schuhe.
   - ☐ Einen Hut.
   - ☐ Eine Laterne.
2. Wie verbringt dieser Mann bestimmt seine Freizeit?
   - ☐ Er kegelt.
   - ☐ Er wandert.
   - ☐ Er segelt.
   - ☐ Er faulenzt.
   - ☐ Er verbringt seine Zeit draußen.

3. Haben Sie	JA	NEIN	Brauchen Sie	JA	NEIN
einen Schlafsack?	☐	☐	einen Schlafsack?	☐	☐
einen Rucksack?	☐	☐	einen Rucksack?	☐	☐
Trekking-Schuhe?	☐	☐	Trekking-Schuhe?	☐	☐

Wörter im Kontext

Thema 1

Sportarten

Aktivität 1 Sportarten und Freizeitaktivitäten

Was machen sie? Ergänzen Sie jeden Satz mit dem richtigen Verb.

1. Unsere Freunde ____________________ oft und gern Fußball.
2. Die Studentinnen ____________________ gern Aerobic.
3. Wir ____________________ im Sommer bergsteigen.
4. Die Familie Hubner ____________________ jeden Winter Schlittschuh.
5. Herr Becker, Sie ____________________ jedes Wochenende Golf, nicht wahr?
6. Du ____________________ fast jeden Tag Rad, nicht wahr?
7. Die Kinder ____________________ gern Rollschuh.
8. Viele Menschen ____________________ in Ihrer Freizeit Münzen.
9. Mein Partner und ich ____________________ abends gern Schach.
10. Ihr ____________________ manchmal Bungee-jumping, nicht wahr?

Name ______________________ Datum ____________ Klasse ______________

Aktivität 2 Wie verbringen diese Leute ihre Freizeit?

Schreiben Sie zu jedem Bild eine Bildunterschrift (*caption*).

Herr und Frau Markus

BEISPIEL: *Herr und Frau Markus gehen spazieren.*

1. 
Helga

____

2. 
Herr Dietz

____

3. 
Werner

____

4. 
Käthe

____

5. Herr und Frau Wesche

6. Helmut und Paula

7. Frau Kuhn

8. Joachim und Sigrid

Aktivität 3 Wohin geht man? Was macht man dort?

Benutzen Sie die Satzteile, und schreiben Sie acht vollständige Sätze.

BEISPIEL: Man geht ins Stadion und spielt Fußball.

ins Stadion	und	Skifahren
in den Wald		turnen
auf den Tennisplatz		Bodybuilding machen
ins Eisstadion		schwimmen
in die Turnhalle		wandern
ins Fitneßcenter		Fußball spielen
ins Schwimmbad		Schlittschuh fahren
im Winter in die schneebedeckten Berge		Judo machen
in die Sporthalle		Tennis spielen

1. ______

2. ______

3. ______

4. ____

5. ____

6. ____

7. ____

8. ____

Thema 2

Hobbys und andere Vergnügungen

Aktivität 4 Was machen sie gern in ihrer Freizeit?

Was macht jede Person? Und Sie? Vervollständigen Sie die Sätze auf Seite 124.

BEISPIEL: Willi und Petra gehen gern Camping.
Manchmal gehe ich mit meinen Freunden Camping.
oder Ich will einmal auch Camping gehen.
oder Ich gehe nie Camping. Camping ist nichts für mich.
oder ?

1. Claudia ______________________

Ich ______________________

____

2. Manfred ______________________

Ich ______________________

____

3. Christel ______________________

Ich ______________________

____

4. Jürgen ______________________

Ich ______________________

____

Thema 3

Das Wetter

Aktivität 5 Was für Wetter ist das?

Schreiben Sie das passende Substantiv zu jedem Bild.

BEISPIEL: *der Schauer*

1. ______________________ 2. ______________________

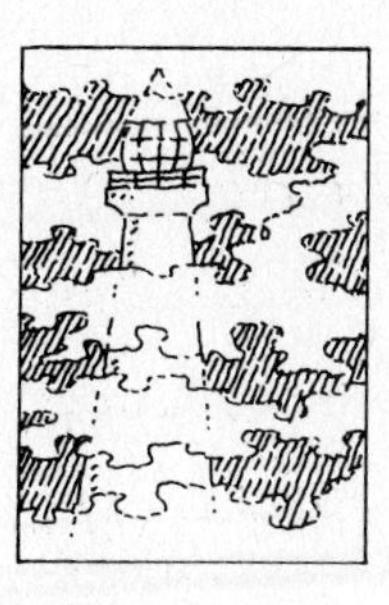

3. ______________________

1. ______________________

5. ______________________

6. ______________________

Wählen Sie jetzt ein Wort aus der vorhergehenden Aktivität, und schreiben Sie ein Rätsel.

BEISPIEL: Ich komme im Frühling und bringe Wasser für Blumen. Ich bin kühl aber nicht unangenehm. Was bin ich?*

____

____

____

____

____

Aktivität 6 Wie kann man das anders sagen?

Express the meaning of each sentence in a different way.

BEISPIEL: Ist es sonnig? → Scheint die Sonne?

1. Es gibt heute Schnee.

   ____

2. Morgen ist es regnerisch.

   ____

3. Gibt es morgen auch ein Gewitter?

   ____

*Antwort: Ein Schauer

4. Gestern war es sonnig.

____

5. Gibt es oft Nebel?

____

6. Im Frühling ist es angenehm.

____

7. Ist es oft bedeckt?

____

Aktivität 7 Wie ist das Wetter in Deutschland?

Schauen Sie sich die Wetterkarte an. Schreiben Sie einen Wetterbericht für das Wetter an diesem Tag in Deutschland. Sie müssen nicht alle Städte erwähnen (*mention*).

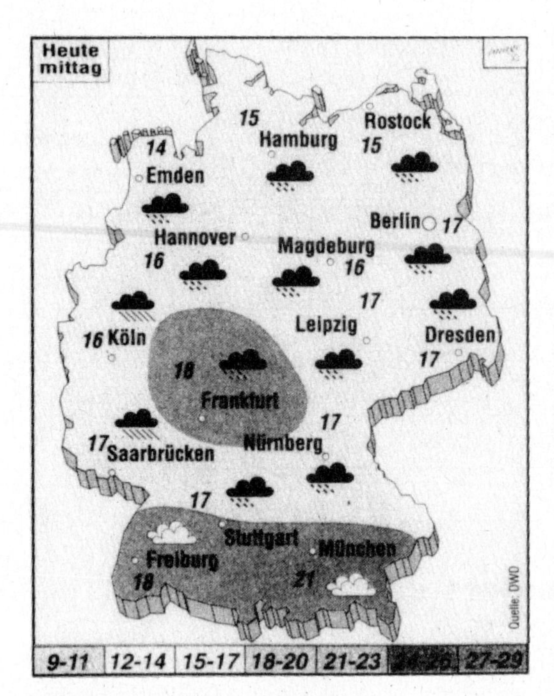

Deutschland: (gestern 14 Uhr)			Köln	sonnig	14°
Bad Kissingen	bew.	15°	Konstanz	bew.	18°
Braunlage	bedeckt	10°	Leipzig	wolkig	16°
Dresden	bedeckt	17°	Magdeburg	bew.	17°
Düsseldorf	Gewitter	16°	München	wolkig	17°
Erfurt	wolkig	14°	Nürnberg	wolkig	16°
Frankfurt/Main	sonnig	19°	Schwerin	bew.	15°
Frankfurt/Oder	bedeckt	15°	Stuttgart	Schauer	17°
Freiburg	wolkig	19°	Suhl	bew.	12°
Garmisch-Part.	sonnig	19°	Travemünde	bedeckt	14°
Hamburg	sonnig	10°	Warnemünde	bedeckt	14°
Hannover	sonnig	15°	Westerland	Schauer	14°

Name ______________________ Datum ____________ Klasse ________________

Connecting Ideas: Coordinating Conjunctions

Übung 1 Pläne für einen Tag auf dem Land

Welches Satzende paßt am besten zu welchem Satzanfang?

1. Die Sonne scheint heute früh, _____
2. Wir wollen nicht zu Hause bleiben, _____
3. Vielleicht wandern wir im Wald _____
4. Wir können ins Wirsthaus zum Mittagessen gehen _____
5. In dieser Jahreszeit sind die die Bäume _____
6. Auch gibt es nicht so viele Touristen, _____
7. Ich rufe Karin _____
8. Vielleicht möchten sie mitkommen, _____
9. Wir können alle in meinem Auto fahren _____

a. sondern aufs Land fahren.
b. denn sie arbeiten heute nicht.
c. und Gerhard an.
d. oder wir können zwei Autos nehmen.
e. oder weiter aufs Land fahren.
f. aber es ist kühl und windig.
g. und dann nach Hause fahren.
h. und Blumen besonders schön.
i. denn die Ferienzeit ist schon vorbei.

Expressing Events in the Past: The Present Perfect Tense

Übung 2 Freizeitaktivitäten

Zwei ältere Frauen sprechen miteinander. Schreiben Sie das Gespräch neu im Perfekt auf Seite 128. (Benutzen Sie **sein** im Imperfekt.)

FRAU WAGNER: Was machen Sie in Ihrer Freizeit?

FRAU HUBERT: Ich sammle Münze und spiele Karten. Ich koche auch viel. Und Sie?

FRAU WAGNER: Ich reise oft und fotografiere. Wenn ich zu Hause bin, zeichne ich, bastle ich, arbeite im Garten . . .

FRAU HUBERT: Hören Sie auch Musik?

FRAU WAGNER: Ja natürlich. Klassische, Popmusik, Jazz, . . .

FRAU WAGNER: ______________________________

FRAU HUBERT: ______________________________

____

____

FRAU WAGNER: ______________________________

____

____

FRAU HUBERT: ______________________________

FRAU WAGNER: ______________________________

Übung 3 Bei der Psychiaterin

Herr Block aus dem Cartoon geht zu einer Psychiaterin. Was fragt sie ihn? Wie antwortet Herr Block? *(Write all the verbs in the present perfect tense, except for* **haben** *and* **sein***; write these two verbs in the simple past tense.)*

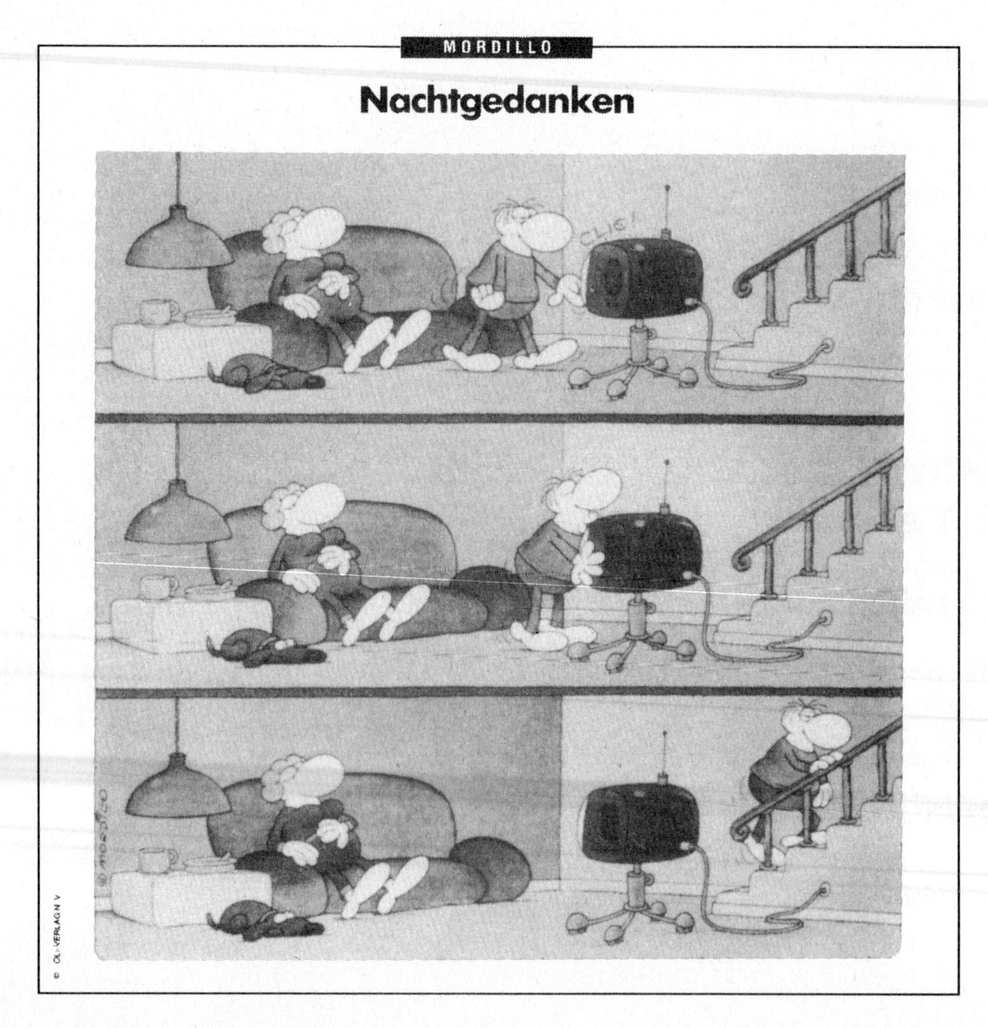

PSYCHIATERIN: Was ______________ denn gestern abend ______________________ (passieren)?

HERR BLOCK: Meine Frau und ich ______________ unser Abendessen ______________________ (essen), und dann ______________ wir ins Wohnzimmer ______________________ (gehen). Meine Frau ______________ eine Tasse Kaffee ______________________ (mitnehmen).

PSYCHIATERIN: ______________ Sie auch eine Tasse Kaffee nach dem Essen ______________________ (trinken)?

HERR BLOCK: Nein, Kaffee mag ich nicht. Nach dem Essen ______________ ich eine zweite Maß Bier ______________________ (trinken).

PSYCHIATERIN: So, Sie ______________ mit Ihrer Frau im Wohnzimmer (sein). ______________ Sie mit ihr ______________________ (sprechen)?

HERR BLOCK: Nein, wir ______________ zusammen auf dem Sofa ______________________ (sitzen), aber ich ______________ ______________________ (fernsehen), und meine Frau ______________ ______________________ (schlafen).

PSYCHIATERIN: Und Sie ______________ gar nichts zu Ihrer Frau ______________________ (sagen)?

HERR BLOCK: Nein, nichts.

PSYCHIATERIN: ______________ Sie endlich ins Bett ______________________ (gehen)?

HERR BLOCK: Ja, gegen elf Uhr ______________ ich ______________________ (aufstehen). Ich habe den Fernseher abgeschaltet (*switched off*), und ich ______________ nach oben ins Schalfzimmer ______________________ (gehen).

PSYCHIATERIN: ______________ Sie Ihrer Frau zuerst einen kleinen Kuß auf die Stirn (*forehead*) ______________________ (geben)?

HERR BLOCK: Nein, aber ich habe den Fernseher geküßt.

PSYCHIATERIN: ______________ Ihre Frau ______________________ (aufwachen)?

HERR BLOCK: Nein, sie ______________ die ganze Nacht auf dem Sofa ______________________ (bleiben).

PSYCHIATERIN:	Ach so, Sie ______________ dann die ganze Nacht allein im Schlafzimmer ____________________________ (verbringen), und Ihre Frau ______________ die Nacht allein im Wohnzimmer ____________________________ (schalfen).
HERR BLOCK:	Ich ______________ ganz allein (sein). Meine Frau ______________ ja die Gesellschaft des Hundes (die . . . *the company of the dog*) (haben). Er ______________ die ganze Zeit auf dem Boden (*floor*) ____________________________ (liegen).

Übung 4 Der neue Millionär

Was sagt der neue Millionär ein Jahr später im Fernsehinterview? Schreiben Sie vollständige Sätze im Perfekt.

„Das kann doch nicht wahr sein: Ich hab' 10 Millionen gewonnen?"
Das können Sie jetzt auch! Lesen Sie weiter!

Die Frage:

wie / verbringen / Sie / das Jahr

____

Die Antwort:

1. ich / bleiben / fast nie / zu Hause

____

2. ich / treiben / ernsthaft / Sport

____

3. ich / fahren / in der Schweiz / Ski

____

4. ich / mitbringen / meine Familie und alle meine Freunde

____

____

5. wir / gehen / alle auch Bungee-jumping

____

____

6. ich / kaufen / ein Segelboot

____

____

7. ich / segeln / oft / auf dem See

____

8. ich / angeln / und / ich / auch / schwimmen

____

____

9. ich / geben / auch viel Geld / zu Sportklubs für Kinder

____

____

10. das / helfen / vielen jungen Menschen

____

____

Übung 5 Wie bleibt der Mann fit?

Er hatte Muskel-schmerzen.
Togal hat ihm geholfen.
Rheuma-Salbe
Togal
Gezielte, schmerzstillende Heilwärme – bessert spürbar die Beweglichkeit.
TOGAL-WERK · MÜNCHEN

Der Mann auf dem Bild sieht sehr fit aus. Warum ist das so? Stellen Sie ihm die Fragen im Perfekt. (*Exception: Use the simple past with* **haben.)**

BEISPIEL: Schlafen Sie gut? → Haben Sie gut geschlafen?

1. Wann stehen Sie auf?

____

2. Was essen Sie zum Frühstück?

____

____

3. Was trinken Sie dazu?

____

4. Um wieviel Uhr gehen Sie aus dem Haus?

____

____

5. Wie viele Kilometer laufen Sie?

6. Wie lange haben Sie schon Muskelschmerzen (*muscle pains*)? (*Omit* schon *in the new question.*)

7. Was hilft Ihnen bei den Muskelschmerzen?

8. Wo kaufen Sie die Salbe?

Übung 6 Max und Moritz

A. Lesen Sie die Anzeige, und markieren Sie dann Ihre Antworten auf Seite 134.

Richtig (R) oder falsch (F)?

1. _______ Moritz hat das blaue Nesquick probiert.
2. _______ Max bleibt beim gelben Nesquick.
3. _______ Moritz hat früher das gelbe Nesquick getrunken.
4. _______ Max ist auf das blaue Nesquick umgestiegen (*switched*).
5. _______ Max trinkt jetzt nur das blaue Nesquick.
6. _______ Nestlé hat den Zucker im blauen Nesquick reduziert.

KULTUR-TIP

Heinrich Nestle, a German who later took the name Henri Nestlé, founded the Nestlé company in Switzerland in 1866. Max and Moritz are German storybook characters created by Wilhelm Busch (1832–1908). Most German children are familiar with these characters. In the story, Max and Moritz get into all kinds of mischief and are consequently punished for their acts. Thus, the names Max and Moritz are often used to refer to mischievous children.

B. Schreiben Sie zu jeder Frage eine vollständige Antwort.

1. Haben Sie als Kind Schokoladenmilch getrunken?

   ____

   ____

2. Welche Getränke haben Sie als Kind im Supermarkt oder in Schnellimbissen gekauft?

   ____

   ____

3. Sind Sie jetzt auf Getränke mit keinem oder wenig Zucker umgestiegen? Wenn ja: auf welche? Wenn nein: warum nicht? ______________________

   ____

4. Welche Getränke haben Sie als Kind für Ihre Freunde oder Familie gemacht?

   ____

   ____

Name ______________________ Datum ____________ Klasse ______________

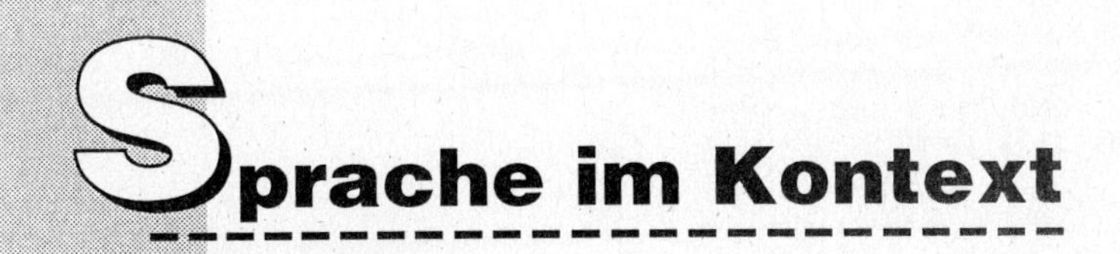

Lesen

Auf den ersten Blick

Schauen Sie sich den Artikel auf Seite 136 schnell an. Die folgenden Fragen können Sie dann leicht beantworten.

Wer spricht?

____

Wie alt sind diese Menschen?

____

Wo wohnen sie?

____

Worüber sprechen sie?

____

Freizeit in der Großstadt

Man kann die Menschen in zwei Gruppen einteilen: die ‚Landleute' und die ‚Großstadt-Fanatiker'. Die ‚Landleute' finden Großstädte schrecklich: „Immer dieser Lärm, die Hektik, die vielen Menschen und der Verkehr! Man kann sich nie erholen."

Was machen Jugendliche in einer Großstadt mit ihrer Freizeit? Hier sind einige Beispiele aus Berlin:

Für Heidi (13 Jahre alt) sind ihre Freundinnen wichtig. Sie sagt: „Wir treffen uns immer hier am Brunnen. Das ist ganz einfach — mit der U-Bahn kein Problem!"

Ama (14 Jahre alt) kommt aus Thailand und macht Breakdance auf dem Fahrrad. Er kann es schon richtig gut. Auf dem Platz vor der Gedächtniskirche hat er immer einige Zuschauer. „Ich bin jeden Tag hier. Es macht Spaß, weil ich auch anderen zugucken kann und neue Tricks lerne."

Antje (16) und Ellen (15) sind Mitglieder in einem Ruderklub. Antje ist eine ‚Großstadt-Fanatikerin': „Ich wohne gerne in Berlin. Man kann so viele verschiedene Dinge tun. Zum Beispiel im Sport: Es gibt Hunderte von Klubs und Vereinen für Fußball, Volleyball, Tennis, Rudern, Kanufahren, Tanzen ... In einem kleinen Dorf hat man immer nur einen oder zwei Sportvereine."

Auch Dieter (16 Jahre alt) mag das Angebot in Berlin: „Ich gehe gerne ins Kino. In Berlin hat man die Auswahl. Außerdem kommen neue Filme immer zuerst in die großen Städte."

Sükrü und Ahmet (beide 15) sind Musik-Fans. Ahmet sagt: „In Berlin geht die Post ab. Es gibt Musik und Diskos für jeden Geschmack. Ich mag Acid House."

Zum Text

Man hat diese jungen Menschen 1989 interviewt. Was haben sie dann gesagt? Wie alt sind diese Menschen heute? Was würden (*would*) sie jetzt über ihre Freizeit als Teenager sagen? Lesen Sie jetzt den Text, und füllen Sie die Tabelle im Perfekt aus. (Benutzen Sie **sein** und **haben** im Imperfekt.)

Wie haben sie ihre Freizeit als Teenager verbracht?

Heidi	*Ihre Freundinnen waren wichtig.* *Sie haben sich jeden Tag am Brunnen getroffen.* *Das war einfach, denn sie sind mit der U-Bahn gefahren.*
Ama	
Antje und Ellen	
Dieter	
Sükrü und Ahmet	

Schreiben

Jemand fragt Sie: Wie und wo haben Sie Ihre Zeit als Teenager verbracht? Was war für Sie damals (*at that time*) wichtig? Schreiben Sie eine Antwort auf diese Fragen.

Journal

Was haben Sie letztes Wochenende gemacht? Schreiben Sie darüber. Die folgenden Fragen geben Ihnen vielleicht einige (*some*) Ideen.

- Sind Sie zu Hause geblieben?

  Wenn ja: Waren Sie krank (*sick*)?

  War jemand (*someone*) bei Ihnen zu Gast?

  Hatten Sie viel Arbeit?

  Haben Sie für Ihre Kurse gearbeitet? lange geschlafen? ferngesehen? Videos gesehen? gekocht? Briefe geschrieben? Freunde angerufen? Bücher oder Zeitung gelesen? ___?___

- Sind Sie ausgegangen?

  Wenn ja: Wohin sind Sie gegangen? ins Kino? ins Restaurant? ins Rockkonzert? in die Oper? ins Theater? ___?___

  Wie war der Film? das Essen? das Konzert? die Oper? das Schauspiel (*play*)?

- Sind Sie vielleicht auf eine Party gegangen?

  Wenn ja: Wer war dabei?

  Was haben Sie gegessen und getrunken?

  Haben Sie Musik gehört? getanzt?

- Sind Sie irgendwohin (*somewhere*) mit dem Auto, mit dem Bus oder mit dem Flugzeug gefahren?

  Wenn ja: Ist jemand mitgefahren, oder sind Sie allein gefahren?

  Haben Sie Freunde oder Familie besucht?

  Was haben Sie mit ihnen unternommen?

- Haben Sie eingekauft?

  Wenn ja: Wohin sind Sie einkaufen gegangen?

  Was haben Sie gekauft?

  Haben Sie jemandem etwas geschenkt?

Name ______________________ Datum __________ Klasse ______________

Kapitel 8

Wie man fit und gesund bleibt

Alles klar?

Lesen Sie die Anzeigen, und schreiben Sie zu jeder Frage eine kurze Antwort.

Ärzte

Praxiseröffnung
Am 1. 10. 1990 habe ich **die Zahnarztpraxis von Herrn Dr. Emil Apostol** übernommen.
Dr. Monika Geißler
Zahnärztin
Hundekehlestr. 38, Berlin 33, 824 82 56
Sprechzeiten:
Mo. bis Fr. 9.00–13.00 u. 15.00–19.00
Dienstag 9.00–13.00. Alle Kassen

Ab 1. 10. 1990 habe ich die Praxis
Dieter Funcke
Internist
Südstern 4, 1000 Berlin 61 übernommen.
Werner Vesting
prakt. Arzt
Sprechzeiten:
Mo. Di. Do.: 9.00-11.00 und 16.00-18.00
Fr.: 11.00-13.00
und nach Vereinbarung.
Tel.: 691 40 14 Privat: 881 10 05

Praxiseröffnung am 22. Okt. 1990
Homöopathie
Hannelore Elmi
Ärztin f. Allgemeinmedizin
Termine nach Vereinbarung, nur Privat
Badenallee 8, 1000 Berlin 19
Tel: 305 81 43
Nähe U-Bahn Neu-Westend

KLINIK
FÜR
MIGRÄNE U. KOPFSCHMERZEN
FORDERN SIE INFORMATIONSMATERIAL AN:
POSTFACH 16/1125 6240 KÖNIGSTEIN/TS. TEL.: 06174/29 04-0

1. Petra tut der Kopf seit Tagen schon weh. Wo kann sie Hilfe finden?

   ____

2. Sie sind in Berlin und haben plötzlich in der Nacht furchtbare Zahnschmerzen. Wer kann Ihnen helfen?

   ____

3. Der fünfjährige Hans hat auf seiner Geburtstagsparty zuviel Eis und Kuchen gegessen. Jetzt hat er starke Bauchschmerzen und fühlt sich miserabel. Wen rufen die Eltern an?

   ____

4. Robert ist Medizinstudent und schreibt einen Artikel über Homöopathie. Wen sollte er vielleicht interviewen?

____

Thema 1

Fit und gesund

Aktivität 1 Gute Ratschläge für ein gesundes Leben

Ergänzen Sie die Sätze. Nicht alle Verben passen. Mehr als ein Verb kann manchmal richtig sein.

vermeiden	suchen	abgeben	gehen
meditieren	reduzieren		verbringen
machen	rauchen	schlucken	achten
			essen

1. ______________________ Sie auf das Gewicht.
2. ______________________ Sie das Fett im Essen.
3. ______________________ Sie Hilfe, wenn Sie Probleme haben.
4. ______________________ Sie Streß im Alltagsleben.
5. ______________________ Sie vegetarisch.
6. ______________________ Sie oft zu Fuß.
7. ______________________ Sie mindestens einmal im Jahr Urlaub.
8. ______________________ Sie regelmäßig.
9. ______________________ Sie mindestens eine Stunde am Tag draußen in der frischen Luft.
10. ______________________ Sie nicht.

Aktivität 2 Die Gesundheit

1. Machen Sie einen Kreis um das Wort in jeder Reihe, das nicht paßt.

a. Kurort	Grippe	Erkältung
b. Fieber	Ruhe	Kopfschmerzen
c. Termin	Sprechstunde	Süßigkeit
d. Krankenkasse	Arzt / Ärztin	Krankenpfleger / Krankenpflegerin
e. Erholung	Urlaub	Gewicht
f. Heilbad	Trinkkur	Husten

2. Ergänzen Sie jetzt die Sätze mit den passenden Wörtern.

   a. Wenn man krank ist, ruft man einen / eine ______________ an. Man kann auch mit einem / einer ______________ sprechen.

   b. Wenn man die Grippe hat, hat man oft ______________ und ______________.

   c. Man kann Streß durch ______________ reduzieren.

   d. Im Kurort kann man ins ______________ gehen oder eine ______________ machen.

   e. Man soll einen ______________ haben, bevor man zum Arzt oder zur Ärztin geht. Ärzte und Ärztinnen haben meistens montags bis freitags ______________.

   f. Man braucht ______________ und ______________, um gesund zu bleiben.

Aktivität 3 Wie definieren Sie „Gesundheit"?

Lesen Sie die drei Anzeigen.

Gesundheit ist …
… beim Spielen den Alltag zu vergessen.
trimming
Bewegung ist die beste Medizin
SPORT-BILLY

Gesundheit
ist ...
... andere mit
seiner Fitness
anzustecken.
trimmming
Bewegung ist die beste Medizin
SPORT-BILLY

Schreiben Sie jetzt Ihre eigene (*own*) Definition von „Gesundheit". Sie können einen oder mehrere Sätze schreiben. Sie können auch ein Bild zeichnen, wenn Sie wollen.

Thema 2

Der menschliche Körper

Aktivität 4 Die Ballons

1. Identifizieren Sie alle Körperteile, die (*which*) Sie im Cartoon sehen.

2. Ergänzen Sie die fehlenden Wörter.

Die Ballons haben einen Kopf, aber der Kopf hat kein ______________________ und keine ______________________. Die Ballons haben auch keinen Körper mit Armen und ______________________, Händen und ______________________.

Aktivität 5 Wie sagt man das auf deutsch?

Schreiben Sie den Dialog auf deutsch.

STEFAN: *You sound depressed.*
BETTINA: *I feel sick as a dog.*
STEFAN: *What's the matter with you?*
BETTINA: *I have the flu. My throat hurts, and I can hardly swallow.*
STEFAN: *Do you have (a) fever?*
BETTINA: *Yes, also (a) cough and nasal congestion.*
STEFAN: *What a shame. Have you called your doctor?*
BETTINA: *I'm going to do that today.*
STEFAN: *Well, get well.*
BETTINA: *Thanks.*

STEFAN: ____

BETTINA: ____

STEFAN: ____

BETTINA: ____

____

STEFAN: ____

BETTINA: ______________________________

STEFAN: ______________________________

BETTINA: ______________________________

STEFAN: ______________________________

BETTINA: ______________________________

Thema 3

Körperpflege

Aktivität 6 Aktivitäten aus dem Alltag

Was machen diese Menschen?

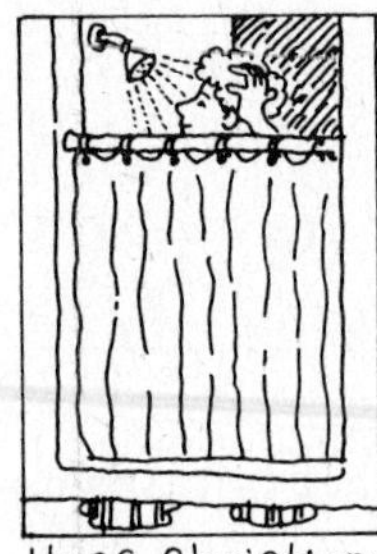

Hans Christian

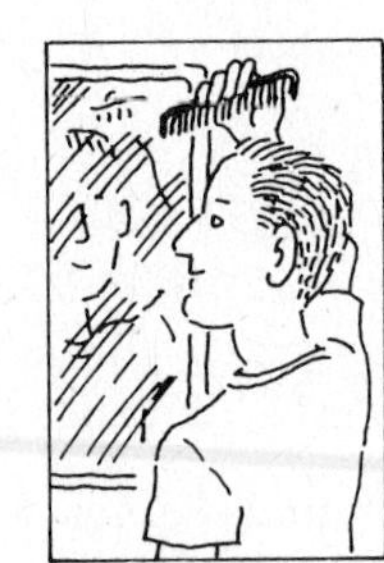

Herr Otto

Hanna Matthias

Frau Schubert
Herr Steckel
Frau Röttger

Gabriele Anneliese

Frau Henze

1. Hans Christian ______________________________.
2. Herr Otto ______________________________.
3. Hanna und Matthias ______________________________.
4. Frau Schubert, Herr Steckel und Frau Röttger ______________________________.
5. Gabriele ______________________________.
6. Anneliese ______________________________.
7. Frau Henze ______________________________.

Aktivität 7 Und Sie?

Beantworten Sie jede Frage. (*Notice that the pronoun* sich [*yourself*] *becomes* mich [*myself*] *in the answer.*)

BEISPIEL: Duschen Sie sich jeden Tag?
Ja, ich dusche mich jeden Tag.
oder Nein, ich dusche mich nicht jeden Tag.

1. Kämmen Sie sich jeden Morgen?

   ____

2. Strecken Sie sich oft?

   ____

3. Verletzen Sie sich manchmal?

   ____

4. Müssen Sie sich immer beeilen?

   ____

5. Können Sie sich am Abend entspannen?

   ____

6. Möchten Sie sich fit halten?

   ____

7. Fühlen Sie sich immer gesund?

   ____

8. Erkälten Sie sich leicht?

   ____

Grammatik im Kontext

Connecting Sentences: Subordinating Conjunctions

Übung 1 Karl und Rosa wissen nicht, was sie wollen.

SPRACH-TIP

The German words **die Ferien** (*pl.*) and **der Urlaub** both correspond to the English word *vacation.* **Ferien** refers to all holidays and school vacations, whereas **Urlaub** refers to the vacation time that one earns from a job.

„Jetzt sind schon drei Urlaubstage um, und wir wissen immer noch nicht, wo wir eigentlich hinwollen"

1. Edit the following paragraph to combine sentences with the conjunctions in parentheses. The first portion is done for you to indicate the types of changes you will need to make and how to mark those changes.

   ⅋ = delete: Sie wissen ~~das,~~

   ∧ = insert: Sie wissen, daß sie . . . verbringen ∧ wollen.

   $\not{S}$ = lowercase the letter: daß $\not{S}$ie . . .

   Karl und Rosa haben Urlaub, (aber) Sie haben noch keine Pläne. Sie wissen ~~das.~~ (daß) Sie ~~wollen~~ den ganzen Urlaub nicht im Hotelzimmer verbringen wollen. Karl liest laut aus Reisebroschüren vor. Rosa spricht nicht. (sondern) Sie hört zu. Die beiden können nicht in die Oper gehen. (denn) Sie haben nicht genug Geld dafür. Sie können nicht schwimmen gehen. (weil) Das Hotel hat weder Hallenbad noch Freibad. Karl weiß das. (daß) Rosa möchte durchs Einkaufszentrum bummeln. (aber) Er will nicht mitgehen. Rosa weiß das. (daß) Karl möchte gern ein Fußballspiel im Stadion sehen. (aber) Sie interessiert sich nicht dafür. Rosa sagt: (wenn) „Du gehst ins Stadion. Ich gehe einkaufen." (aber) Karl sagt: (wenn) „Wir sind in Urlaub. Wir sollten (*should*) die Zeit zusammen verbringen."

2. Now rewrite the paragraph, making all the changes you indicated.

Übung 2 Was haben Sie als Kind oft gehört?

Schreiben Sie Sätze aus der Perspektive des Kindes. Benutzen Sie dazu die erste Person Singular und das Perfekt (Imperfekt mit Modalverben).

Wenn du schön brav bist und alles aufißt, darfst du mit Papi noch „Kinder Ruck Zuck" anschauen.
Ein Spaß für die ganze Familie: „Kinder Ruck Zuck". Die beliebteste Spielshow von Tele 5 gibt's jetzt auch mit Kindern und Désirée Nosbusch. Jeden Samstag, 19.45 Uhr.
TELE 5
Gute Unterhaltung.

BEISPIEL: ELTERN: Wenn du schön brav bist und alles aufißt, darfst du mit Papi noch „Kinder Ruck Zuck" anschauen. →

KIND: Wenn ich schön brav war und alles aufgegessen habe, durfte ich mit Papi noch „Kinder Ruck Zuck" anschauen.

1. ELTERN: Wenn du dein Zimmer aufräumst, darfst du fernsehen.

   KIND: ____

   ____

2. ELTERN: Wenn du deine Hausaufgaben machst, kannst du noch draußen spielen.

   KIND: ____

   ____

3. ELTERN: Wenn du deiner Mutter hilfst, gehen wir alle ins Kino.

   KIND: ____

   ____

4. ELTERN: Wenn du samstags früh aufstehst, fahren wir aufs Land.

   KIND: ____

   ____

5. ELTERN: Wenn du dein Gemüse ißt, darfst du Süßigkeiten haben.

   KIND: ____

   ____

6. ELTERN: Wenn du dir die Hände nicht wäschst, darfst du nicht am Tisch mit uns essen.

   KIND: ____

   ____

Reflexive Pronouns and Verbs

Übung 3 Minidialoge

Setzen Sie die fehlenden Reflexivpronomen ein.

A: Was wünschst du ______________ zum Geburtstag?

B: Ich wünsche ______________ ein Fahrrad.

C: Wo hast du ______________ erkältet?

D: Ich habe ______________ letzte Woche beim Schwimmen erkältet.

E: Bevor ich ______________ morgens dusche, putze ich ______________ die Zähne. Danach ziehe ich ______________ an.

F: Holst du ______________ Brötchen von Bäcker?

E: Ja, und dann hole ich ______________ auch die Zeitung.

G: Interessiert ihr ______________ für Tennis?

H: Nein, wir interessieren ______________ nur für Fußball.

I: Wo hast du ______________ den Trainingsanzug gekauft?

J: Den habe ich ______________ nicht gekauft, sondern als Geschenk bekommen.

Übung 4 Ein Rezept für ein langes, gesundes Leben

Herr Kahn ist ein Gesundheitsfanatiker. Vor dreißig Jahren hat er zu seinem Enkel gesagt:

Ich halte mich fit. Ich esse gesund und trinke viel Wasser. Ich treibe regelmäßig Sport. Zweimal pro Woche spiele ich Tennis. Ich gehe jeden Morgen schwimmen, und jedes Wochenende laufe ich. Ich rauche nie und nehme nur selten Medikamente. Manchmal erkälte ich mich. Dann nehme ich Vitamintabletten ein und trinke viel Orangensaft. Ich bleibe zu Hause und erhole mich. Bald werde ich wieder gesund. Einmal pro Jahr gehe ich zum Arzt. Ich halte die Gesundheit für wichtig.

Heute ist Herr Kahn fast neunzig Jahre alt. Er erklärt jetzt seinen Urenkelkindern, was er früher gemacht hat, um (*in order*) ein langes, gesundes Leben zu haben. Schreiben Sie den vorhergehenden Absatz im Perfekt.

Übung 5 Freundlicher Rat?

Schreiben Sie die Sätze auf deutsch.

BEISPIEL: *Why don't you put on a sweater.* →
Zieh dir doch einen Pullover an.

1. *Why don't you comb your hair.*

____

2. *Why don't you wash your hands.*

____

3. *Why don't you brush your teeth.*

____

4. *Why don't you buy yourself vitamin pills.*

---

5. *Why don't you put your coat on.*

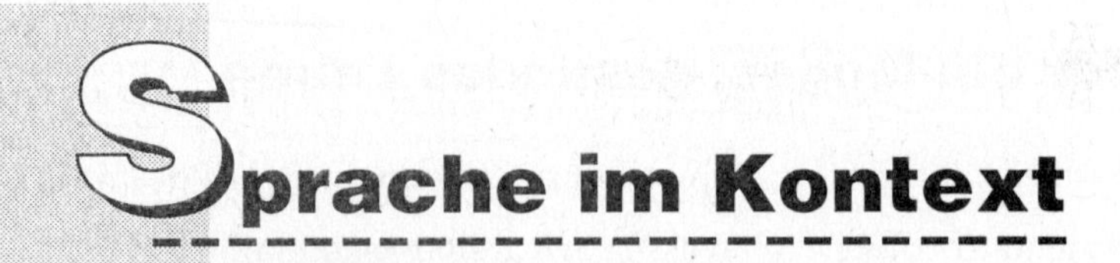

Lesen

Auf den ersten Blick 1

Schauen Sie sich die Fotos und Texte an, und beantworten Sie die Fragen.

Dorothea Gawollek (Rentnerin):
Ich war letztes Jahr in Kur, da kann ich mir in diesem Jahr keinen Urlaub leisten.[1] Ich bin zwar nicht mehr berufstätig, aber ich helfe meinen Kindern im Haushalt und habe viel im Garten zu tun. Da bleibt kaum noch Zeit für ein Buch. Wenn ich doch mal lese, dann meistens geographische oder geschichtliche Bücher über meine Heimat Schlesien. Außerdem schaue ich ab und zu ins Lokalblättchen. Das borge ich mir dann von der Nachbarin.

Burkhard Priebe (Bankkaufmann):
Nichts. Höchstens mal den Sportteil der BILD-Zeitung. Ich muß sehr viel aus beruflichen Gründen lesen: F.A.Z.,[2] allgemeinbildende Lektüre.[3] Da will ich mich im Urlaub ausschließlich entspannen. Und zu Hause habe ich viel zuwenig Zeit, denn ich bin ziemlich stark in zwei Vereinen[4] engagiert. Wenn ich dann trotzdem noch mal hin und wieder ein Buch dazwischenschiebe, dann nur Leichtes: einen Krimi, einen Wildwestroman oder sonst was in der Art.[5]

1. mir . . . leisten *afford*
2. F.A.Z. = *Frankfurter Allgemeine Zeitung*
3. Lesetexte
4. Klubs
5. Genre

Was ist Herr Priebe von Beruf? ______________

Frau Gawollek arbeitet nicht mehr. Sie ist ______________

Wer hat Ihrer Meinung nach (Ihrer . . . *in your opinion*) mehr Zeit zum Lesen?

____

Zum Text 1

A. Lesen Sie jetzt die zwei Texte, und schreiben Sie dann Antworten auf die folgenden Fragen.

1. Warum kann sich die Rentnerin in diesem Jahr keinen Urlaub leisten?
2. Warum hat sie fast keine Zeit für ein Buch?
3. Was liest sie, wenn sie ein wenig Zeit hat?
4. Von wem borgt (*borrows*) sie sich das Lokalblättchen (*local paper*)?
5. Warum liest der Bankkaufmann fast nichts im Urlaub?
6. Warum hat er viel zu wenig Zeit zum Lesen, wenn er zu Hause ist?
7. Was liest er, wenn er mal Zeit für ein Buch hat?

B. Und Sie? Was lesen Sie gern im Urlaub?

Was lesen Sie gern zum Vergnügen (*for fun*)? Kreuzen Sie an!

- ☐ Das Lokalblättchen.
- ☐ Eine Tageszeitung.
- ☐ Den Sportteil der (*of the*) Zeitung.
- ☐ Gar nichts.
- ☐ Einen Krimi (der Kriminalroman *detective novel, thriller*).

☐ Einen Wildwestroman.
☐ Einen Liebesroman (*romance novel*).
☐ Illustrierte (*magazines with many photos*).
☐ Zeitschriften.
☐ Sachbücher (*nonfiction books*).
☐ Literatur.
☐ Gedichte (*poetry*).
☐ Einen Bestseller.
☐ Eine Biographie oder Autobiographie.

Auf dem ersten Blick 2

Schauen Sie sich die zwei Anzeigen an.

DIE LEBENSKRAFT DES MONDES

Roswitha Broszath
224 Seiten, Südwest Verlag; DM 29,80

Bei Neumond aktiv und konzentriert, bei Vollmond Schlafstörungen und Unfallgefahr. Wie wir uns fühlen, und wann wir Erfolg im Leben haben, das hängt von der Stellung des Mondes ab. Die Autorin zeigt in ihrem Buch, wie Mond, Wetter, Gezeiten, Tiere und Pflanzen unsere Gesundheit und Stimmung prägen. Mit diesem Buch und den umfangreichen Tabellen können Sie den richtigen Zeitpunkt für Ihre privaten und beruflichen Vorhaben bestimmen wie z. B. Operationstermine.

LUNA

Gabrielle Roth & The Mirrors
CD, 42 min, Raven Records, DM 38,–

Gabrielle Roth präsentiert zusammen mit den »Mirrors« eine CD, die sich hören lassen kann: »Luna« – eine musikalische Botschaft für die Seele, ein Whirlpool aus Rhythmus und Stimme. Für Menschen, die die Verbindung von Bewegung, Mediation und Ekstase schätzen, ist Luna ein angenehmes Hörangebot. Am besten bei Vollmond hören!

1. Die eine Anzeige ist für ein ______________________, die andere ist für eine ______________________.

2. Zwei Wörter für das englische Wort *moon* sind ______________________ und ______________________. *New moon* heißt auf deutsch ______________________, *full moon* heißt ______________________.

3. Wenn Sie in eine Buchhandlung gehen, in welcher Abteilung (*department*) würden Sie diese zwei Produkte wohl (*probably*) finden?

☐ Gesundheit

☐ Wissenschaft (*science*)

☐ Astrologie

☐ Therapie

☐ Astronomie

☐ Physik

☐ Geologie

☐ ______________________

Zum Text 2

A. Markieren Sie die Antworten auf die Fragen über das Buch: „Die Lebenskraft (*vital energy*) des Mondes". Der Meinung der Autorin nach (*According to the author's opinion*):

1. Wie soll man bei Neumond sein?
   a. Lethargisch. b. Aktiv. c. Konzentriert.
2. Welche Probleme kann man bei Vollmond erfahren (*experience*)?
   a. Unfälle (*accidents*). b. Schlafprobleme. c. Probleme beim Essen.
3. Wie beeinflußt (*influences*) der Mond die Erde? Er beeinflußt
   a. das Wetter. b. die Pflanzen und Tiere (*animals*). c. die Umwelt (*environment*).
4. Wie beeinflußt der Mond die Menschen? Er beeinflußt
   a. ihr Gewicht. b. ihre Stimmung (*mood*). c. ihre Gesundheit.
5. In welchen Bereichen (*areas*) soll dieses Buch dem Menschen helfen?
   a. Im Privatleben. b. Im Beruf. c. Im Liebesleben.

B. Was sagt man über die CD „Luna"?

1. Diese CD soll
   a. gut für die Seele (*soul*) sein. b. Rhythmus und Stimme (*voice*) haben. c. sehr angenehm zum Zuhören sein.
2. Am besten soll man diese CD
   a. bei Neumond hören. b. bei Vollmond hören. c. hören, wenn man den Mond nicht sehen kann.

C. Und Sie?

1. Interessieren Sie sich für solche Produkte? ☐ Ja. ☐ Nein.
2. Finden Sie solche Produkte ☐ glaubwürdig (*credible*)? ☐ interessant? ☐ unterhaltsam (*entertaining*)? ☐ hilfreich? ☐ dumm? ☐ gefährlich (*dangerous*)?

3. Würden Sie solche Produkte kaufen? Warum oder warum nicht?

____

____

Schreiben

Wählen Sie eine Frage, und beantworten Sie sie so ausführlich wie möglich (so . . . *as fully as possible*). Die vorigen (*previous*) vier Texte geben Ihnen Hinweise (*ideas, tips*).

1. Was lesen und/oder hören Sie, wenn Sie sich entspannen wollen? Warum?
2. Was lesen und/oder hören Sie besonders gern im Urlaub? Warum?

Journal

Schauen Sie sich den Cartoon (auf Seite 155) an. Was sagt das erwachsene Mondwesen (*moon creature*) zu den Kleinen? Wie verhält sich (*behave*) der Mensch auf dem Mond? Verhält er sich total anders (*differently*) auf der Erde?

Wählen Sie ein Thema, und schreiben Sie darüber.

Thema 1: Sie als Mensch. Schreiben Sie über einige oder alle der folgenden Aspekte Ihres Lebens auf der Erde.

- Aussehen: wie Sie als Mensch aussehen
- Orte: woher Sie kommen, wo Sie wohnen, wohin Sie reisen
- tägliche Routine: was Sie jeden Tag machen müssen
- Freizeitaktivitäten: Was Sie gern machen
- soziales Leben: Familie und Freunde
- Berufspläne: was Sie von Beruf sind oder möchten und warum
- Träume: was Sie wollen, was für Sie im Leben wichtig ist

Thema 2: Der Mensch. Beschreiben Sie so ausführlich wie möglich (so . . . *as fully, in as much detail as possible*) das menschliche Leben.

- wie ein Mensch aussieht
- wie ein Mensch sich verhält
- was ein Mensch im Leben macht oder will
- die Beziehungen (*relationships*) zwischen Menschen
- ?

Name ______________________ Datum ____________ Klasse ______________

HUMOR

MIT PAPAN

„NEIN, NEIN, KINDER!! IN SEINEM NATÜRLICHEN LEBENSRAUM VERHÄLT SICH DER MENSCH NATÜRLICH TOTAL ANDERS!"

Name ______________________ Datum ____________ Klasse ______________

Kapitel 9

In der Stadt

Alles klar?

A. Jemand hat die folgenden Ortszeichen in Deutschland fotografiert.

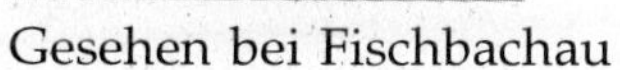
Gesehen bei Fischbachau

. . . bei Grafenau

. . . im Kreis Wunsiedel

. . . und bei Windeck

Wenn man sie nacheinander liest, so ergibt sich die folgende Idee:

Ein Hammerschlag auf den Nagel! Au! Das tut weh!
oder Ein Schlag mit dem Hammer tut dem Finger weh! Au!
oder Ich schlage mir mit dem Hammer auf den Fingernagel! Au!

B. Schauen Sie sich die Namen von Städten und Dörfern und auch den Namen von einem See in Deutschland an.

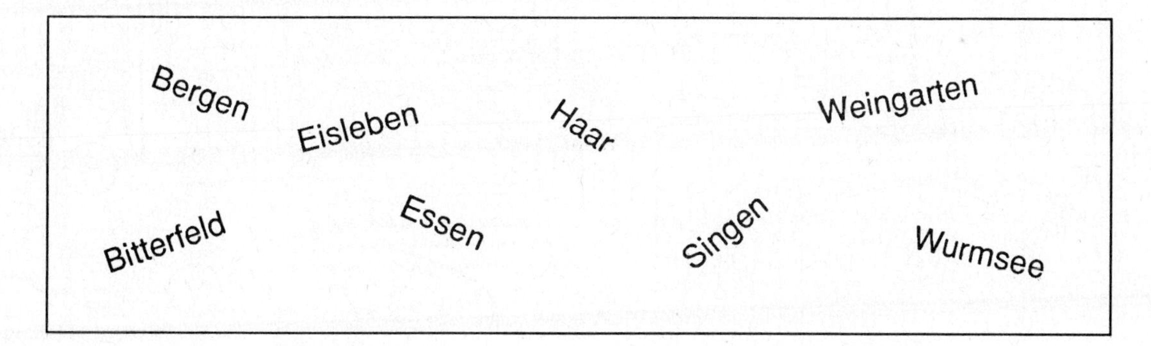

Bergen
Eisleben
Haar
Weingarten
Bitterfeld
Essen
Singen
Wurmsee

Benutzen Sie jetzt mindestens drei Namen, und schreiben Sie zum Spaß einen Satz. (*Add as many other words as you need or wish to complete your idea*). Der Satz sollte grammatisch richtig sein, auch wenn er komisch oder lustig ist.

____

____

____

Wörter im Kontext

Thema 1

Auf der Suche nach Unterkunft

Aktivität 1 Was für Unterkunft sucht man?

Was sehen Sie? Identifizieren Sie jedes Ding.

1. das Einbettzimmer, -
2. ________________
3. ________________
4. ________________
5. ________________
6. ________________
7. ________________
8. ________________
9. ________________
10. ________________
11. ________________
12. ________________
13. ________________
14. ________________
15. ________________
16. ________________
17. ________________
18. ________________

Welche Wörter und Ausdrücke beschreiben das Zimmer? Kreuzen Sie an.

- ☐ Einzelzimmer ohne Bad
- ☐ Kabelfernsehen
- ☐ Dusche und WC
- ☐ Einzelzimmer mit Bad
- ☐ Klimaanlage und Heizung
- ☐ Mehrbettzimmer mit WC

Aktivität 2 Unterkunft in der Stadt

Ergänzen Sie die Sätze.

1. Die Stadtmitte heißt auch die ________________.
2. Ein Hotel hat eine günstige ________________, wenn es in der Nähe von Restaurants, Kinos, Museen usw. liegt.
3. Man kann das Auto in einen ________________ stellen.
4. Junge Leute können billige Unterkunft in einer ________________ finden.
5. Ein Zimmer mit zwei Betten heißt ein ________________ oder ein ________________.
6. Ein Zimmer mit nur einem Bett heißt ein ________________ oder ein ________________.
7. Bei kaltem Wetter soll ein Hotelzimmer ________________ haben. Das macht das Zimmer schön warm.
8. Bei warmen Wetter soll ein Hotelzimmer eine ________________ haben. Dann ist das Zimmer kühl.

9. Ein Hotelgast erwartet frische Wäsche auf dem Bett und ein ______________________________, mit dem er sich die Hände trocknen (*dry*) kann, nachdem er sie sich gewaschen hat.
10. Viele Gäste wollen heutzutage ______________________________. Dann können sie im Fernsehen alles sehen, was sie wollen.

Thema 2

Im Hotel

Aktivität 3 Was macht man, wenn man reist?

Bringen Sie die folgenden Sätze in die richtige Reihenfolge.

_____ Dann bekommt man einen Schlüssel zum Hotelzimmer.

_____ Am Morgen geht man in den Frühstücksraum.

_____ Man füllt ein Anmeldeformular aus.

_____ Man geht an den Empfang und bezahlt die Rechnung.

_____ Man reist dann ab und fährt zum nächsten Reiseziel oder zurück nach Hause.

_____ Man sucht ein Hotel in einer günstigen Lage.

_____ Ein Gepäckträger / Eine Gepäckträgerin bringt das Gepäck aufs Zimmer.

_____ Man kommt in einer Stadt an.

_____ Hier bekommt man ein sogenanntes „kontinentales Frühstück".

_____ Man geht an den Empfang und meldet sich an.

Aktivität 4 Aufenthalt in Gerolstein

A. Füllen Sie das Anmeldeformular aus. (*You may use your real name and facts that pertain to you, or you may make up a fictitious person and fill out the form accordingly. In either case, you will need to make up information for the second part,* **Abrechnung** [*billing information*].)

NÜTZLICHE WÖRTER

Staatsangehörigkeit = Nationalität
Ehefrau . . . geboren: *wife's maiden name*
Kinder-Anzahl = Wie viele Kinder haben Sie?
Berlingen, den = Berlingen ist der Name des Ortes (*locality*); **den . . .** Hier schreiben Sie das Datum im Akkusativ, z.B. **den 5. März 199__.**
Unterschrift des Gastes = Hier schreibt der Gast seinen Namen.
a = @
Mehrwertsteuer *value-added tax (a type of federal sales tax, currently at 14%)*
Betrag dankend erhaltend *payment received with thanks (Here the clerk signs his/her name.)*

Hotel und Appartementhaus

Agnes Kirwel

5531 BERLINGER - MÜHLE

Telefon Gerolstein 06591 / 31 63
Konto: Kreissparkasse Daun in
Gerolstein Nr. 10188 37 Nr. 1000348

Meldeschein der Beherbergungsstätten für die polizeiliche Meldebehörde

Ankunftstag: ....

Abreisetag: .... Zimmer Nr./App.Nr. ....

Name: .... Vorname: .... Beruf: ....

Geburtstag: .... Wohnort: .... Straße: ....

Staatsangehörigkeit: ....

Ehefrau - Vorname: .... geboren: .... Kinder - Anzahl ....

Berlingen, den ....

Unterschrift des Gastes ....

ABRECHNUNG

Tage .... a .... DM

Tage .... a .... DM

Tage .... a .... DM

.... DM

.... DM

Garage .... DM

Mehrwertsteuer .... % .... DM

Berlinger - Mühle, den ....

Betrag dankend erhalten ....

KULTUR-TIP

Gerolstein is a small German town located in Rheinland-Pfalz near the border of Belgium. Berlinger-Mühle is a small village nearby, located near the site of a mill (**Mühle**).

B. Stellen Sie sich vor: Sie sind in Berlinger-Mühle. Schreiben Sie eine Postkarte an einen Freund oder eine Freundin in den USA. Benutzen Sie die Informationen aus dem Anmeldeformular. Antworten Sie auch auf die folgenden Fragen: Wann sind Sie angekommen? Wann fahren Sie ab? Wie finden Sie Ihre Unterkunft bei Agnes Kirwel? Haben Sie ein Zimmer mit/ohne Bad oder Dusche? Ist Ihr Zimmer teuer oder preiswert? Wie ist das Wetter dort?

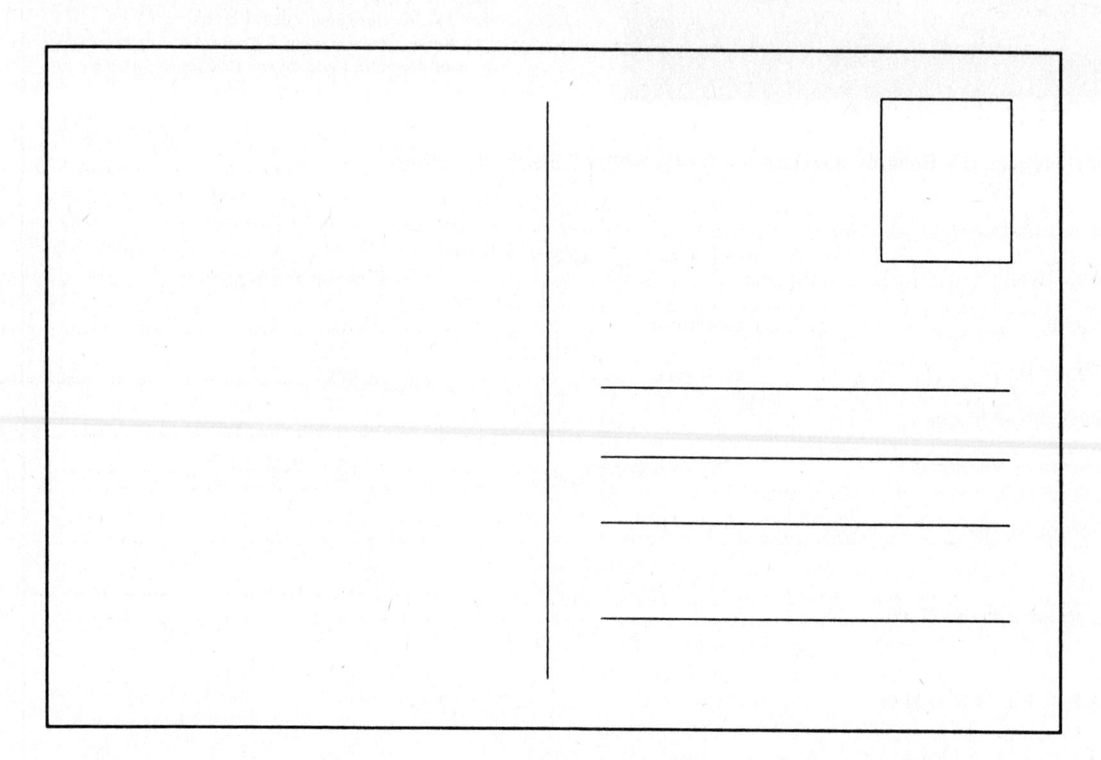

Name ________________ Datum ________ Klasse ________

Thema 3

Ringsum die Stadt

Aktivität 5 Kleinstadt, Großstadt

Was findet man in oder in der Nähe von einer Stadt? Ergänzen Sie die Sätze.

Eine Kleinstadt oder ein Dorf (*village*) hat vielleicht		Eine Großstadt wie Bonn hat
eine	Ampel,	Ampeln ,
______	Kreuzung,	______ ,
______	Bank,	______ ,
______	Jugendherberge,	______ ,
______	Hotel,	______ ,
______	Pension,	______ ,
______	Kirche,	______ ,
______	Museum,	______ ,
______	Parkplatz,	______ ,
______	Schwimmhalle,	______ ,
______	Tankstelle,	______ ,
______	Friedhof	______
usw.		usw.

Aktivität 6 Die Stadt Bonn

A. Schauen Sie sich den Stadtplan an, und lesen Sie dann die numerierte Liste.

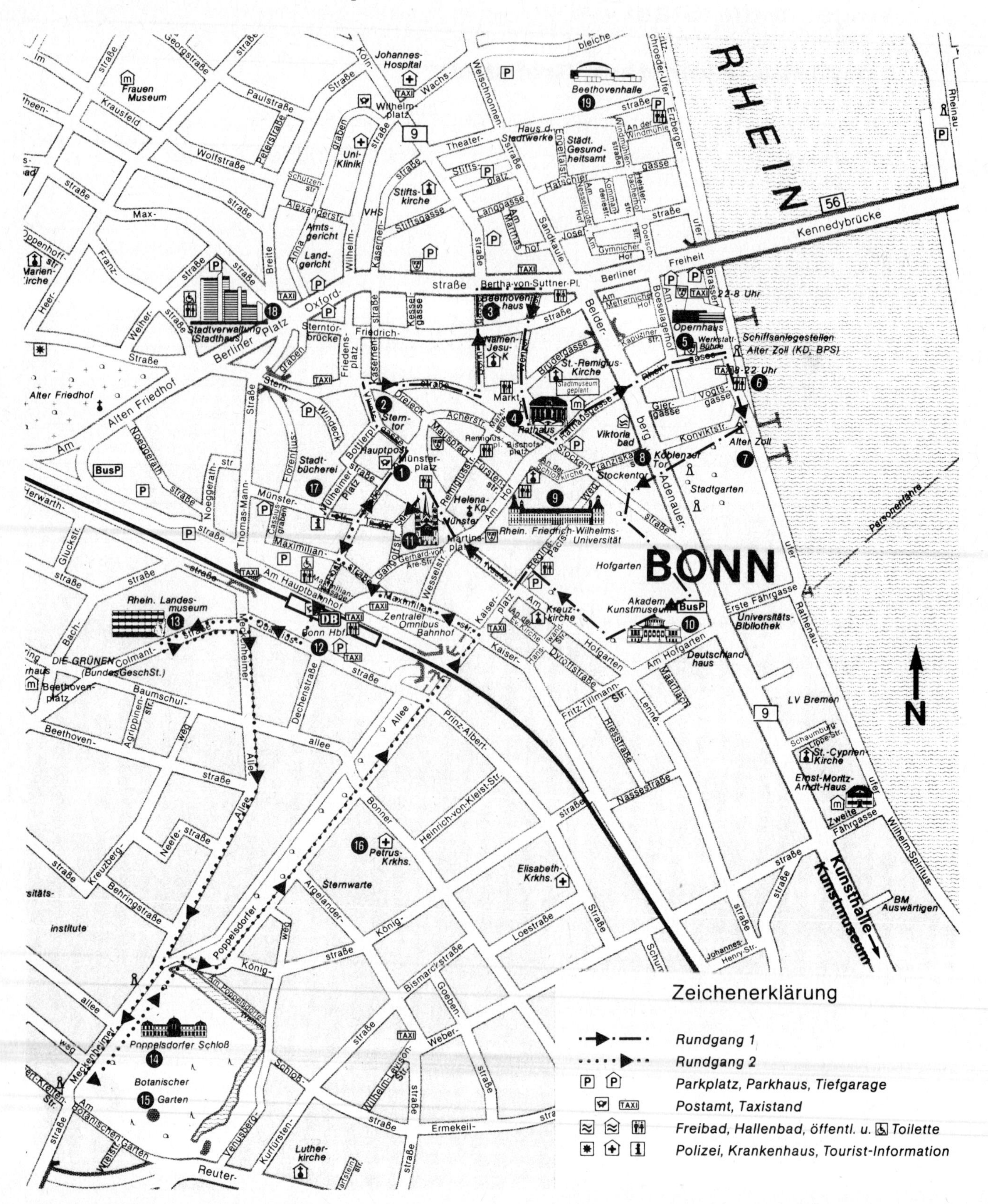

Erklärungen

1. Beethovendenkmal und Hauptpost
2. Sterntor (*Star Gate*)
3. Beethoven-Haus
4. Altes Rathaus
5. Oper Bonn
6. Schiffsanlegestellen (*mooring for ships*)
7. Alter Zoll
8. Koblenzer Tor (*Koblenz Gate*)
9. Rheinische Friedrich-Wilhelms-Universität
10. Akademisches Kunstmuseum
11. Münster-Basilika
12. Hauptbahnhof
13. Rheinisches Landesmuseum

14. / 15. Poppelsdorfer Schloß und Botanischer Garten

16. Die Südstadt
17. Stadtbücherei (*city library*)
18. Stadtverwaltung (Stadthaus) (*city government offices*)
19. Beethovenhalle
20. Alter Friedhof
21. Zentraler Omnibus Bahnhof

1. Suchen Sie den Alten Friedhof, und schreiben Sie die Nummer 20 auf den Stadtplan.
2. Gegenüber vom Hauptbahnhof (Hbf) liegt der Zentrale Omnibus Bahnhof. Suchen Sie diesen Bahnhof, und schreiben Sie Nummer 21 auf den Stadtplan.

B. Beantworten Sie jetzt kurz jede Frage.

1. Welcher klassische Komponist wurde in Bonn geboren?

   ____

2. Welcher Fluß fließt durch Bonn? ______________________
3. Wie heißt die Brücke, die über diesen Fluß führt (*crosses*)?

   ____

4. Welche zwei Gärten liegen in der Nähe der Rheinischen Friedrich-Wilhelms-Universität?

   ____

5. Was ist in der Nähe des Alten Rathauses geplant? ______________________
6. Welche Kirche liegt in der Mitte des Stadtplans? ______________________
7. Welches Museum liegt im nordwestlichen Teil der Stadt?

   ____

Aktivität 7 Richtungen

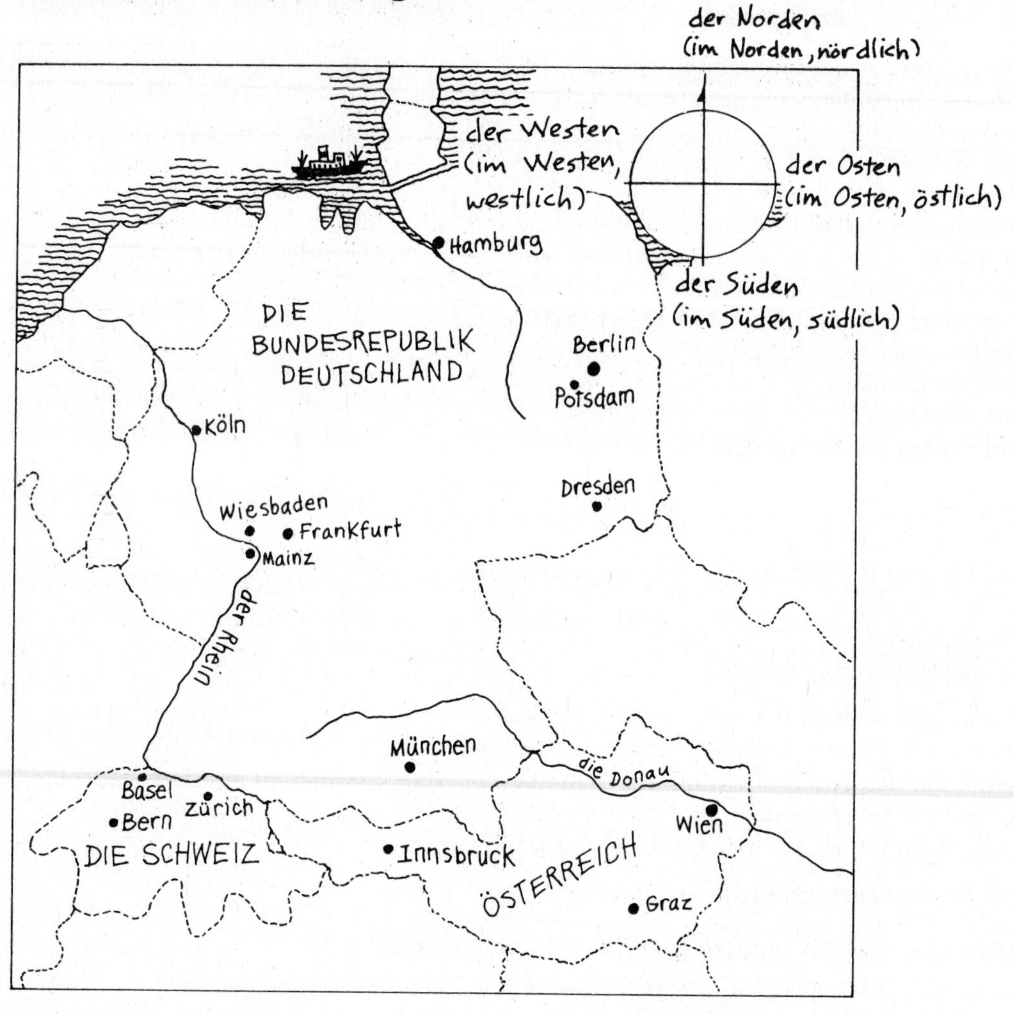

Schauen Sie sich die Karte an, und beantworten Sie die Fragen.

1. Welche Stadt liegt ganz in der Nähe von Berlin? ____________________
2. Welche Stadt hat einen Hafen? ____________________
3. An welchem Fluß liegt Köln? ____________________
4. An welchem Fluß liegt Wien? ____________________
5. Welche Stadt liegt nördlich von Bern in Richtung München? ____________________
6. Welche Städte liegen in der Nähe von Frankfurt? ____________________

Schreiben Sie zu jeder Frage einen vollständigen Satz.

7. Liegt München im Norden?

   ____

8. Liegt Dresden im Westen?

   ____

9. Liegt Innsbruck östlich von Graz?

____

10. Liegt Bern nördlich von Basel?

____

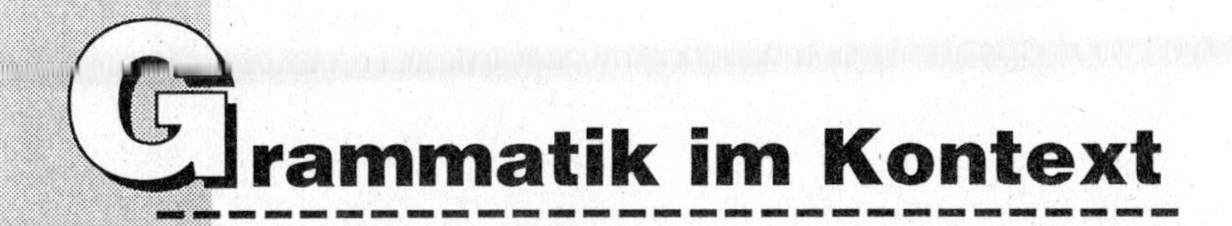

The Genitive Case

Übung 1 Beethoven in Bonn und in Wien

Ergänzen Sie die Sätze über Beethoven und die Stadt Bonn mit den passenden Genitivformen.

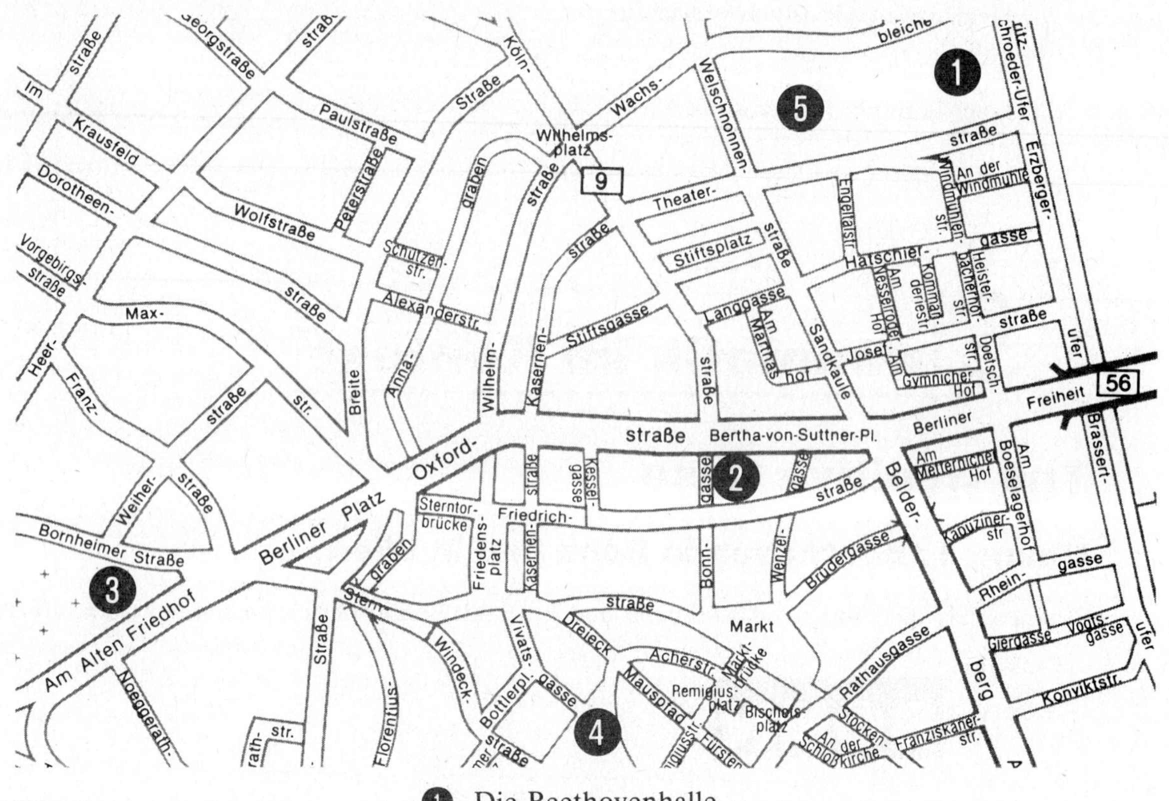

❶ Die Beethovenhalle
❷ Das Beethoven-Haus
❸ Das Grab der Mutter Beethovens
❹ Das Beethoven-Denkmal
❺ „Beethon"

Das Haus __________________________________ (die Familie Beethoven) steht in Bonn. Hier wurde Ludwig van Beethoven 1770 geboren. Dieses Haus ist für viele Besucher ein wichtiges Symbol __________________________ (die Stadt) Bonn. Die zweite Heimat __________________________ (der Komponist [-**en** *masc.*]) war Wien, und im „Wiener Zimmer" __________________________________ (das Beethoven-Haus) kann man Dokumente über sein Leben und seine Werke in Wien sehen.

Die moderne Beethovenhalle dient seit 1959 als Konzerthalle, und sie ist eigentlich die dritte __________________________ (dieser Namen) in Bonn. Das Orchester __________________________ (die Beethovenhalle) spielt eine große Rolle im kulturellen Leben __________________________ (diese Musikstadt) am Rhein. Es hat auch wichtige Funktionen im Rahmen (im . . . *as part of*) __________________________ (die Beethovenfeste) in Bonn.

Das erste Beethovenfest fand am ______________________________ (Beethoven) 75. Geburtstag statt (fand . . . statt *took place*). Der Komponist Franz Liszt war ein Mitglied (*member*) ______________________________ (das Festkomittee). Man hat zu diesem Fest eine Bronzfigur von Beethoven, das Beethoven-Denkmal, errichtet.

Ein neues Symbol ______________________________ (die Beethovenstadt) Bonn ist „Beethon", eine Skulptur aus Beton (Zement). „Beethon" ist das Werk ______________________________ (ein Künstler [*artist*]) aus Düsseldorf, Professor Klaus Kammerichs.

Man findet das Grab ______________________________ (die Mutter) ______________________________ (Beethoven) auf dem Alten Friedhof in Bonn. Ludwig van ______________________________ (Beethoven) Mutter wurde als Maria Magdalene Keverich geboren. Sie starb (*died*) am 17. Juli 1787. Auf dem Grabstein ______________________________ (diese Frau) stehen die Worte: „Sie war mir eine so gute liebenswürdige Mutter, meine beste Freundin." Das Grab ______________________________ (ihr Sohn) findet man in Wien.

Übung 2 Was fragt man im Hotel?

Ergänzen Sie die Fragen mit den Interrogativpronomen **wer, wen, wem** oder **wessen.**

1. ______________ will meinen Reisepaß sehen?
2. ______________ Koffer ist das vor der Rezeption?
3. ______________ sehen Sie am Empfang?
4. ______________ soll das Anmeldeformular ausfüllen?
5. ______________ Unterschrift steht auf dem Formular?
6. ______________ gibt man das Formular?
7. Für ______________ ist dieser Schlüssel?
8. ______________ bringt das Gepäck aufs Zimmer?
9. Mit ______________ sollen die Touristen sprechen?
10. ______________ kann die Klimaanlage reparieren?
11. ______________ Fernseher funktioniert nicht?
12. ______________ empfehlen Sie dieses Hotel?

Übung 3 Was kann man fragen?

Lesen Sie die Texte, und ergänzen Sie die Fragen mit dem Genitiv.

1. Bringt diese Zeitschrift den Lesern auch alle neuen Seiten ______________________ (der Mann) und ______________________ (das Kind)?

1. *world*

2. Gibt es etwas für die Kinder ______________________ (der Osten), die Kinder ______________________ (dieses Land) und die Kinder ______________________ (die Städte)?

Name ______________________ Datum ____________ Klasse ______________

Der tierische
Spruch[2]
der Woche

„Liebe Kinder, es ist wahr: Die Babys bringt nicht Adebar!"

50 Mark für Marion Ramm, Berlin

2. Der . . . *the beastly saying*

3. Haben Sie einen Spruch ______________________ (der Tag), einen Spruch ______________________ (der Monat) oder einen Spruch ______________________ (das Jahr)?

Übung 4 Kaufen statt Mieten?

Bilden Sie Sätze.

KAUFEN STATT[1] MIETEN

Steuern sparen[2]!

POTSDAM

Büro-Teileigentum

Nähe Stadtzentrum & Regierungssitz[3]

Kauf direkt vom Bauherrn

BC Berlin-Consult GmbH

Telefon: 254 67 - 204

1. *instead of*
2. Steuern . . . *Save on taxes!*
3. *seat of government*

1. wegen / die hohen Mieten / wollen / viele Leute / ein Haus / kaufen

2. trotz / die Kosten / können / man / in / diese Stadt / ein Haus / haben

3. innerhalb / ein Monat / können / man / in / das Traumhaus / wohnen

4. wir / kaufen / Häuser / innerhalb / die Stadt / in / die Nähe / das Stadtzentrum

5. wir / verkaufen / keine Häuser / außerhalb / die Stadt

6. man / können / wir / während / die Woche / und auch / während / das Wochenende / anrufen

Übung 5 Probleme im Hotel

Schauen Sie sich den Cartoon an, und lesen Sie den Text.

Trudis Abenteuer
SIE HABEN SICH BEI DER RESERVATION BEREIT ERKLÄRT,
HOTEL EDEN RECEPTION
ANGESICHTS[1] DER HOCH-SAISON IHR BETT SELBER ZU MACHEN.
HOTEL EDEN RECEPTION
JA
NEBEN DEM LIFT HAT ES BRETTER EINE SÄGE HAMMER UND NÄGEL

1. *in view of*

> SPRACH-TIP
>
> **Es hat** is a southern German and Austrian expression that in this case stands for **sind.**
>
> Neben dem Lift hat es Bretter, eine Säge, Hammer und Nägel.
>
> Neben dem Lift sind Bretter, eine Säge, Hammer und Nägel.
>
> } *Next to the elevator are boards, a saw, hammer, and nails.*

Ergänzen Sie jetzt die Sätze.

1. Am Anfang (*beginning*) ______________________ (*of the summer*) hat Trudi ein Zimmer im Hotel Eden gebucht.
2. Sie hat die Reservierung für die Mitte ______________________ (*of the high season*) [die Hochsaison]) gemacht.
3. Alle Zimmer ______________________ (*of the hotel*) sind ausgebucht (*booked up*), und das Hotelpersonal ist total überarbeitet.
4. Das Bett ______________________ (*of the guest*) ist noch nicht „gemacht". Trudi muß sich ihr Bett selber „machen"—mit einer Säge, einem Hammer und Nägeln. Der Mann an der Rezeption erklärt, daß die Bretter neben dem Lift stehen.
5. Die Worte ______________________ (*of the man*) gefallen Trudi nicht.
6. ______________________ (*in spite of her reservation* [Reservierung]) will Trudi nicht in diesem Hotel übernachten.

7. Vielleicht kann Trudi eine Unterkunft ______________________ (*outside of town*) finden.

Attributive Adjectives

Übung 6 Ein Münchner Hotel

1. Lesen Sie die Anzeige, und machen Sie einen Kreis um jedes attributive Adjektiv.

Unseren Gast erwartet hinter der modernen Fassade eine Überraschung: ein stilvolles Ambiente, ein licht-heiterer Gartensaal mit französischem Charme sowie eine Oase der Ruhe und Entspannung auf unserer Gartenterrasse. Inmitten der Münchner Großstadt finden Individualreisende und Geschäftsleute wohltuende Gastlichkeit und persönlichen Service. Unsere ruhigen Zimmer entsprechen internationalem Komfort.

Aurbacherstr. 5 · 81541 München · Nähe Rosenheimer Platz (S-Bahn)

Tel. 089/480910 · Fax 48091600

2. Ergänzen Sie jetzt die folgende, verkürzte, (*shortened*) Version der Anzeige. Schreiben Sie jedes Adjektiv im Nominativ ohne Wörter wie **der/das/die** oder **ein/kein**.

HOTEL AURBACHER

Inmitten (in der Mitte) der Münchner Großstadt

moderne ______________ Fassade

______________ Ambiente

______________ Gartensaal

______________ Charme (*masc.*)

______________ Gastlichkeit

______________ Service (*masc.*)

______________ Zimmer (*pl.*)

______________ Komfort (*masc.*)

Übung 7 Wie heißt . . . ?

Lesen Sie die Anzeige, und schreiben Sie dann Fragen in verschiedenen Variationen.

Wie heißt die farbige,
fröhliche Fernsehzeitschrift
für die ganze Familie?

TV Hören Sehen

BEISPIEL: Auto / Mann →
Wie heißt das neue, preiswerte Auto für den praktischen Mann?
oder Wie heißt das schnelle, sportliche Auto für den modernen Mann?
oder ?

alt	groß	schnell
amerikanisch	interessant	schön
beliebt	jung	sonnig
bequem	klein	sportlich
berühmt	konservativ	vorsichtig
deutsch	modern	warm
fröhlich	praktisch	?
gemütlich	preiswert	
gesund	ruhig	

1. Wagen / Frau: ______________________________

2. Ferieninsel / Familie: ______________________________

3. Fahrrad / Studentin: ______________________________

4. Reisebüro / Tourist: ______________________________

5. Kurort / Leute: ______________________________

6. Mode /Student: ______________________________

Übung 8 An der Rezeption im Hotel

Wie interpretieren Sie den Cartoon in Übung 5? Wählen Sie Adjektive aus der Liste, und ergänzen Sie die Sätze. (*Use your imagination.*)

blau	rot	elegant	(un)freundlich
braun	alt	groß	(un)gemütlich
gelb	berühmt	klein	nett
grün	dick	modern	(un)sympathisch

Eine ____________, ____________ Frau kommt an die Rezeption im Hotel Eden. Sie trägt zwei ____________, ____________ Koffer. Sie hat ____________ Haar und trägt ein ____________ Sommerkleid und ____________ Ohrringe. Die ____________ Atmosphäre des ____________ Hotels gefällt ihr. Sie spricht mit dem ____________ Empfangschef (*desk clerk*), aber er kann ihr nicht helfen, weil das ____________ Hotel für heute abend leider keine Zimmer frei hat.

Übung 9 Wo? In welcher Stadt?

Schreiben Sie eine positive Antwort auf jede Frage.

BEISPIEL: A: Haben Sie an der Universität in Freiburg studiert?
B: Ja, ich habe an der Freiburger Universität studiert.

C: Haben Sie den Hafen in Hamburg fotografiert?

D: ____

____

E: Haben Sie die Theater in Berlin besucht?

F: ____

____

G: Haben Sie die Philharmoniker in Wien gehört?

H: ____

____

I: Sind Sie vom neuen Flughafen in München abgeflogen?

J: ____

____

Sprache im Kontext

Lesen

Auf den ersten Blick 1

1. Schauen Sie sich die ersten zwei Zeilen und die letzten zwei Zeilen der Anzeige an, und machen Sie sich einige Notizen dazu.

   der Name des Hotels:

   ____

   in welcher Stadt:

   ____

   in welcher Lage der Stadt:

   ____

   in der Nähe von:

   ____

2. Überfliegen Sie jetzt den ganzen Text.

   wie weit vom Viktualienmarkt und von Theatern und Museen: ______________________________

   ____

   ____

   ____

   wie viele Zimmer und Suiten: ______________

Zu Fuß in 2 Minuten:

Der Münchner Viktualienmarkt.

„München leuchtet" rund um das neue Platzl Hotel. Von hier sind es nur wenige Schritte zu Theatern, Museen und zum Viktualienmarkt, der lebensfrohen Oase der Münchner. Wenn Sie neben der zentralen Lage persönliche Atmosphäre und First-Class-Komfort schätzen, werden Sie sich im Platzl Hotel wohlfühlen. In 170 bequemen Zimmern und Suiten, Veranstaltungsräumen mit modernster Tagungstechnik, Fitneßbereich und der gemütlichen Hotelbar erleben Sie Gastlichkeit im Münchner Stil. Wir freuen uns auf Ihren Besuch!

Platzl Hotel, Platzl 1, 8 München 2,

Telefon 089/2 37 03-0.

PLATZL HOTEL

IN MÜNCHENS HISTORISCHER ALTSTADT

PAN

Zum Text 1

Lesen Sie jetzt den Text. Ergänzen Sie den folgenden Satz mit den richtigen Formen der Adjektive aus dem Text.

Das ______________________________ Platzl Hotel in der ______________________________

Altstadt Münchens hat eine ______________________________ Lage, eine

______________________________ Atmosphäre, ______________________________ Zimmer und

Suiten und eine ______________________________ Hotelbar.

Schreiben

Stellen Sie sich vor: Letzten Sommer waren Sie Gast im Platzl Hotel. Jetzt erzählen Sie Ihren Freunden von Ihrem Aufenthalt in München. Wie haben Sie die Unterkunft gefunden? Hat die Lage des Hotels Ihnen gefallen? Wohin sind Sie vom Hotel zu Fuß gegangen? Was haben Sie gesehen und gemacht? Schreiben Sie einen Monolog mit Hilfe Ihrer Notizen und Ihrer Phantasie. Benutzen Sie das Perfekt.

Lesen

KULTUR-TIP

Henry the Lion (**Heinrich der Löwe**), Duke of Saxony during the 12th century, made Braunschweig his residence and gave the town its charter. Located in what is now southeastern Lower Saxony (**Niedersachsen**), a state (**Bundesland**) of the Federal Republic of Germany, modern Braunschweig still reveals traces from medieval (**mittelalterlichen**) times, when it was the Saxon metropolis (**Sachsenmetropole**) of the Middle Ages (**Mittelalter**).

Braunschweig, Stadt Heinrichs des Löwen

1. Braunschweig, die Stadt Heinrichs des Löwen, die Sachsenmetropole des Mittelalters, ist heute wirtschaftliches und kulturelles Zentrum Südostniedersachsens, eine moderne und traditionsreiche Stadt zugleich.

2. Das vielseitige und typische Stadtbild schafft eine ganz besondere Atmosphäre und Ausstrahlung, die Braunschweig interessant und sympathisch machen. Historische Bauwerke, mittelalterliche Plätze mit malerischem Fachwerk stehen in reizvollem Kontrast zu modernen Geschäften in einer großzügig angelegten Fußgängerzone.

3. Braunschweig wird durch Tradition und Forschung gleichermaßen geprägt. Die Uraufführungen von Goethes „Faust" und Lessings „Emilia Galotti" bezeugen die kulturelle Tradition, der Bau der ersten Spiegelreflexkamera, der ersten Rechenmaschine und des ersten VW-Käfers belegen die Tradition in Forschung und technischer Entwicklung.

4. Private und staatliche Forschungseinrichtungen mit über 6 000 Wissenschaftlern machen Braunschweig heute zum größten Forschungszentrum Norddeutschlands. 12 000 junge Menschen aus aller Welt studieren an der Technischen Universität und Hochschulen,

5. Braunschweig, eine lebenswerte Stadt zum Wohlfühlen.

Zum Text 2

The text about Braunschweig contains a number of words that may be unfamiliar to you. Nonetheless, you can grasp the important points by working with the text paragraph by paragraph and by focusing on what you know and on what you can figure out through the use of cognates and context.

Each of the following questions relates to the paragraph in the text with the corresponding number. Reading and answering these questions will enhance your understanding of the text. Be sure to use the correct forms of all words in your answers.

1. **Frage:** Wie zeigt die Stadt Braunschweig, daß sie (a) traditionsreich, aber auch (b) modern ist?

   Antwort: (a) Braunschweig war die Sachsenmetropole

   ______________________________________. (b) Heute ist Braunschweig ein

   ______________________________ und ______________________________ Zentrum

   ______________________________________.

2. **Frage:** Welche Kontraste im Stadtbild machen die Stadt interessant und sympathisch?

   Antwort: In Braunschweig findet man nicht nur ______________________________

   Bauwerke (*buildings*) und ______________________________ Plätze mit

   ______________________________ Fachwerk (*half-timbering*), sondern auch

   ______________________________ Geschäfte in einer großzügig angelegten

   Fußgängerzone (großzügig . . . *spaciously laid-out pedestrian zone*).

3. **Frage:** Welches Beispiel kultureller Tradition gibt es in Braunschweig? Welche Beispiele der Tradition von Forschung (*research*) und technischer Entwicklung (*development*) gibt es in dieser Stadt?

   Antwort: Man hat die Uraufführungen (*premier performances*) von

   ______________________________ „Faust" und ______________________________

   „Emilia Galotti" in Braunschweig gesehen. Man hat hier auch die ____________________

   Spiegelreflexkamera, die ____________________ Rechenmaschine (*adding machine*) und den

   ____________________ VW-Käfer (*beetle*) gebaut (*built*).

4. **Frage:** Warum ist Braunschweig heute das größte Forschungszentrum Norddeutschlands?

   Antwort: Braunschweig hat heute ____________________________ und

   ____________________________ Forschungseinrichtungen (*research facilities*) mit über 6 000

   Wissenschaftler (*scientists*). Auch studieren 12 000 ____________________ Menschen aus

   ____________________ Welt an der Technischen Universität und Hochschulen.

5. **Frage:** Wie fühlt man sich in Braunschweig?

   Antwort: Man beschreibt Braunschweig als eine ______________________________

   Stadt zum Wohlfühlen. Das heißt: Hier lebt man gut, und hier fühlt man sich wohl (gut).

Journal

Willkommen in . . . ! Schreiben Sie über Ihre Heimatstadt oder Ihre Lieblingsstadt—vielleicht ist Ihre Heimatstadt ja auch Ihre Lieblingsstadt. Warum sollten Touristen und Touristinnen aus deutschsprachigen Ländern unbedingt (*absolutely*) Ihre Stadt besuchen?

Before you begin writing in your journal, read the following "welcome" to German-speaking visitors in Santa Fe. This text encourages visitors to use the tourist magazine *Travel Guide* as a source of information. However, notice the greetings and expressions of welcome that it extends to readers.

Willkommen in Santa Fe

Wir freuen uns über Ihren Besuch in Santa Fe und hoffen, Sie werden einen angenehmen Aufenthalt haben. Da es hier viel Schönes zu sehen und sehr viel zu unternehmen gibt, würden wir Ihnen gerne bei der Planung Ihres Aufenthalts mit unserem TravelGuide Reiseführer behilflich sein. Im TravelGuide Reiseführer finden Sie Adressen, Hotels, Restaurants, Öffnungszeiten, Preislisten und zahllose Tips für Unternehmungen. Mit unserem Reiseführer können Sie das Meiste aus Ihrem Besuch hier machen. Wir wünschen Ihnen eine schöne Zeit in Santa Fe und sagen noch einmal: „Herzlich willkommen!"

Also, refer again to the reading on Braunschweig in the previous section. As you do so, jot down phrases and/or ideas in the margin that might relate to your city.

Then check any of the following items that apply to your city, modifying them as necessary to make them accurate. Use the extra space next to the items to jot down names, adjectives, phrases, or other facts that you might want to mention.

Think about which ideas you want to include and how you want to organize your journal entry. Finally, write! Advertise your city!

Was für Attraktionen hat Ihre Stadt? Hat sie . . . ?

- ☐ viele interessante, historische Gebäude (*buildings*)
- ☐ einen Hafen
- ☐ einen Bahnhof
- ☐ einen Flughafen
- ☐ ein Rathaus
- ☐ Kirchen aller Glaubensrichtungen (*faiths*)
- ☐ viele Hotels
- ☐ eine alte Innenstadt
- ☐ große Schwimmhallen
- ☐ Sportstadien, Sporthallen und Sportplätze
- ☐ Tennisplätze
- ☐ Golfplätze
- ☐ internationale Restaurants
- ☐ Kinos
- ☐ Theater
- ☐ ein Opernhaus
- ☐ Bars und Kneipen
- ☐ Geschäfte
- ☐ Bäckereien und Konditoreien
- ☐ eine Fußgängerzone
- ☐ Einkaufszentren
- ☐ Supermärkte
- ☐ Parks und Gärten
- ☐ Schulen und Universitäten

☐ ____

Kann man dort überallhin (*everywhere*) . . . ?

- ☐ mit dem Bus fahren
- ☐ mit der U-Bahn fahren
- ☐ mit dem Taxi fahren
- ☐ mit dem Fahrrad fahren
- ☐ mit der Straßenbahn fahren
- ☐ zu Fuß gehen
- ☐ ____

Wo liegt Ihre Stadt?

- ☐ In den Bergen.
- ☐ In der Mitte des Landes.
- ☐ An der Küste (*coast*).
- ☐ Im Süden (im Norden, im Westen, im Osten) des Landes.
- ☐ Südlich von ____________________.
- ☐ Nördlich von ____________________.
- ☐ Westlich von ____________________.
- ☐ Östlich von ____________________.
- ☐ In der Nähe von ____________________.
- ☐ ____

Ist Ihre Stadt . . . ?

- ☐ die Hauptstadt des Staates
- ☐ eine Kleinstadt
- ☐ die Hauptstadt des Landes
- ☐ eine Universitätsstadt
- ☐ eine Großstadt
- ☐ ein Ferienort
- ☐ ____

Wie ist das Wetter in Ihrer Stadt?

- ☐ Schneit es im Winter?
- ☐ Ist es heiß und schwül im Sommer?
- ☐ Regnet es im Herbst?
- ☐ Ist es kühl und neblig?
- ☐ Ist es kalt und windig im Frühling?
- ☐ Ist es meistens heiter und sonnig?
- ☐ ____

Wofür ist Ihre Stadt berühmt? ____

____

Wie fühlt man sich in Ihrer Stadt? ____

____

Name ______________________ Datum ____________ Klasse ______________

Kapitel 10

Auf Reisen

Alles klar?

Lesen Sie die folgende Anzeige für Thüringen.

Trutzig thront
die Wartburg
über Eisenach

Thüringen Bustour zu historischen Stätten

● Deutsche Geschichte, wohin man kommt: uraltes Glasbläser-Handwerk, Goethe-Gedenkstätten, Schillers Wohnhaus, Martin Luthers Studierstube – Thüringen lockt als historisches Kulturzentrum. Stadtjuwel Weimar, Eisenach mit Wartburg, Erfurt und Gotha zählen u. a. zu den Stationen einer Bustour vom 18. bis 21. 8., die für 529 Mark mit Halbpension und Busfahrt ab München zu buchen ist. Näheres bei: Schmetterling Reisen, Maxstr. 26, 83278 Traunstein.

Markieren Sie jetzt alle passenden Antworte. Mehr als eine Antwort kann richtig sein.

1. Thüringen ist
   a. ein deutsches Bundesland. b. eine Stadt in Deutschland. c. ein Bundesland in Österreich.
2. Diese Anzeige ist für
   a. eine Bahnreise durch Thüringen. b. eine Bustour durch Thüringen. c. eine Reise mit dem Privatwagen durch Thüringen.
3. Goethe und Schiller sind
   a. deutsche Komponisten der klassischen Periode. b. deutsche Architekten der Barockzeit. c. deutsche Autoren der Klassik und Romantik.
4. Weimar, Eisenach, Erfurt und Gotha sind alle
   a. Städte in Thüringen. b. Bundesländer in Deutschland. c. historische Stätten (*places*) in Thüringen.

5. Die Wartburg ist
   a. eine Stadt in der Nähe von Weimar. b. eine Burg (*castle, fortress*) in der Nähe von Eisenach. c. eine große Attraktion in Thüringen.
6. Die Tour dauert
   a. vier Tage. b. vom 18. bis 21. August. c. vom 18. bis 21. 8.

Thema 1

Reisevorbereitungen

Aktivität 1 Antonyme und Synonyme

A. Schreiben Sie die Antonyme.

1. bequem: unbequem
2. kurz: lang
3. langsam: schneller
4. sicher: gefährlich
5. teuer: billig
6. weit: nah

B. Schreiben Sie die Synonyme.

1. die Bahn: der Zug
2. die Ferien: der Urlaub
3. der Fotoapparat: die Kamera
4. die Information: die Auskunft
5. der Kondukteur: der Schaffner
6. die Kondukteurin: die Schaffnerin
7. die Reise: die Fahrt
8. das Ticket: die Fahrkarte

C. Ergänzen Sie die Fragen mit einigen Wörtern, die (*which*) Sie in Teil B geschrieben haben.

1. Wohin fährst du in den Urlaub?
2. Wie lange dauert die Fahrt?
3. Hast du schon die Fahrkarte gekauft?
4. Fährst du gern mit dem Zug?
5. Findest du den Schaffner oder die Schaffnerin gewöhnlich freundlich, wenn du mit der Bahn reist?
6. Nimmst du die Kamera mit, um alles zu fotografieren?

Thema 2

Im Reisebüro

Aktivität 2 Urlaub in Gifhorn

A. Schauen Sie sich die Anzeige an, und lesen Sie den Text.

Gifhorn in der Heide

Wälder – Wasser – Windmühlen

Idyllische Landschaft, historische Altstadt, Intern. Mühlenpark, attraktive Sport- und Freizeiteinrichtungen, 80 km markierte Wanderwege, behagliche Gastlichkeit, Pauschalangebote.
Auskünfte und Prospekte: **Stadt Gifhorn, Tourist-Information**
Postfach 1450 T, 38516 Gifhorn
Tel. (05371), ✆ 881 75 + 880

B. Kreuzen Sie die richtigen Antworten an. Benutzen Sie dabei das Bild und den Werbetext als Hilfe. Mehr als eine Antwort kann richtig sein.

1. Gifhorn liegt
   - ☐ an der Aller (*a river in northern Germany*).
   - ☒ in der Heide (*heath*) in Norddeutschland.
   - ☐ in den bayrischen Alpen.
2. In oder in der Nähe von Gifhorn kann man
   - ☒ segeln.
   - ☒ wandern.
   - ☐ Golf spielen.
3. Hier findet man
   - ☒ eine idyllische Landschaft.
   - ☒ einen internationalen Mühlenpark.
   - ☒ 80 Kilometer markierte Wanderwege.
4. Hier könnte man vielleicht
   - ☐ einen Segelkurs machen.
   - ☒ im Fluß schwimmen.
   - ☒ tagelang wandern.
5. Die Stadt Gifhorn bietet (*offers*) Besuchern/Besucherinnen
   - ☐ große Museen.
   - ☒ eine historische Altstadt.
   - ☒ behagliche (*comfortable*) Gastlichkeit (*hospitality*).
6. In dieser Region findet man Attraktionen wie
   - ☐ Wälder.
   - ☒ Wasser.
   - ☒ Windmühlen.
7. Man kann an die Stadt Gifhorn schreiben und
   - ☒ Auskünfte bekommen.
   - ☒ Reiseprospekte bekommen.
   - ☐ Fahrpläne bekommen.
8. Man sollte auch nach
   - ☒ Pauschalangeboten (*package deals*) fragen.
   - ☐ Skikursen fragen.
   - ☐ Unterkunft fragen.

C. Ergänzen Sie den Dialog. Schreiben Sie Joachims Antworten mit Hilfe der Anzeige und den Sätzen in Teil B.

MICHAELA: Dieses Jahr möchte ich einen schönen, entspannenden Urlaub machen. Was schlägst du vor?

JOACHIM: Hast du diese Anzeige für Gifhorn gesehen? Vielleicht möchtest du dort einen Aktivurlaub im Freien (*outdoors*) machen.

MICHAELA: Wo liegt Gifhorn?

JOACHIM: Gifhorn liegt in der Heide.

MICHAELA: Was kann man in Gifhorn machen?

JOACHIM: Man kann Gifhorn segeln und wandern.

MICHAELA: Was für Attraktionen und Sehenswürdigkeiten (*sights*) gibt es in Gifhorn?

JOACHIM: Es gibt eine Idyllische schaft. Es ist eine historische Altstadt. Es gibt eine Mühlenpark.

MICHAELA: Wie kann ich weitere Auskunft über Gifhorn bekommen?

JOACHIM: Schreib zu 1450 T 38516 Gifhorn aber ruf (05371) 0 881 75 +880 für Auskünte und prospekte

Aktivität 3 Reisefragen

Welche Satzteile passen zusammen?

1. _____ Sind wir alle damit einverstanden,
2. _____ Fahren Sie manchmal mit dem Bus,
3. _____ Ist die Platzkarte so teuer
4. _____ Wie komme ich möglichst schnell
5. _____ Möchten Sie mit Stil reisen
6. _____ Möchtest du eine Woche
7. _____ —Willst du per Autostop reisen?
   —Vielleicht,
8. _____ Wann fährt der nächste Zug

a. und in Luxushotels übernachten?
b. auf dem Land verbringen?
   —Ja, das klingt gut.
c. aber ist das nicht gefährlich?
d. nach Basel ab?
e. oder gehen Sie immer zu Fuß?
f. zum Flughafen?
g. wie die Fahrkarte?
h. daß wir dieses Jahr unseren Urlaub in Italien verbringen?

Thema 3

Eine Fahrkarte, bitte!

Aktivität 4 Eine Reise mit der Bahn

A. Identifizieren Sie alles auf dem Bild.

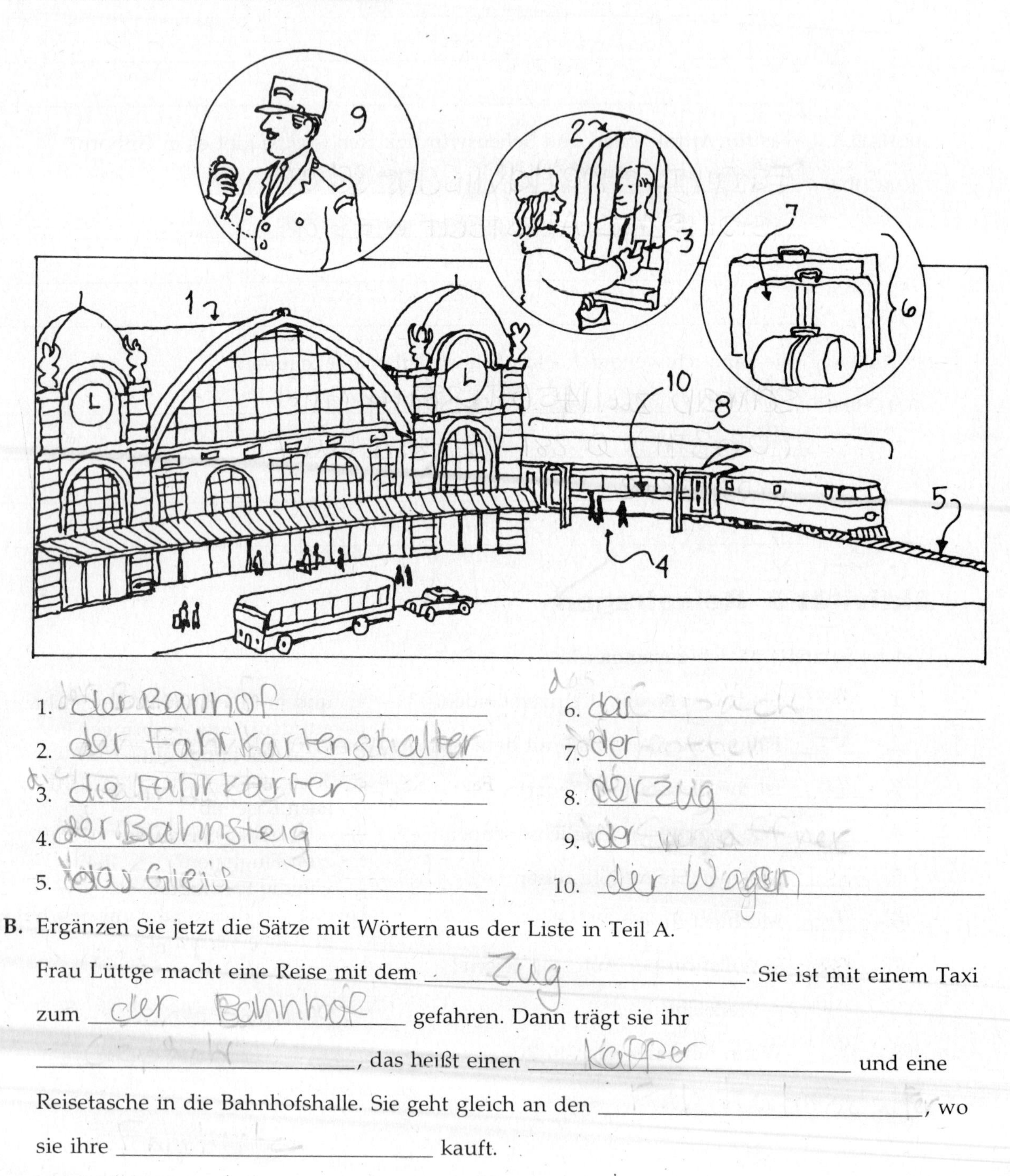

1. ________________
2. ________________
3. ________________
4. ________________
5. ________________
6. ________________
7. ________________
8. ________________
9. ________________
10. ________________

B. Ergänzen Sie jetzt die Sätze mit Wörtern aus der Liste in Teil A.

Frau Lüttge macht eine Reise mit dem ________________. Sie ist mit einem Taxi zum ________________ gefahren. Dann trägt sie ihr ________________, das heißt einen ________________ und eine Reisetasche in die Bahnhofshalle. Sie geht gleich an den ________________, wo sie ihre ________________ kauft.

Sie ißt etwas im Bahnhofsrestaurant und geht dann zum ______________________

10, wo ihr Zug zehn Minuten später auf ______________________ 4 abfährt. Der

______________________ kommt dann etwas später in ihren

______________________ und kontrolliert (*checks*) die Fahrkarten.

Aktivität 5 Eine Fahrkarte

Stefan hat eine Reise mit dem Zug gemacht. Schauen Sie sich die Fahrkarte an, und suchen Sie darauf die Antworten auf die Fragen.

DB
Erster Geltungstag: 31.05
Zur Hinfahrt gültig bis einschließlich: 03.06
Zur Rückfahrt: ---------
Ausgabe-Nr: 181644 -8
Klasse: 2
Tarif: EINFACHE FAHRT********
halber Preis: -------
von: FRANKFURT(M)FLUGH.
nach: REGENSBURG HBF
über: FRANKFURT(MAIN)*R1450
Verkaufsstelle: 61434701 DER 10 FRANKFURT(M)
XX 0351
DM: ***72,00
Bitte Rückseite beachten

1. An welchem Tag hat er seine Fahrkarte gekauft? ______________________
2. Bis zu welchem Tag war die Fahrkarte gültig? ______________________
3. Ist er erster oder zweiter Klasse gefahren? ______________________
4. War die Fahrkarte für eine einfache Fahrt, oder ist Stefan hin und zurückgefahren?
   ____
5. Wo ist er abgefahren? ______________________
6. Ist er am Hauptbahnhof (*main railroad station*) in Regensburg oder in Frankfurt am Main angekommen? ______________________
7. Wie viele Kilometer ist er mit dem Zug gefahren? ______________________
8. Wieviel hat die Fahrkarte gekostet? ______________________

Aktivität 6 Urlaubsreisen

A. Woran denkt man, wenn man das Wort „Urlaub" sieht oder hört? Identifizieren Sie die Gegenstände (*objects*) auf dem Bild. Schreiben Sie die fehlenden Wörter.

1. der Federball, ⸚e
2. die Kamera
3. das Flug aug
4. der Schnee
5. der Berg
6. das Eis
7. die Sonne
8. die Sonnenbrille, -n
9. das Auto (der Wagen)
10. der Eistee
11. der Koffer
12. der Ball, ⸚e
13. das Schiff
14. die Insel, -n
15. die Palme, -n
16. der Rettungsring, -e
17. das Meer, -e / der Ozean, -e
18. der hut
19. die Möwe, -n
20. der Fisch, -e
21. der Seestern, -e

B. Ergänzen Sie die Sätze mit passenden Wörtern aus der Liste in Teil A.

Anja packt ihre Bekleidung in einen Koffer. Weil die Sonne im Süden so hell ist, nimmt sie eine Sonnenbrille und einen

______Hut______ mit. Weil sie auch gern fotografiert, packt sie auch ihre ______Kammer______ ein.

Sie fliegt zuerst mit dem ______Flugzug______ nach Barcelona. In Barcelona nimmt sie ein ______Schiff______ nach Mallorca. In Palma mietet sie einen ______Wagen______ und fährt damit um die Insel herum. Weil es dort schön warm ist, ißt sie oft ______Eis______ und trinkt Eistee.

Anja wohnt in Innsbruck, wo sie jeden Tag hohe ______Berge______ sieht, und wo es im Winter viel ______Schnee______ gibt. Auf Mallorca sieht sie überall Palmen und Olivenbäume. Die ______Palmen______ sind malerisch (*picturesque*) aber nicht sehr hoch.

Grammatik im Kontext

Comparing Things and People

Übung 1 Wie wird alles?

Was sagen die Piloten?

BEISPIEL: Leute / unvorsichtig (*careless*) → Die Leute werden immer unvorsichtiger.

1. Flugzeuge / schnell
   Die Flugzeuge werden immer schneller.

2. Straßen / gefährlich
   Die Strassen werden immer gefährlicher.

3. Häuser / teuer
   Die Häuser werden immer teurer

4. Computer / gut
   Die Computer werden immer besser

5. Frühlingstage / lang
   Die Frühlingstage werden immer länger

6. Aufenthalte / kurz
   Die Aufenthalte werden immer kürzer.

Übung 2 Mit der Bahn

Ergänzen Sie die folgenden Sätze mit Wörtern aus der Anzeige.

1. Man kann immer öfter abfahren und ankommen.
2. Das Verkehrsnetz der Bahn wird immer dichter (*denser*).
3. Man kann aber unabhängiger (*more independent*) werden.
4. Man kann schneller umsteigen und dadurch (*thereby*) früher aussteigen (*get off*).

Ergänzen Sie die folgenden Sätze mit den angegebenen Wörtern.

5. Die Wagen werden immer bequemer. (*more comfortable*)
6. Die Züge werden immer sicherer. (*safer*)
7. Die Fahrmöglichkeiten werden immer grösser. (*greater*)
8. Die Bahnpassagiere werden sowohl immer jünger (*younger*) als auch immer älter. (*older*)

Name ______________________ Datum ____________ Klasse ________________

Immer öfter ab und an.

Unternehmen Zukunft
Die Deutschen Bahnen

Von Jahr zu Jahr wird das Fernverkehrsnetz der Bahn
dichter, damit Sie unabhängiger werden. Das gesamte
System von ICE, IC, EC und IR ist so aufeinander abge-
stimmt, daß Sie schneller umsteigen und dadurch früher
aussteigen können. Weitere Informationen erhalten Sie
über Btx *25800# oder bei allen Fahrkartenausgaben,
DER-Reisebüros und DB-/DR-Agenturen.

Übung 3 Wo ist es am besten in Deutschland?

Schreiben Sie Sätze mit dem Superlativ.

BEISPIEL: Im Verein ist Sport schön. → Im Verein ist Sport am schönsten.

1. Der Frankfurter Messeturm ist hoch.
   Der Frankfurter Messeturm ist am höchsten.
2. Die Ruinen in Trier sind alt.
   Die Ruinen in Trier sind am ältesten.

3. Die Architektur der Kirchen ist interessant.

   Die Architektur der Kirchen ist am interessantesten.

4. Der Bodensee ist groß.

   Der Bodensee ist am grössten

5. Die ICE-Express-Züge sind schnell.

   Die ICE-Express-Züge sind am schnellesten.

6. Der Münchner Flughafen ist modern.

   Der Münchner Flughafen ist am modernsten.

Übung 4 Vergleiche

Bilden Sie Sätze mit den Adjektiven im Positiv, im Komparativ und im Superlativ.

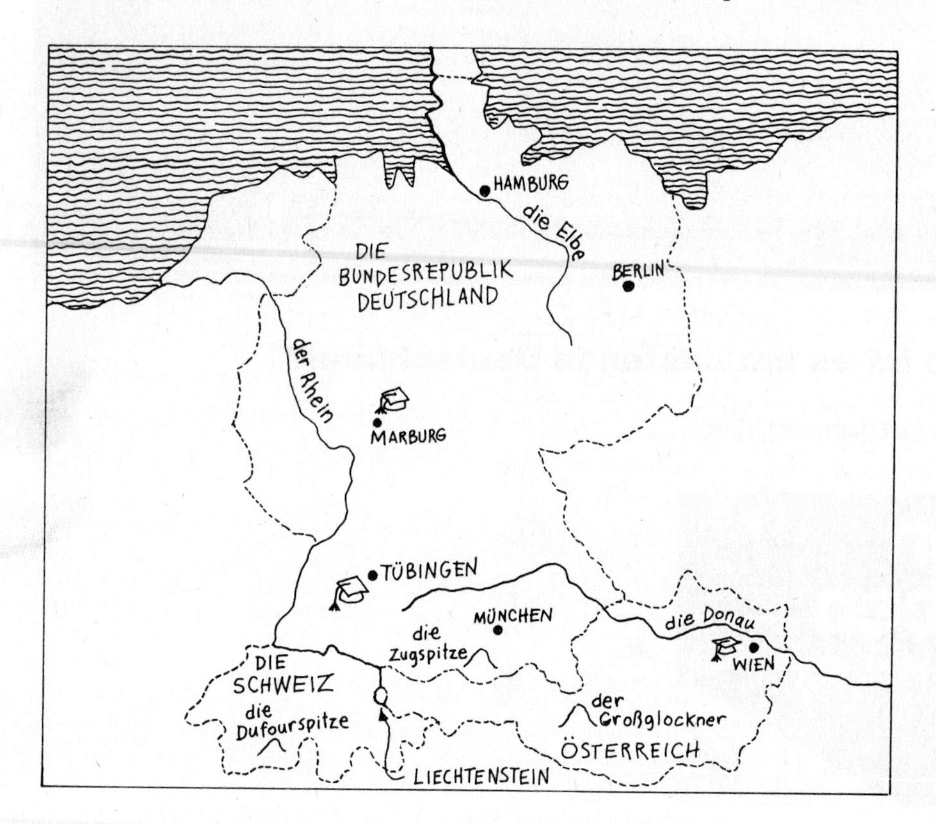

BEISPIEL: Diese Flüsse sind lang: die Elbe, der Rhein und die Donau. →
Die Elbe ist lang, aber nicht so lang wie der Rhein. Der Rhein ist länger als die Elbe, aber die Donau ist am längsten.

1. Diese Länder sind klein: Österreich, die Schweiz und Liechtenstein.

   Österreich ist klein, aber nicht so klein wie die Schweiz. Die Schweiz ist kleiner als Österreich, aber Liechtenstein ist am kleinesten.

2. Diese Berge sind hoch: die Zugspitze, der Großglockner und die Dufourspitze.

3. Diese Städte sind groß: München, Hamburg und Berlin.

4. Diese Universitäten sind alt: die Universität in Marburg, die Universität in Tübingen und die Universität in Wien.

Übung 5 Umfrage: Was lesen Sie im Urlaub?

A. Eine Rentnerin (*retiree*) und ein Bankkaufmann (*banker*) haben diese Frage beantwortet. Sie haben ihre Antworten schon auf Seite 150 gelesen. Lesen Sie noch einmal, was sie gesagt haben.

Dorothea Gawollek (Rentnerin):
Ich war letztes Jahr in Kur, da kann ich mir in diesem Jahr keinen Urlaub leisten. Ich bin zwar nicht mehr berufstätig, aber ich helfe meinen Kindern im Haushalt und habe viel im Garten zu tun. Da bleibt kaum noch Zeit für ein Buch. Wenn ich doch mal lese, dann meistens geographische oder geschichtliche Bücher über meine Heimat Schlesien. Außerdem schaue ich ab und zu ins Lokalblättchen.[1] Das borge[2] ich mir dann von der Nachbarin.

Burkhard Priebe (Bankkaufmann):
Nichts. Höchstens mal den Sportteil der BILD-Zeitung. Ich muß sehr viel aus beruflichen Gründen lesen: F.A.Z.,[3] allgemeinbildende Lektüre.[4] Da will ich mich im Urlaub ausschließlich entspannen. Und zu Hause habe ich viel zuwenig Zeit, denn ich bin ziemlich stark in zwei Vereinen[5] engagiert. Wenn ich dann trotzdem noch mal hin und wieder ein Buch dazwischenschiebe, dann nur Leichtes: einen Krimi, einen Wildwestroman oder sonst was in der Art.[6]

1. *local paper*
2. *borrow*
3. F.A.Z. = *Frankfurter Allgemeine Zeitung*
4. Lesetexte
5. Klubs
6. Genre

Was liest jede Person gern im Urlaub? Kreuzen Sie an.

	FRAU GAWOLLEK	HERR PRIEBE	ICH
etwas Romantisches			
etwas Geographisches	✓		
etwas Geschichtliches (Historisches)	✓		
etwas Leichtes			
etwas Kurzes			
etwas Spannendes		✓	
etwas Modernes			
etwas Fiktionales		✓	✓
nichts Technisches		✓	
nichts Ernstes			
Sonstiges			

B. Und Sie? Was lesen Sie (nicht) gern im Urlaub? Warum?

Narrating Events in the Past: The Simple Past Tense

Übung 6 Ein Urlaub für wenig Geld

Lesen Sie den Cartoontext. Ergänzen Sie dann die Geschichte (*story*). Schreiben Sie jedes Verb im Präteritum.

REISE-
BÜRO
„Nun ja, wenn Sie nicht mehr Geld für Ihren Urlaub ausgeben wollen – haben Sie eigentlich schon einmal eine Führung durch unsere schöne Stadt mitgemacht?"

Herr Kleist ______________________ (wollen) für seinen Urlaub sehr wenig Geld ausgeben. Er ______________________ (gehen) ins Reisebüro und ______________________ (sprechen) mit Herrn Vogt über Preise für Fahrkarten und Pensionen. Er ______________________ (finden) alles viel zu teuer.

Her Vogt ______________________ (fragen) ihn darauf: „Haben Sie schon einmal eine Tour durch unsere Stadt gemacht?"

Herr Kleist ______________________ (antworten): „Nein, das habe ich noch nicht gemacht."

Herr Vogt ______________________ (vorschlagen): „Bleiben Sie doch zu Hause und lernen Sie unsere Stadt besser kennen." Herr Kleist ______________________ (sein) damit einverstanden.

Er ______________________ (verbringen) also seinen Urlaub zu Hause. Es gibt viel in der Stadt zu tun und sich anzuschauen, und jeden Tag ______________________ (unternehmen) er etwas Interessantes. Er ______________________ (machen) drei Stadtrundfahrten, ______________________ durch die Parks ______________________ (spazierengehen), und so ______________________ er seine eigene Stadt ______________________ (kennenlernen). Sonntags ______________________ (besuchen) er Museen, und danach ______________________ er Freunde zu sich ______________________ (einladen). Nachmittags ______________________ (arbeiten) er im Garten, und abends ______________________ (sitzen) er stundenlang im Wohnzimmer und ______________________ (fernsehen). Sein Urlaub zu Hause ______________________ (sein) schöner als alle Reisen.

The Conjunction *als*

Übung 7 Was machten sie?

Machen Sie aus den zwei Sätzen einen Satz. Beginnen Sie mit der Konjunktion „als". Benutzen Sie das Imperfekt.

BEISPIEL: Erich ist im Flughafen. Er kauft einen Flugschein. →
Als Erich im Flughafen war, kaufte er einen Flugschein.

1. Michael ist im Reisebüro. Er spricht mit einem Reiseleiter.

____

____

2. Anna sieht das Angebot. Sie will sofort eine Fahrkarte kaufen.

____

____

3. Konrad fährt mit dem Taxi. Die Fahrt zum Bahnhof dauert nur zehn Minuten.

____

____

4. Corinna ist in Mainz. Sie übernachtet in einer Jugendherberge.

____

____

5. Monika kommt am Bahnhof an. Der Zug fährt ab.

______

______

6. Paul verbringt den Tag am Strand. Er bringt kein Sonnenschutzmittel mit.

______

______

______

7. Sofie liest den Fahrplan. Sie macht Reisepläne.

______

______

8. Stefan geht aus dem Hotelzimmer. Er vergißt den Schlüssel.

______

______

The Past Perfect Tense

Übung 8 Das erste Märchenfest

Lesen Sie den Artikel über das Fest am Märchenbrunnen (*fairy tale fountain*) mit Hexen (*witches*), Zauberern (*magicians*) und auch Schneewittchen (*Snow White*).

FRIEDRICHSHAIN

Hexen feierten am Märchenbrunnen

■ Das Kulturamt hatte zum 1. Märchenfest am Märchenbrunnen eingeladen. Alle waren da: Prinzessinnen, Hexen, Zauberer. Sie feierten am Sonnabend mit Musik und Spielen im Volkspark Friedrichshain. Viele Gäste waren trotz des schlechten Wetters gekommen.

Höhepunkt: Schneewittchens Hochzeit. Manfred zeigte Straßenzauberstücke, die Tanzteenys und Gruppen tanzten den Hochzeitsreigen. Michaelle Spitczack begeistert: „Das Puppentheater war gut."

Bodo Pfeiffer (35) aus Prenzlauer Berg: „Für die vielen Kinder war das Fest erlebnisreich." Antje Rettig wohnt gleich in der Nähe des Volksparkes: „So schöne Veranstaltungen müßte es öfter am Märchenbrunnen geben."

Fux

Beantworten Sie die zwei Fragen, und füllen Sie dann die Tabelle aus.

1. Was hatte das Kulturamt gemacht?

___

___

2. Was hatten die Gäste trotz des Wetters gemacht?

___

___

wer da war:	
an welchem Tag:	
wo:	
wie sie feierten:	
wie das Wetter war:	

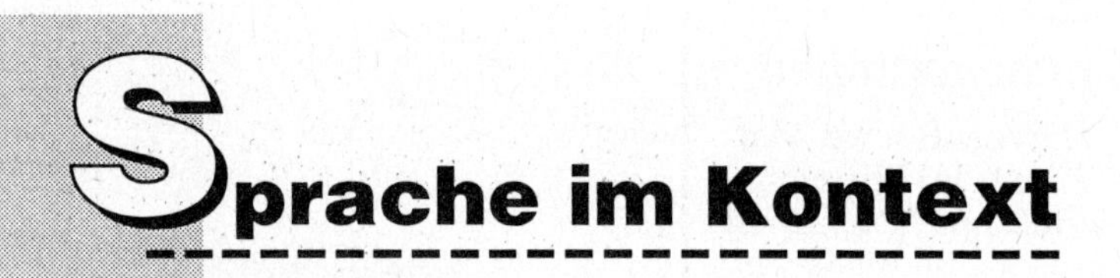

Lesen

Auf den ersten Blick 1

Schreiben Sie die folgenden zusammengesetzten (*compound*) Wörter. Diese Wörter stehen alle in der Anzeige.

1. der Fluß + das Kreuz + die Fahrt + das Schiff =

___

2. wohn + die Fläche (*area*) = ___

3. das Quadrat (*square*) + der Meter = ______________________
4. die Musik + die Anlage = ______________________
5. die Farb + das Fernsehen = ______________________
6. das Video + der Anschluß (*connection*) = ______________________
7. die Donau + das Tal (*valley*) = ______________________

Komm auf's Schiff:

Elegant. Einzigartig. Die *MS MOZART*, das größte Fluß-kreuzfahrtschiff der Welt.
4 großflächige Decks. 108 geräumige Kabinen: Mit einer Wohnfläche von 19 Quadratmetern, vollklimatisiert, Telefon, Musikanlage, Farbfernsehen mit Videoanschluß, Bad mit Dusche und WC. 80 Mann Besatzung. Fitnesscenter mit: Indoorpool, Hot Whirlpool, Sauna, Solarium und Massage-raum. First Class-Service rund um die Uhr. 5 Mahlzeiten täglich. Eine unvergeßliche Reise durch das zauberhafte Donautal. Wien - Passau - Wien - Budapest - Wien, ab 30. April wöchentlich.

Erste Donau-Dampfschiffahrts-Gesellschaft

Bei allen guten Reisebüros und bei DDSG-Donaureisen,
Handelskai 265, A-1021 Wien, Telefon: (0222) 26 65 36-0, Telefax: 26 65 36-250, Telex: 131698.

Zum Text 1

Frau Bremer machte letztes Jahr eine Schiffsreise auf der Donau. Heute liest sie die alte Anzeige noch einmal durch und erinnert (*remembers*) sich an die Reise. Schreiben Sie zu jeder Frage eine kurze Antwort.

1. Welche Adjektive beschreiben das Schiff? ______________ und ______________
2. Wie heißt das Schiff? ______________________
3. Ist das Flußkreuzfahrtschiff sehr groß oder nicht so groß? ______________
4. Wie viele Decks hat es? ______________ Wie viele Kabinen? ______________

5. Wie viele Quadratmeter (*square meters*) hat jede Kabine? ______________________
6. Ist jede Kabine vollklimatisiert (*fully air-conditioned*)? ______________________
7. Was findet man in jeder Kabine? ______________________

____

____

8. Womit ist das Fitneßcenter ausgestattet (*equipped*)? ______________________

____

____

9. Wie viele Mahlzeiten (Essen) bekommt man täglich? ______________________
10. Durch welches Flußtal (*river valley*) fährt das Schiff? ______________________
11. Welche Städte besuchen die Passagiere? ______________________

____

12. Ab wann kann man jedes Jahr mit diesem Schiff reisen? ______________________
13. Wie oft macht das Schiff diese Reise? ______________________

Schreiben

Write an advertisement for the ship and the trip on the Danube in the form of a testimonial from Mrs. Bremer, who took the tour last year.

- Use the past tense, since Mrs. Bremer will be telling about her impressions and experiences.
- Use ideas from the ad and from the questions and answers in Zum Text 1.
- Use coordinating and subordinating conjunctions whenever appropriate to combine thoughts and ideas.
- The ideas in Zum Text 1 describe the ship and the route. Make up and insert commentary wherever appropriate to make the testimonial more personal and more interesting. (**Wie war das Wetter? Wie war das Essen? Lernte Frau Bremer viele Leute kennen? Wie verbrachte sie die Zeit? usw.**)

Begin as follows:

Letztes Jahr machte ich eine Reise mit der „MS MOZART" durch das Donautal. Das Schiff war . . .

Lesen

Auf den ersten Blick 2

1. Lesen Sie den ersten Satz unter dem Wort „Österreich". Was für einen Urlaub bietet Zell am See? ______________________

2. Welche Sportarten bietet diese Region den Urlaubern? Überfliegen Sie den Titel und die ersten zwei Absätze (*paragraphs*), und machen Sie einen Kreis um jede Sportart.

prisma EXTRA ÖSTERREICH

Zell am See bietet Aktivurlaub von Golf bis zum Sommerski

Sport rund um einen der saubersten Seen

1. Sommerski auf dem Gletscher des Kitzsteinhorns ist nur eine von 30 Sportarten, die man in der „Europa-Sportregion Kaprun—Zell am See" im Salzburger Land betreiben kann. Baden im bis zu 25 Grad warmen See, einem der saubersten Europas, Angeln nach Hechten, Forellen und anderen schmackhaften Seebewohnern, Surfen, Segeln, Tauchen, Segelfliegen, Fallschirmspringen, Reiten rund um den See oder Golfen auf einem der landschaftlich schönsten Golfplätze Österreichs zwischen Kaprun und Zell am See.

2. Und natürlich Wandern. Und da kommt man an der 2000 Meter hohen Schmittenhöhe nicht vorbei. Im Winter mit 70 Kilometer präparierten Pisten ein Skiparadies, ist die „Schmitt'n", der Hausberg von Zell am See und einer der schönsten Aussichtsberge überhaupt, im Sommer ein Eldorado für Wanderfans.

3. Schon Kaiserin Elisabeth („Sissi") machte 1885 nachts eine Tour auf die Schmittenhöhe, um von dort den Sonnenaufgang und den Blick auf über 30 Dreitausender zu genießen. Heute kann man mit drei Seilbahnen und 6 Sesselliften bequemer nach oben gelangen und dann einem der markierten Wanderwege durch Alm- und Waldregionen folgen.

4. Oder man geht auf einem 12-Kilometer-Kurs rund um den See, durch das naturgeschützte Schilf- und Moosgebiet am Südende bis zur sogenannten Sonnenseite, dem Ortsteil Thumersbach. Von hier aus lohnt sich der Aufstieg zur 1800 Meter hoch gelegenen Mitterbergalm. Vor dem Gasthof läßt sich bei einer zünftigen Jause der Blick auf Zell und das Panorama des Kitzsteinhorns genießen.

5. Einer der berühmtesten Touristen von Zell am See war der Schriftsteller Stefan Zweig. Dem gebürtigen Wiener gefiel es hier so gut, daß er sich 1931 in Thumersbach am Seeufer ein Haus kaufte.

6. Nicht versäumen sollte man auch als Nichtskiläufer eine Fahrt von Kaprun auf den Gletscher des 3203 m hohen Kitzsteinhorns. Schon die Fahrt mit der Standseilbahn durch die kilometerlange Felsenröhre ist ein Erlebnis.

7. Auch für Kulturelles ist gesorgt in der „Europasportregion Kaprun—Zell am See". In Kaprun mit Konzert- und Theateraufführungen in der restaurierten Schloßruine, in Zell am See mit Brauchtumsabenden und den sommerlichen Seefesten mit Flug-, Fallschirm- und Wasserskivorführungen sowie einem riesigen Feuerwerk mit Lasershow und Musik.

Gabriele Markus

der Sessellift

die Seilbahn

die Standseilbahn

Zum Text 2

Lesen Sie den Text Absatz für Absatz, und schreiben Sie eine kurze Antwort auf jede Frage.

Absatz 1

Wie hoch ist die Temperatur des Sees? ______________________

Absatz 2

Im Winter ist diese Region ein Skiparadies. Für wen ist Zell am See ein Eldorado im Sommer?

____

Absatz 3

a. Wer machte 1885 nachts eine Tour auf die Schmittenhöhe?

____

b. Wollte sie den Sonnenaufgang (*sunrise*) oder den Sonnenuntergang (*sunset*) von oben genießen (*enjoy*)?

____

c. Wie kommt man heute nach oben? ______________________

____

Absatz 4

Wie viele Kilometer ist der Kurs um den See? ______________________

Absatz 5

a. Wie heißt ein anderer berühmter Tourist in Zell am See?

____

b. Was kaufte er 1931 in Thumersbach am Seeufer (*lakeside*)?

____

Absatz 6

a. Wie hoch ist das Kitzsteinhorn? ______________________

b. Man kann eine Fahrt mit der Standseilbahn durch eine Felsenröhre (*tunnel in the rock*) machen. Wie lang ist diese Felsenröhre?

____

Absatz 7

a. Was für Aufführungen (*performances*) gibt es in Kaprun?

____

b. Sind diese Aufführungen in einem Theater oder in der Ruine eines Schlosses (*castle*)?

____

c. In Zell am See gibt es sommerliche Seefeste mit Flug-, Fallschirm- (*parachute*) und Wasserskivorführungen. Was gibt es sonst noch? Ein riesiges (*giant*) Feuerwerk (*fireworks display*) mit ______________________________

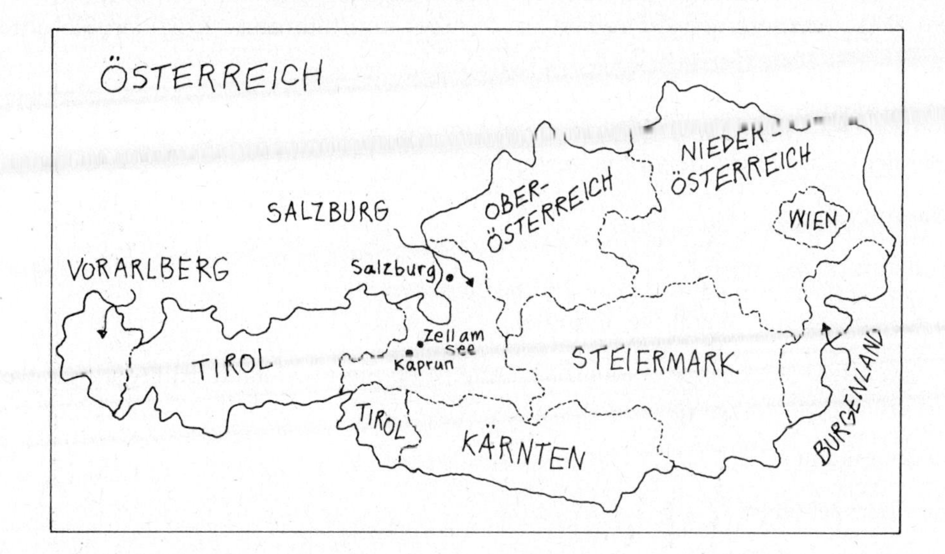

Österreich hat neun Länder.

Oberösterreich - Erlebnisreich

Für Unternehmungslustige

Ein Urlaub in Oberösterreich wird auch für Sie sicher zum Erlebnis. Wir senden Ihnen gerne kostenloses Informationsmaterial über unser reiches Urlaubsangebot!

Bitte kreuzen Sie an:

- ☐ Tennis und Golf
- ☐ Reiten
- ☐ Wassersport
- ☐ Wandern
- ☐ Angeln
- ☐ Radfahren
- ☐ Urlaub für Unternehmungslustige
- ☐ Ferienwohnungen
- ☐ Hotels und Gaststätten
- ☐ Heilbäder und Kurorte
- ☐ Kultur
- ☐ Urlaub auf dem Bauernhof
- ☐ Camping
- ☐ sonstige Informationswünsche

____

Senden Sie uns diesen Kupon oder rufen Sie uns einfach an:
Landes-Fremdenverkehrsverband Oberösterreich, Schillerstraße 50, A-4010 Linz/Donau.
Tel. (0043) 732/21 22

MMS

Ober Österreich

Journal

Sie haben sicherlich schon einmal eine Reise mit dem Flugzeug, mit dem Auto, mit dem Bus oder mit dem Zug unternommen. Schreiben Sie darüber im Präteritum. Erzählen Sie unter anderem,

wohin Sie reisten.

was Sie gemacht hatten, bevor Sie verreisten.

was Sie mitnahmen.

wer mitkam. / wer mitfuhr.

wann Sie abfuhren. / wann Sie abflogen.

ob Sie irgendwo (*somewhere*) Aufenthalt hatte. / ob Sie umsteigen mußten, und wenn ja: wo Sie umstiegen.

wann Sie ankamen.

wo Sie übernachteten.

was Sie machten, nachdem Sie im Hotel (in der Pension, in der Jugendherberge, bei Freunden, zu Hause) angekommen waren.

ob Sie ins Konzert (ins Theater, ins Kino, ins Hallenbad, ins Freibad) gingen.

ob Sie schwimmen gingen.

ob Sie wandern gingen.

ob Sie einen Einkaufsbummel machten.

ob Sie segelten, ritten, angelten oder Tennis (Golf, Volleyball, __?__) spielten.

ob Sie ein Auto oder ein Rad mieteten.

ob Sie Postkarten schrieben.

ob Sie ein Buch lasen.

ob Sie nach Hause telefonierten.

was Sie aßen und tranken.

was Sie kauften.

was Sie sahen.

ob Sie interessante Leute kennenlernten, und wenn ja: wen?

ob Sie sich amüsierten.

ob es irgendwelche Probleme gab.

?

Name ______________________ Datum ____________ Klasse ______________

Kapitel 11

Der Start in die Zukunft

Alles klar?

Wo arbeiten diese Menschen wohl? (*More than one answer may be correct in some cases, and some answers may be used more than once.*)

1. Petra Biel arbeitet wohl _____
2. Jens Schröder arbeitet wohl _____
3. Friedrich Müller arbeitet wohl _____
4. Anna Haupt arbeitet wohl _____
5. Else Mayer arbeitet wohl _____
6. Helmut Herbst, der Betriebswirt (*graduate in business management*), arbeitet wohl _____

a. in einem Krankenhaus.
b. in einem Labor.
c. in einer Schule.
d. bei einer Firma.
e. in einem Büro.
f. in einem Geschäft.
g. in einem Laden.
h. zu Hause.
i. in einer Klinik.
j. im Freien.

Unsere besten Möbel-Designer sind gar keine.
Petra Biel, Lehrerin
Jens Schröder, Kaufmann
Friedrich Müller, Verkäufer
Anna Haupt, Hausfrau
Else Mayer, Sekretärin
Helmut Herbst, Betriebswirt
PARADOR
WOHNSYSTEME

Wörter im Kontext

Thema 1

Meine Interessen, Wünsche und Erwartungen

Aktivität 1 Auf Arbeitssuche

Was sagen diese Menschen? Ergänzen Sie die Sätze mit den Wörten und Ausdrücken im Kasten.

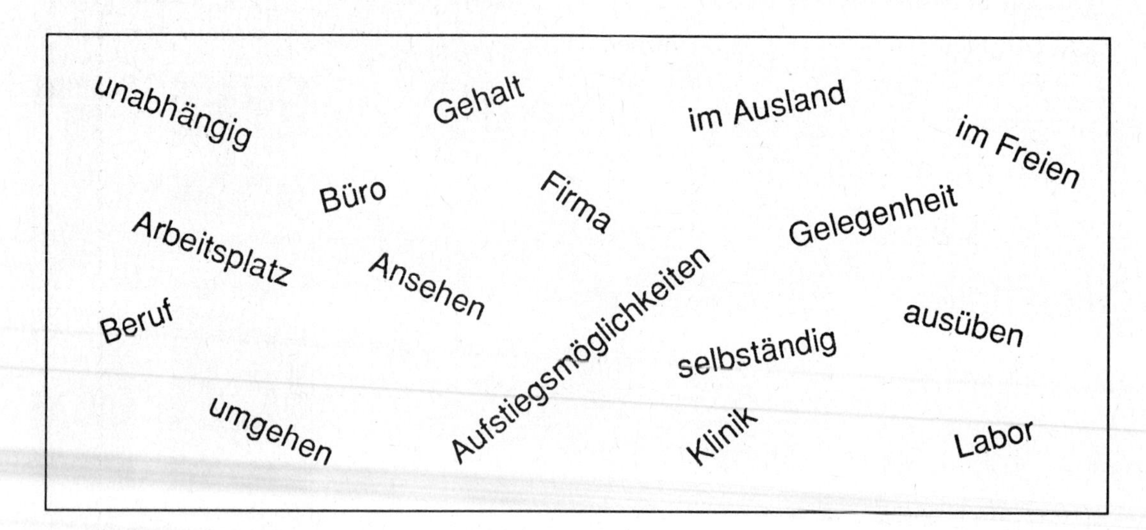

unabhängig
Gehalt
im Ausland
im Freien
Büro
Firma
Arbeitsplatz
Gelegenheit
Ansehen
Aufstiegsmöglichkeiten
Beruf
ausüben
selbständig
umgehen
Klinik
Labor

1. FRAU REINECKE: Ich will keinen Chef und keine Chefin haben. Ich will ______________ arbeiten und finanziell ______________ sein. Ich will einen ______________ im kulturellen Bereich ______________. Mit so einem Beruf sollte ich hohes ______________ in dieser Stadt verdienen.
2. HERR HARTWIG: Ich suche eine Stelle mit ______________ zu reisen. Ich will Geschäftsreisen um die Welt machen und vielleicht eines Tages auch bei einer Firma ______________ arbeiten.
3. HERR BERGER: Ich will mit Tieren ______________, aber ich will in keinem ______________ oder in keiner ______________ arbeiten. Vielleicht kann ich Tierarzt auf dem Land werden und viel Zeit ______________ verbringen.
4. HERR OPITZ: Einen sicheren ______________ mit einem guten ______________ ist mir wichtig. Ich suche aber auch eine Stelle mit guten ______________, denn eines Tages will ich ein berühmter Koch in einem erstklassigen Restaurant in Berlin sein.

Aktivität 2 Stefan hat Fragen.

Stefan spricht mit jemandem in einem Pharmakonzern. Was will er wissen? Ergänzen Sie jeden Satz mit der richtigen Form des passenden Verbs.

ausüben	sich bewerben	konstruieren
beraten	fordern	nachdenken
sich beschäftigen	forschen	verdienen
besitzen	herstellen	sich vorbereiten

STEFAN: Ich möchte wissen,

1. was für pharmazeutische Produkte man hier ______________.
2. ob die Firma dieses Jahr neue Labors ______________.
3. ob die Firma ______________ mit Umweltproblemen (*environmental issues*) ______________.
4. wie ich ______________ auf einen Beruf in diesem Bereich ______________ kann.
5. wie man ______________ um einen Ausbildungsplatz hier ______________.

6. wieviel Geld man im ersten Jahr hier ______________________.
7. wie Sie jemandem in meiner Stelle ______________________ würden.
8. ob ich eine Weile über diese Informationen ______________________ darf.

Thema 2

Berufe

Aktivität 3 Männer und Frauen

Schreiben Sie die männliche oder weibliche Form des Wortes.

1. Herr Stengel ist Finanzbeamte, Frau Keller ist ______________________.
2. Frau Maier ist Geschäftsfrau, Herr Konrad ist ______________________.
3. Diese Männer arbeiten als Architekten, diese Frauen arbeiten als ______________________.
4. Herr Nickel ist Bibliothekar, auch seine Frau ist ______________________.
5. Diese Frauen sind Krankenschwestern, diese Männer sind ______________________.
6. Ein Kaufmann und eine ______________________ treffen sich diese Woche auf einer Tagung (*conference*) in Berlin.
7. Unsere Tochter ist Künstlerin, unser Sohn ist ______________________.
8. Man sollte mindestens einmal im Jahr zum Zahnarzt oder zur ______________________ gehen.
9. Wir heiraten im Juli und suchen noch eine Fotografin oder einen ______________________ für den Hochzeitstag.
10. Die jungen Frauen wollen Ingenieurinnen werden, die jungen Männer ______________________.
11. Viele Menschen suchen einen Psychologen oder eine ______________________, wenn sie Probleme haben.
12. Das ist der Mann der Biotechnologin, und das ist die Frau des ______________________.

Name ______________________ Datum ____________ Klasse ______________

Aktivität 4 Wer macht was?

Die folgenden Fragen basieren auf den Bildern. Schreiben Sie eine kurze Antwort auf jede.

1.-5.

6.-10.

Musik-Maschine
Sparmobil
Sekretärin
Buchhalter
Ruhr-Nachrichten
Die vielgelesene Tageszeitung – erfolgreicher Werbeträger für alle, die suchen oder anbieten.

11.-14.

1. Wer abreitet jeden Tag mit Computern und weiß sehr viel darüber?

   Ein Informatiker. / Eine Informatikerin.

2. Wer kann vielleicht ein Luftschloß (*castle in the sky*) entwerfern?

   ____

3. Wer kann das Familienauto reparieren?

   ____

4. Wer sucht ein gutes Ladenlokal?

   ____

5. Wer hat ein Verkaufsleiter / eine Verkaufsleiterin (*sales manager*) als Chef/Chefin?

   ____

6. Wer malt Bilder, sowie das von einem Hexenhaus?

   ____

7. Wer repräsentiert eine Firma und verkauft Produkte wie zum Beispiel Herde und andere Küchengeräte an Einzelhändler oder Küchengeschäften?

   ____

8. Ein Lastkraftwagenfahrer (LKW-Fahrer [*truck driver*]) will vielleicht eine Reise mit der Bahn machen oder seinen Urlaub auf einer idyllischen Insel verbringen. Mit wem kann er sprechen?

   ____

9. Wer arbeitet mit Krankenschwestern und Krankenpflegern zusammen?

____

10. Vielleicht will jemand einen Transporter wie zum Beispiel einen Lastkraftwagen kaufen, hat aber nicht genug Geld dafür. Mit wem sollte er sprechen?

____

11. Viele Leute hören gern Musik, besonders im Radio. Wen können sie anrufen, wenn das Radio kaputt ist?

____

12. Wer will Autos konstruieren, die (*that*) sicher sind und Energie sparen (*save*)?

____

13. Wer spielt Rollen—zum Beispiel die Rolle eines Sekretärs oder einer Sekretärin—auf der Bühne (*stage*) oder in Filmen?

____

14. Wer beschäftigt sich jeden Tag mit Büchern?

____

Thema 3

Bewerbungen und Stellenangebote

Aktivität 5 Wortfamilien

Lesen Sie die Synonyme oder Definitionen, und schreiben Sie die passenden Substantive.

arbeiten

1. jemand, der arbeitet: *der Arbeiter / die Arbeiterin*
2. Leute, die miteinander arbeiten: _______________
3. Chef/Chefin: _______________
4. Platz der Arbeit: _______________
5. ein Dienst (ein Service) für Leute, die Arbeit suchen: _______________

sich bewerben

6. was man macht, wenn man sich bewirbt: _______________
7. ein Formular zur Bewerbung: _______________

beraten

8. jemand, der Menschen mit Berufsfragen hilft: ______________________

stellen

9. ein Job: ______________________
10. ein Angebot für einen Job: ______________________

Aktivität 6 Ein Stellenangebot

Möchten Sie Dozent / Dozentin (*lecturer*) bei der Computer Akademie werden? Lesen Sie die Anzeige, und kreuzen Sie dann an.

Die Computer Akademie sucht freiberuflich arbeitende

Dozenten/innen

*für den Lehrgang **DTP-Fachmann/ frau** mit **MS-DOS**- und **Macintosh**-Kenntnissen.*

Bewerber mit grafischer Ausbildung werden bevorzugt.

Ihre vollständigen Bewerbungsunterlagen senden Sie bitte an:
Computer Akademie
Coppistr. 1-3, 16227 Eberswalde
Tel. 03334/212604

ZEUGNIS
ZEUGNIS

COMPUTER AKADEMIE

	JA	NEIN
1. Studieren Sie Informatik?	☐	☐
2. Sind Sie Computerfachmann / Computerfachfrau (*-expert*)?	☐	☐
3. Haben Sie MS-DOS-Kentnisse?	☐	☐
4. Haben Sie Macintosh-Kenntnisse?	☐	☐
5. Haben Sie eine grafische Ausbildung?	☐	☐
6. Möchten Sie sich für diese Stelle bewerben?	☐	☐

Warum (nicht)? (Schreiben Sie mindestens drei Gründe [*reasons*].)

____
____
____
____
____
____

Future Tense

Übung 1 Wie wird das Wetter sein?

Sehen Sie sich die Bilder an, und schreiben Sie eine Antwort auf jede Frage. Benutzen Sie das Futur.

Wetterlage:

Der Wetterablauf wird heute sehr unbeständig sein. Wechselnd stark bewölkt, einzelne Schauer, mäßiger bis frischer, zeitweise starker und böiger Wind aus West bis Südwest. Die höchste Temperatur beträgt 17 Grad Celsius. Nachts teils wolkig, teils gering bewölkt, kaum noch Niederschläge, Temperatur bei 10 Grad.

Norddeutschland: Meist stark bewölkt, kurze Gewitter, Tageshöchstwert bei 18°.

Süddeutschland: Föhnig aufgelockert und trocken, im Südosten bis 21 Grad.

Westdeutschland: Stark bewölkt und einzelne Schauer, schwacher Südwestwind.

(Alle Daten: Wetteramt Berlin)

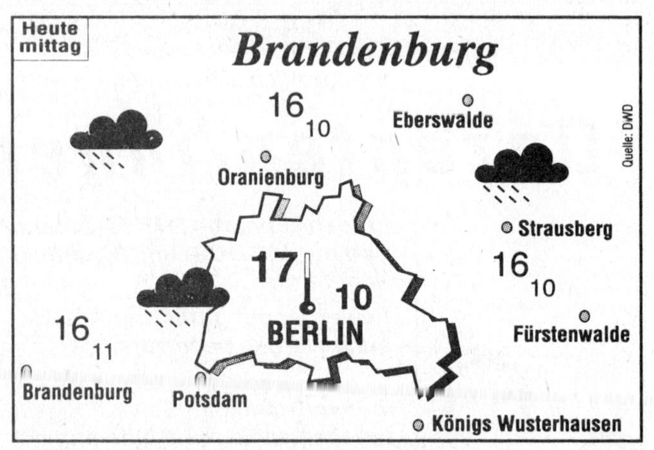

Morgen:

Wolkig bis bedeckt, gelegentlich Regen. Höchste Temperatur bei 18°. Schwacher bis mäßiger Südwestwind.

Werte in Berlin (gestern, 15 Uhr):

Der Luftdruck blieb von vorgestern zu gestern bei 1008 hPa. - Tendenz: fallend. - Relative Luftfeuchtigkeit: 81 %. - Lufttemperatur: 15° Celsius.

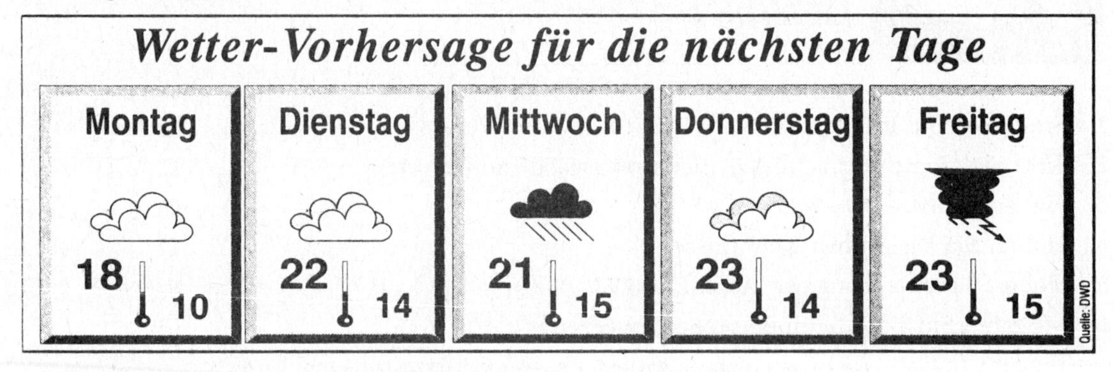

1. Wie wird das Wetter am Montag, Dienstag und Mittwoch sein?

   ____

2. Was wird am Mittwoch passieren?

   ____

3. Was für Wetter wird es am Freitag geben?

   ____

Lesen Sie jetzt die Wetterlage für Brandenburg für heute und für morgen. Schreiben Sie dann eine Wetter-Vorhersage für die nächsten fünf Tage in Ihrer Gegend (Region). Benutzen Sie das Futur.

____

____

____

____

____

____

____

Übung 2 Was werden sie in der Zukunft machen?

Schreiben Sie Sätze mit **wohl** und **werden.**

BEISPIEL: Helga: eine berühmte (*famous*) Schauspielerin sein. →
Helga wird wohl eine berühmte Schauspielerin sein.

1. du: ein hohes Gehalt verdienen

____

2. Max und Karin: im Ausland wohnen

____

3. Sie: großen Erfolg haben

____

4. ich: sich um eine Stelle bei einer Bank bewerben

____

5. wir: sich mit Politik beschäftigen

____

6. ihr: einen Beruf im künstlerischen Bereich ausüben

____

____

Describing People or Things: Relative Clauses

Übung 3 Arbeiter und Arbeitslose

Lesen Sie zuerst die Anzeige vom Arbeitsamt. Ergänzen Sie dann die folgenden Sätze mit Relativpronomen.

Das ist Franz Seitz, Inhaber einer Firma für Dämmtechnik, mit vier seiner Mitarbeiter. Einer davon war mehr als 365 Tage arbeitslos. Dessen Leistungen sind hochgeschätzt. Eine Einstellung, die sich gelohnt hat – für alle Beteiligten.

685.000 Menschen sind länger als ein Jahr arbeitslos. Sie brauchen eine Chance. Vielleicht die Chance, die Sie als Unternehmer oder Freiberufler bieten können. Rufen Sie an – bitte bald!

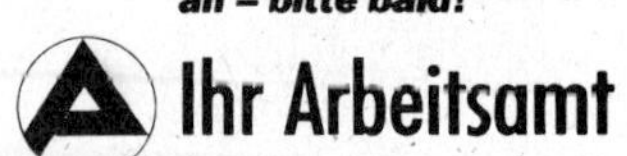

1. Wie heißt der Mann, ____________ der Inhaber (*owner*) einer Firma für Dämmtechnik (*insulation*) ist?
2. Das ist die Firma, bei ______________ die vier Angestellten arbeiten.
3. Ist Herr Seitz ein Mann, ______________ alle Angestellten respektieren?

4. Wer sind die Männer, mit ____________ er zusammen auf dem Foto steht?
5. Erkennen Sie den Mann, ____________ mehr als 365 Tage arbeitslos war?
6. Wer ist der Mann, ____________ Leistungen (Arbeit) hochgeschätzt (*highly valued*) sind?
7. Wo wohnt der Mann, von ____________ das Arbeitsamt spricht?
8. Wer ist der Arbeiter, ____________ Herr Seitz die Gelegenheit gegeben hat, sich zu bewähren (*to prove himself*)?
9. Langzeitarbeitslose sind Menschen, ____________ eine Chance brauchen, zu zeigen, was sie können.
10. Diese Menschen brauchen eine Chance, ____________ man als Unternehmer oder Freiberufler (*self-employed person*) bieten kann.
11. In welchem Land wohnen die 685.000 Menschen, ____________ länger als ein Jahr arbeitslos sind?

Übung 4 Wer sind diese Leute?

Schreiben Sie aus den zwei Sätzen einen Satz.

BEISPIEL: Karl Schönfeld ist der Bewerber. Wir erwarten ihn um zehn Uhr.→
Karl Schönfeld ist der Bewerber, den wir um zehn Uhr erwarten.

1. Der Mann im Büro heißt Heinrich Schultz. Er hat mir geholfen.

____

____

2. Ich habe den Namen der Frau vergessen. Ich habe gestern mit ihr gesprochen.

____

____

3. Das ist der Kaufmann. Das Geschäft gehört ihm.

____

____

4. Wir kennen den jungen Mann. Sie haben ihm die Stelle gegeben.

____

____

5. Das ist die Laborantin. Ihre Arbeit ist ausgezeichnet.

____

____

6. Herr Krone ist der Berater beim Arbeitsamt. Der Abiturient hatte einen Termin bei ihm.

____

____

Übung 5 Analyse

Schreiben Sie die Substantive und Relativsätze aus den Anzeigen auf. Analysieren Sie dann die Funktion des Relativpronomens.

BEISPIEL: Bier: das uns zu Freunden macht
(subject: neuter, nominative singular)

Seit 1649
Bischofshof Bier
Das Bier, das uns zu Freunden macht

Name ______________________________

1. ein Mensch / werden / so eine ... ıge

____

____

2. Qualifikationen / müssen / ein

____

____

3. Menschen (*subj.*) / werden / be

____

____

4. mit / ein Gimmick / präsentier

____

____

5. eine Zeitschrift / empfehlen / r

____

____

6. bei / eine Firma / arbeiten / H

____

____

Lesen Sie jetzt die ganze Anzeige, und
jede Frage.

7. Welche Sprache müssen die Bev
   a. Italienisch.
   b. Holländisch.
8. Welche Sprachen brauchen die
   a. Deutsch.
   b. Holländisch.
9. Was sollte man bei dieser Firma
   a. Man sollte deutschsprechend
      Automobilzeitschrift empfeh
   b. Man sollte die italienischen

*Herr Magister / Frau Magister is the title

Name ______________________________ Datum ____________ Klasse ______________

1.

„...endlich ein Kaffee, der zu mir paßt..."

Darum heißt er ja auch Unser Bester.

2.

Die einzige Zahncreme, die Sie sogar im Dunkeln erkennen.

3./4.

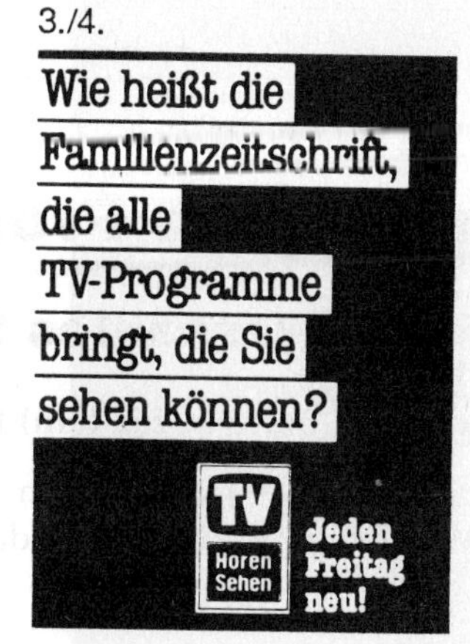

Wie heißt die
Familienzeitschrift,
die alle
TV-Programme
bringt, die Sie
sehen können?
TV
Horen Sehen
Jeden Freitag neu!

1. ______________________________

____

2. ______________________________

____

3. ______________________________

____

4. ______________________________

____

Übung 6 Ihre Lieblingspr

Schreiben Sie kurze Anzeigen für vier Pr

BEISPIEL: (*Brand name*) ist der Käs
oder (*Brand name*) ist der Käs
oder ?

der Apfelsaft — da
das Eis — di
die Hustenbonbons (*cough drops*) — di
der Käse — di
das Mineralwasser — di

1. ______________________

2. ______________________

3. ______________________

4. ______________________

The Interrogative P

Übung 7 Ein interessante

Schreiben Sie Fragen, die mit **was für (e**

BEISPIEL: eine Anzeige (*subj.*) / s
Was für eine Anzeige i

KULTUR-TIP

The **Ruhrgebiet** takes its name from the Ruhr River, a tributary of the Rhine. In the 19th century, coal mining was the industrial base of this densely populated area. Today, the Ruhr valley is a major center of heavy industry, including iron, steel, chemicals, engineering, and textiles. Large cities in this region include Essen, Dortmund, Duisburg, and Bochum.

1. Was für ein Text ist das?
   - ☐ ein Werbetext (Anzeige)
   - ☐ ein Interview
   - ☐ ein Zeitungs- oder Zeitschriftenartikel
   - ☐ ein Cartoontext
   - ☐ eine PR-Kampagne
2. Was für Inhalt (*content*) hat dieser Artikel? Kreuzen Sie an.
   - ☐ eine Zeichnung
   - ☐ ein Foto
   - ☐ Fragen und Antworten
   - ☐ Statistiken
   - ☐ eine Unterschrift
   - ☐ eine Telefonnummer
   - ☐ einen Coupon
   - ☐ eine Adresse, an die man sich für weitere Informationen wenden (*turn to*) kann
   - ☐ eine Schlagzeile

Zum Text 1

Lesen Sie jetzt das ganze Interview aus einer Dortmunder Zeitung. Lesen Sie dann die folgenden Sätze über den Bürgermeister (*mayor*). (*Correct any details that are wrong. Put a checkmark next to the clauses that are correct. The first clause is corrected for you as an example.*)

Willi Spaenhoff ist ein Mann,

1. der seinen Beruf als Bürgermeister von ~~Düsseldorf~~ Dortmund genießt.
2. der im Dezember 1925 geboren ist.
3. der erst seit sechs Jahren in Dortmund wohnt.
4. dessen Sternzeichen Skorpion ist.
5. der sich für Maschinenbau interessiert.
6. der Großvater ist.
7. der seine Sommerferien in den Bergen verbringt.

8. der im Winter in südlichen Ländern Urlaub macht.
9. der sich durch Reiten und Segeln fit hält.
10. der den Film „Menschen und Mächte" (*powers*) von Helmut Schmidt sehen möchte.
11. dessen hervorstechende (*striking*) Charakter-Eigenschaften Verläßlichkeit (*dependability*) und Freundlichkeit sind.
12. der schwere Krankheiten nicht fürchtet (*fears*).
13. dem der Fleiß (*industriousness*) und die Aufgeschlossenheit (*openness*) der Berliner gefallen.
14. dessen Stadt trotz der Erfolge der Wirtschaftsförderung (*economic assistance*) hohe Arbeitslosigkeit hat.
15. den die hohe Arbeitslosigkeit in seiner Stadt nicht stört (*bothers*).
16. der in Wickede in der Nähe des Bahnhofs wohnt.

Schreiben

Interviewen Sie einen Studenten oder eine Studentin. Folgen Sie dem Format des Interviews in dem Artikel „10 Fragen an". Verändern Sie die Fragen je nach Ihrer individuellen Situation. Schreiben Sie alle Fragen und Antworten auf. Vielleicht gibt Ihnen Ihr Gesprächspartner oder Ihre Gesprächspartnerin ein Foto (oder eine Fotokopie eines Fotos) für Ihren Bericht (*report*).

BEISPIEL: 1. Was wärst (*would be*) du gern, wenn du nicht Student wärst (*were*)?

Lesen

Auf den ersten Blick 2

Lesen Sie die Schlagzeile (*headline*) und die nächsten fünf Zeilen (*lines*). Was wissen Sie schon? Kreuzen Sie an.

KULTUR-TIP

Bafög (also frequently printed **BAFöG**) stands for **Bundesausbildungsförderungsgesetz,** which is the name of the law in Germany that provides for and regulates grants to students. Students often use the easily pronounced shortened form of the word, **Bafög,** to refer to a government grant itself.

Ich bekomme 300 Mark BAFöG. *I'll receive a grant of 300 marks.*

The student in the newspaper article does not receive such a grant: **Nur BAFöG kriegt er nicht.**

- ☐ wie viele Jahre die Person schon studiert hat
- ☐ wie lange diese Person noch studieren muß
- ☐ das Alter der Person
- ☐ den Namen der Person
- ☐ in welchem Land diese Person studiert
- ☐ was diese Person studiert
- ☐ daß diese Person gern studiert

„Ich studiere seit 11 Jahren. Es macht Spaß"

Deutschlands ewiger Student: Er ist 45 und sagt nach 11 Jahren Studium: „Ich brauche sicherlich noch 4 Jahre"

Seit 11 Jahren gehört Gerd Elstner zur Freien Universität in Berlin. Nicht als Professor, nicht als Assistent. Nein. Der bärtige Mann in Jeans ist Student im 22. Semester, Fach: Tiermedizin. Elstner ist Deutschlands ewiger Student. Seine Gründe:

- „Bis zum vierten Semester war ich fleißig. Dann bekam ich einen Job als Koch. Das hat mich zurückgeworfen."
- „Die Professoren gucken komisch. Mich stört das nicht. Ich bin nun mal nicht so schnell wie andere."
- Ich weiß, daß es ungewöhnlich, ist, wenn man in meinem Alter noch studiert. Aber ehrlich: Mir fällt regelmäßige Arbeit schwer."

Der Berliner ist ledig, lebt seit 11 Jahren im Studentenheim, zahlt 150 Mark fürs Zimmer. Mit dem Studentenausweis bekommt er Rabatt bei Bahn und Bus, in Museen und im Kino. Nur Bafög kriegt er nicht. Das wird nach 11 Semestern gestrichen. Denn länger dauert das Studium der Tiermedizin normalerweise nicht. Elstner: „Aber studieren darf man laut Gesetz so lange man will. Das kann einem keiner verbieten." Will er bis zur Rente studieren? Der Berliner schüttelt den Kopf: „Nee, in drei bis vier Jahren ist Schluß. Aber vielleicht dauert es doch etwas länger. . ." *Maike Pannier*

Zum Text 2

Lesen Sie den Text über Deutschlands ewigen (*eternal*) Studenten. Füllen Sie dann die folgende Tabelle aus.

DEUTSCHLANDS EWIGER STUDENT

Name: ______________________________

Alter: ______________________________

Familienstand (*marital status*): ______________________________

Wo er wohnt: ______________________________

Was er fürs Zimmer zahlt: ______________________________

Universität: ______________________________

Fach: ______________________________

Länge seines Studiums bis jetzt: ______________________________

Gründe für langes Studium:

1. ______________________________
2. ______________________________
3. ______________________________

Schreiben

Könnte man Sie „Amerikas (Kanadas, Mexikos, . . .) ewiger Student / ewige Studentin" nennen? Warum (nicht)?

____

____

____

____

____

____

Journal

Wählen Sie eines der folgenden Themen.

Thema 1: Das dritte Millenium. Stellen Sie das Jahr 2000 vor, und beschreiben Sie Ihr Leben.

- Wo werden Sie leben? Warum?
- In was für einem Haus oder einer Wohnung werden Sie wohnen?
- Werden Sie noch Student/Studentin sein?
- Werden Sie Erfolg haben? Was werden Sie von Beruf sein?
- Werden Sie viel Geld verdienen?
- Werden Sie vielleicht mehr Zeit für sich selbst haben?
- Was für Sportarten werden Sie treiben? Wie werden Sie sich fit halten?
- Wohin werden Sie reisen, wenn Sie Urlaub haben?
- Werden Sie ledig oder verheiratet sein?
- Werden Sie Kinder oder vielleicht schon Enkelkinder haben?

Thema 2: Das vierte Millenium. Beschreiben Sie die Welt und das Leben im Jahr 3000, so wie Sie sich alles vorstellen. Könnten wir so eine Welt noch erkennen (*recognize*)? Warum (nicht)?

Name ______________________ Datum ____________ Klasse ______________________

Kapitel 12

Haus und Haushalt

Alles klar?

1. Lesen Sie die Karte, die die Frau in der Hand hält.

Welche Fragen stehen **nicht** auf der Karte? Kreuzen Sie an.

- ☐ weshalb (warum) man sich versichern (*insure*) soll
- ☐ was versichern eigentlich heißt
- ☐ wie die Versicherungsfirma heißt
- ☐ was die Sozial- und die Individualversicherung unterscheidet (*differentiates*)
- ☐ wie viele Menschen in Deutschland keine Versicherung haben
- ☐ wer versichert sein sollte
- ☐ wie eine Versicherung funktioniert
- ☐ welche Versicherungsarten (*types of insurance*) es gibt
- ☐ warum die Frau auf der Anzeige so froh ist
- ☐ worauf man bei Vertragsabschluß (*completion of* [*a*] *contract*) achten muß?

2. Was kann man tun, wenn man Antworten auf diese Fragen haben möchte?

____

____

Thema 1

Finanzen der Studenten

Aktivität 1 Kein Geld übrig

Der Mann (im Cartoon auf Seite 233) hat einen Job mit einem guten Gehalt. Die Frau studiert noch ein Jahr und arbeitet abends. Der Mann rechnet (*calculates*) immer wieder, aber jedesmal kommt er zu diesem Resultat: Wenn er den Pool kauft, ist kein Geld für die folgenden Dinge übrig. Schreiben Sie die Liste auf deutsch.

______________________ (*food*)

______________________ (*rent*)

______________________ (*electricity*)

______________________ (*water*)

______________________ (*garbage*)

______________________ (*insurance*)

______________________ (*gas*)

______________________ (*repairs*)

______________________ (*telephone*)

______________________ (*tuition*)

______________________ (*notebooks*)

______________________ (*pencils*)

______________________ (*pens*)

______________________ (*paper*)

______________________ (*computer disks*)

Aktivität 2 Ausgaben und Einnahmen

1. Füllen Sie zum Spaß die Monatsabrechnungen für Januar auf Seite 234 aus, als ob Sie der Mann oder die Frau auf dem Bild in Aktivität 1 wären.
2. **Option:** Vergleichen Sie Ihre ausgefüllte Tabelle mit der eines anderen Studenten / einer anderen Studentin.

BEISPIEL: S1: Die Haushaltskosten für das Paar betragen 280 Mark. Ernährung ist in diesen Kosten eingeschlossen.

S2: Unter „Haushalt" habe ich nur 50 Mark geschrieben. Ernährung ist nicht in meiner Summe miteingeschlossen.

MONATSABRECHNUNGEN

AUSGABEN:

	JANUAR
Haushalt (Monatsübertrag)	
Miete	
Telefon	
Auto	
Heizung	
Strom	
Gas	
Wasser	
Versicherungen	
Beiträge[1]	
Gebühren	
Sonstiges	
Ausgaben zusammen:	

EINNAHMEN:

Nettogehalt	
Rente[2]	
Kindergeld[3]	
Sonstiges	
Einnahmen zusammen:	
Ausgaben zusammen:	
RESTSUMME:	

1. *contribution, dues*
2. *regular income from a government pension or insurance company*
3. *money given to parents by the German government for each child they have*

Aktivität 3 Wortfamilien

A. Schreiben Sie die Verben, die mit diesen Substantiven verwandt sind.

1. der Bau: ______________________
2. der Betrag: ______________________
3. die Miete: ______________________
4. die Vermietung: ______________________
5. die Ausgabe: ______________________
6. das Vergleich: ______________________
7. die Wartezeit: ______________________
8. die Leihgabe: ______________________
9. die Einrichtung: ______________________
10. die Bitte: ______________________

B. Ergänzen Sie jetzt die folgenden Fragen mit den Verben, die Sie geschrieben haben.

1. Wieviel Geld müssen Sie monatlich ______________________? Wieviel ______________________ alle Ihre Kosten?
2. Möchten Sie eines Tages Ihr eigenes Haus ______________________? Müssen Sie es dann auch ______________________?
3. ______________________ Sie sich manchmal Geld von Ihren Freunden? Wenn ja: Wie lange müssen sie dann auf Sie ______________________, bis Sie das Geld zurückzahlen?
4. ______________________ Sie eine Wohnung, oder ______________________ Sie ein Zimmer in einem Haus oder in einer Wohnung?
5. Müssen Sie Ihre Eltern oft um Geld ______________________? Wie würden Sie Ihre finanzielle Situation mit der der anderen Studenten und Studentinnen ______________________?

Thema 2

Unsere eigenen vier Wände

Aktivität 4 Ein Haus auf dem Land

Was fragt der eine Maulwurf den anderen?

ERSTER MAULWURF: Hat das Haus

1. ______________________ ? (*a basement*)
2. ______________________ ? (*stairs*)
3. ______________________ ? (*an entrance*)
4. ______________________ ? (*a front hall*)
5. ______________________ ? (*a hallway*)
6. ______________________ ? (*a garage*)
7. ______________________ ? (*balconies*)
8. ______________________ ? (*two floors*)
9. ein Dachgeschoß ______________________ ? (*an attic*)
10. ______________________ ? (*a roof*)
11. Blumenkasten ______________________ ? (*flower boxes*)

ZWEITER MAULWURF: Dieses Haus hat fast alles. Schau es dir nur an!

ERSTER MAULWURF: In welchem Raum kocht man denn?

ZWEITER MAULWURF: Man kocht in der ______________________.

ERSTER MAULWURF: Wie heißt das Zimmer, in dem man ißt?

ZWEITER MAULWURF: Das heißt das ______________________.

ERSTER MAULWURF: Und wie heißen die Zimmer, in denen man schläft?

ZWEITER MAULWURF: Sie heißen die ______________________.

ERSTER MAULWURF: Wo sieht man gewöhnlich fern?

ZWEITER MAULWURF: Im ______________________.

ERSTER MAULWURF: Und in welchem Raum badet man?

ZWEITER MAULWURF: Im ______________________.

Aktivität 5 Wie beschreibt man das neue Haus?

Beschreiben Sie das Haus auf dem Bild in Aktivität 4 so vollständig wie möglich. Wo liegt es? Wie sieht es aus? Spekulieren Sie auch: Was für Räume hat es? Wer wird dieses Haus kaufen? Warum? Wer wird hier wohnen? Was wird dieser Mensch (Was werden diese Menschen) von Beruf sein? Wird dieser Mensch (Werden diese Menschen) hier glücklich sein? Warum (nicht)?

Thema 3

Mieten und Vermieten

Aktivität 6 Eine Wohnung zu vermieten

Stellen Sie sich vor: Der Freund von „Fräulein Pöske" will seine Wohnung vermieten. Deshalb zeigt „Fräulein Pöske" sie Herrn Werner. Herr Werner stellt „Fräulein Pöske" einige Fragen. Welche Antwort paßt zu jeder Frage?

WOHNSINNIGES VON PETER BUTSCHKOW

JA WENN DAS SO IST...

1. ungeheuer . . . *immensely tasteful*
2. *notices*
3. *sensitive*
4. *junk*

HERR WERNER

1. Wann hat man dieses Mietshaus gebaut? _____
2. Wie weit ist dieses Mietshaus von der Innenstadt? _____
3. Wieviel Quadratmeter hat diese Wohnung? _____
4. Wieviel kostet die Wohnung im Monat? _____
5. Die Küche ist eingerichtet, nicht? _____
6. Und ist die Heizung in den Nebenkosten miteingeschlossen? _____
7. Erlauben Sie Haustiere? Ich habe nämlich einen kleinen Hund. _____
8. Ich brauche eine Wohnung möglichst bald. Wann kann ich einziehen? _____

FRAULEIN PÖSKE

a. Ja, Tiere sind erlaubt. Wie Sie sehen können, hat mein Freund eine Katze.
b. Ja, es gibt einen Mikrowellenherd, eine Spülmaschine, einen Kühlschrank und andere Geräte.
c. Es wurde circa 1960 gebaut.
d. Ab dem 1. September.
e. Ungefähr 15 Minuten zu Fuß.
f. Monatlich beträgt die Miete 375 DM plus 40 DM Nebenkosten.
g. Circa 40 qm.
h. Ja, natürlich.

Aktivität 7 Eine Kleinanzeige

Benutzen Sie das folgende Formular, und schreiben Sie eine Kleinanzeige für die Wohnung in Aktivität 6. Der Dialog gibt Ihnen Informationen über die Wohnung. (*Make up any further information that you would like to include. Turn to* **Thema 2** *in your* **Deutsch: Na klar!** *textbook for ideas on how to word your ad.*)

PRIVATE KLEINANZEIGEN KOSTENLOS

CHIFFRE-ANZEIGEN kosten 6,- DM Bearbeitungsgebühr, zahlbar per Scheck oder in kleinen Briefmarken. Bitte die Chiffre-Nummer deutlich angeben. Die Antworten werden zweiwöchentlich zugesandt.

GEWERBLICHE KLEINANZEIGEN kosten pro Zeile 6,- DM, zahlbar per Scheck oder in kleinen Briefmarken.

ANZEIGENAUFGABE erfolgt schriftlich.

KLEINANZEIGENCOUPON

Adresse und Telefonnummer nicht vergessen. Coupon ausschneiden und einsenden an **GIG · HAFENWEG 48 · 4400 MÜNSTER.**

Name

Vorname

Straße, Nr.

PLZ / Ort

Telefon

Unterschrift

Rubriken
- ☐ Bildung
- ☐ Flohmarkt
- ☐ Jobs
- ☐ Kontakte
- ☐ Musik
- ☐ Reisen
- ☐ Wohnen
- ☐ Vermischtes

☐ **Chiffre**

Grammatik im Kontext

Referring to Things and Ideas: *da*-Compounds

Übung 1 Gestern und heute

Schreiben Sie eine vollständige Antwort auf jede Frage. Antworten Sie mit **ja** oder **nein** und einem Adverbialpronomen (**da**-*compound*).

WAS KANN ICH DAFÜR...
...TUN?
IMMER MEHR MENSCHEN LEBEN
AM RANDE. DIE CARITAS HILFT.
HELFEN SIE MIT.
SPENDE JETZT!
caritas

1. Haben Sie sich als Kind über Geburtstagsgeschenke gefreut?

   Ja, ich habe mich darüber gefreut.

   oder Nein, ich habe mich darüber nicht gefreut.

2. Haben Sie sich als Kind auf die Sommerferien gefreut?

   ____

3. Mußten Sie als Kind immer lange auf die Sommerferien warten?

____

4. Interessieren Sie sich für den sozialen Dienst (*community service*)?

____

5. Interessieren Sie sich für die politische Lage (*situation*) anderer Länder?

____

6. Haben Sie Angst vor Krankheiten?

____

7. Denken Sie oft über Probleme wie Armut (*poverty*) und Hunger nach?

____

8. Ärgern Sie sich manchmal über die Politik?

____

9. Glauben Sie, daß die Regierung (*government*) mit der Sozialhilfe aufhören sollte?

____

10. Haben Sie je (*ever*) etwas für wohltätige Zwecke (wohltätige . . . *charitable purposes*) gespendet (*donated*)?

____

Asking About Things and Ideas: *wo*-Compounds

Übung 2 Wie sagt man das auf deutsch?

Schreiben Sie die folgenden Fragen auf deutsch. Benutzen Sie die **du**-Form.

1. *What are you afraid of?*

____

2. *What are you thinking about?*

____

3. *What are you waiting for?*

____

4. *What are you looking forward to?*

____

5. *What are you busy with?*

____

6. *What are you happy about?*

7. *What are you asking for?*

8. *What are you annoyed about?*

Subjunctive

Übung 3 Höfliche Ausdrücke im Café

Schreiben Sie einen Dialog. Benutzen Sie die Konjunktivform des Verbs sowie (*as well as*) die richtigen Formen der anderen Wörter in jedem Satz.

A: was / haben / Sie / gern?

Was hätten Sie gern?

B: ich / haben / gern / eine Tasse Tee.

C: ich / mögen / gern / eine Tasse Kaffee.

A: dürfen / ich / Sie / auch / ein Stück Kuchen / bringen?

C: werden / Sie / ich / bitte / den Marmorkuchen / beschreiben?

A: ich / können / Sie / ein Stück Marmorkuchen / zeigen.

C: das / sein / sehr / nett.

Übung 4 Fragen Sie höflich.

Schreiben Sie jeden Imperativsatz neu als eine höfliche Frage mit **würde.**

BEISPIEL: Öffne mir die Tür. →
Würdest du mir bitte die Tür öffnen?

1. Hilf mir.

2. Ruf mich morgen an.

   ____

3. Kommt am Samstagmorgen vorbei.

   ____

4. Bringt eure Fotos mit.

   ____

5. Beschreiben Sie mir die Wohnung.

   ____

6. Hören Sie damit auf.

   ____

Übung 5 Was sagen Sie zu Ihren Freunden/Freundinnen?

Schreiben Sie noch je zwei Sätze.

BEISPIEL: Du trinkst zuviel. →
Du solltest nicht soviel trinken.
Ich würde nicht soviel trinken.

1. Du fährst zu schnell.

   ____

   ____

2. Du gibst zuviel Geld aus.

   ____

   ____

3. Ihr verbringt zuviel Zeit am Strand.

   ____

   ____

4. Ihr geht auf zu viele Partys.

   ____

   ____

Übung 6 Zeit und Geld: Tatsachen und Wünsche

Hier sind die Tatsachen! Machen Sie einen Wunsch für jede Tatsache.

WAS IST
ZEIT
OHNE GELD
Private Vorsorge
beginnt bei der Sparkasse

BEISPIEL: Wir haben zu wenig Zeit für uns. →
Wenn wir nur mehr Zeit für uns hätten!

1. Die Ferien sind zu kurz.

   ____

2. Wir müssen Tag und Nacht arbeiten.

   ____

3. Ich habe zu wenig Geld.

   ____

4. Die Mieten in dieser Stadt sind zu hoch.

   ____

5. Häuser kosten zuviel Geld.

   ____

6. Ich kann mir kein neues Auto kaufen.

   ____

Übung 7 Was wäre Ihnen lieber?

Möchte der Mann im Bild lieber einen Kuß von einem Bären bekommen, oder hätte er lieber einen Kuß von jemand anderem? Was hätten Sie lieber? Bilden Sie Sätze mit den folgenden Ausdrücken:

Ich möchte lieber . . .
Ich hätte lieber . . .
. . . wäre mir lieber.

Choose one of the three phrases per answer, but use each phrase at least once.

Schlagersänger Rainhard Fendrich

SPRACH-TIP

The frog in the upper left corner of the photo says:

Lieber Lügen als kurze Beine. *Better lies than short legs.*

This is a play on words with a German proverb.

Lügen haben kurze Beine. *Lying will not get you anywhere.* (*literally: Lies have short legs.*)

BEISPIELE: Möchten Sie lieber einen Kuß von einem Bären oder von einem berühmten Star? →
Ich möchte lieber einen Kuß von _____.
oder Ich hätte lieber einen Kuß von _____.
oder Ein Kuß von _____ wäre mir lieber.

1. Möchten Sie lieber mehr Zeit zum Arbeiten oder mehr Freizeit haben?

____

____

2. Möchten Sie lieber mehr Geld oder mehr Zeit haben?

____

____

3. Möchten Sie lieber zwei Karten für ein Rockkonzert oder für eine Oper haben?

____

____

4. Möchten Sie lieber ein Haus am Strand (*beach*) oder im Wald haben?

____

____

5. Möchten Sie lieber einen neuen Sportwagen oder ein neues Segelboot haben?

____

____

6. Möchten Sie lieber eine Reise nach Afrika oder nach Australien machen?

____

____

Übung 8 Eine Einladung

1. Lesen Sie die folgende Einladung, und unterstreichen Sie jedes Verb. Machen Sie dann einen Kreis um jede Konjunktivform.

Liebe Susan!

Am Freitagabend fahre ich zum Wochenende nach Bridgeport zu meinen Eltern. Ich würde mich sehr freuen, wenn Du mitkommen könntest. Ich habe meinen Eltern schon viel von Dir erzählt, und sie möchten Dich endlich kennenlernen.

Ich könnte am Freitag gleich nach Deiner letzten Vorlesung bei Dir vorbeikommen. Die Fahrt dauert ungefähr drei Stunden mit dem Wagen. Wir könnten unterwegs in einem Restaurant essen und wären dann gegen acht Uhr bei mir zu Hause.

Wir hätten bestimmt viel Spaß zusammen. Könntest Du mich Donnerstagabend anrufen und mir Deine Antwort geben? Bis dann

Deine Kristin

2. Schreiben Sie jetzt eine Einladung an einen Studenten oder eine Studentin. Wählen Sie eine der folgenden Möglichkeiten.

   ins Restaurant (Kino, Theater, Museum, __?__) gehen
   eine Stadtrundfahrt (*tour of the city*) machen
   zum Abendessen einladen und einen Video sehen
   ins Café gehen
   einen Einkaufsbummel machen
   einen Spaziergang (*walk*) im Park machen
   ein Picknick machen
   ?

Units of Measurement: Fractions and Percentages

Übung 9 Im Studentencafé

Eine Gruppe von Studenten trifft sich in einem Café. Ergänzen Sie die Sätze.

A: Ich möchte ______________________ (*a quarter**) Rotwein, bitte.

B: Und ich möchte nur ______________________ (*an eighth**) Weißwein.

C: Ich brauche nichts. Ich habe noch ______________________ (*a half*) Flasche Apfelsaft übrig.

D: ______________________ (*a third*) unserer Gruppe ist noch nicht angekommen.

E: Ja, aber mindestens ______________________ (*twenty percent*) der Studenten und Studentinnen wohnen außerhalb der Stadt.

C: Und es ist nur ______________________ ([*a*] *quarter*) nach neun.

D: Du, ich mußte gestern abend das Kino um halb zehn verlassen. Was ist ______________________ (*in the second half*) des Filmes passiert?

C: Nun, . . .

---

*A "fourth" and an "eighth" refer to the unstated unit of measurement, the liter.

Sprache im Kontext

Claudia-Susann Berg (33 Jahre)

„DURCH KLEINE GESTEN SCHAFFT MAN SICH NEUE FREUNDE“

Das Mietshaus, in dem Claudia-Susann Berg wohnt, hat viele Nachteile:[1] Es liegt direkt an einer Hauptverkehrsstraße,[2] die dröhnenden Geräusche aus der unter dem Haus liegenden U-Bahn-Station dringen in jedes Stockwerk, – alle fünf Minuten spürt[3] man ein leichtes Vibrieren des Fußbodens. Gründe genug, aus dem – auch noch äußerlich unattraktiven – Haus möglichst schnell wieder auszuziehen. Wenn da nicht die netten Nachbarn wären! Sie allein hielten die 33jährige alleinerziehende Mutter (ihre Tochter Valerie ist zwei Jahre alt) immer wieder davon ab, sich eine andere Wohnung – in einer kindgerechteren[4] Umgebung – zu suchen. „Auf meine Nachbarin kann ich mich hundertprozentig verlassen!“[5] betont Claudia-Susann Berg. „Vor der Geburt meiner Tochter bot sie mir an, während des Krankenhausaufenthaltes meine beiden Katzen zu versorgen.[6] Ich habe mich riesig über ihre Hilfsbereitschaft gefreut und sie auch dankend angenommen.“ Inzwischen – nach vier Jahren guter Nachbarschaft – haben beide Frauen einen freundschaftlichen Kontakt zueinander. Da wird selbstgemachte Marmelade verschenkt, und Claudia-Susann Berg pendelt oder legt Karten[7] für die Nachbarin. Valerie ist das einzige Kind im Haus – und die anderen Mieter mögen sie gern. „Es ist heute so selten, daß sich Mieter über Kinder des Nachbarn freuen“, weiß Claudia-Susann Berg die Reaktionen ihrer Nachbarn zu schätzen.

1. *disadvantages*
2. *major traffic street*
3. *feels*
4. *more suitable to children*
5. *depend on*
6. *care for*
7. pendelt . . . *tells fortunes with cards*

Lesen

Auf den ersten Blick 1

Lesen Sie die Schlagzeile, und denken Sie über die folgenden Fragen nach.

- Kann man sich wirklich mit kleinen Gesten (*gestures*) neue Freunde schaffen (*make*)? Haben Sie je (*ever*) etwas Nettes für jemanden getan, mit dem Sie sich dann befreundet haben?
- Kennen Sie Ihre Nachbarn und Nachbarinnen? Grüßen Sie sie, wenn Sie sie sehen?
- Sind Ihre Nachbarn/Nachbarinnen auch Ihre Freunde/Freundinnen? Warum (nicht)?

Lesen Sie jetzt den Artikel mindestens zweimal durch.

SPRACH-TIP

At the beginning of this reading you encountered an example of an extended modifier.

> . . . die dröhnenden Geräusche aus ***der*** **unter dem Haus liegenden U-Bahn** ***Station*** dringen in jedes Stockwerk.

In shorter, simpler sentences the information could be expressed as follows:

Die U-Bahn Station liegt unter dem Haus.	*The subway station is located under the apartment building.*
Die dröhnenden Geräusche aus der U-Bahn Station dringen in jedes Stockwerk.	*The rumbling noises from the subway station penetrate every floor.*

Zum Text 1

Markieren Sie jede richtige Antwort. (Jede Frage kann mehr als eine richtige Antwort haben.) Suchen Sie auch den Satzteil im Text, der (*which*) die Frage beantwortet, und unterstreichen Sie ihn. Schreiben Sie die Nummer der Frage über das erste Wort des Satzteils.

1. Wo wohnt Claudia-Susann Berg?
   a. Sie wohnt in einem Reihenhaus.
   b. Sie wohnt in einer Eigentumswohnung.
   c. Sie wohnt in einem Mietshaus.
2. Was für Nachteile hat das Haus?
   a. Es liegt direkt an einer Hauptverkehrsstraße.
   b. Eine U-Bahn-Station liegt unter dem Haus.
   c. Das Haus ist unattraktiv.
3. Warum zieht Claudia-Susann Berg trotz der vielen Nachteile nicht aus?
   a. Sie kann sich keine andere Wohnung leisten.
   b. Die Nachbarn im Mietshaus sind wirklich nett.
   c. Es ist sehr schwer, eine kindergerechtere Wohnung zu finden.

4. Auf wen kann Claudia-Susann Berg sich hundertprozentig verlassen?
   a. Sie kann sich hundertprozentig auf ihre Familie verlassen.
   b. Sie kann sich hundertprozentig auf ihren Freund verlassen.
   c. Sie kann sich hundertprozentig auf ihre Nachbarin verlassen.
5. Wann hat die Nachbarin angeboten, Claudia-Susann Bergs zwei Katzen zu versorgen?
   a. Sie hat es vor der Geburt von Bergs Tochter angeboten.
   b. Sie hat es während Bergs Krankenhausaufenthalt angeboten.
   c. Sie hat es nach der Geburt des Kindes angeboten.
6. Wie lange kennen sich die Nachbarinnen?
   a. Sie sind seit vier Jahren Nachbarinnen.
   b. Sie kennen sich seit ihrer Kindheit.
   c. Sie kennen sich seit zehn Jahren.
7. Was schenken sich die Nachbarinnen?
   a. Sie schenken sich selbstgemachte Marmelade.
   b. Sie schenken sich Karten.
   c. Sie schenken sich Rosen aus dem Garten.
8. Wer ist Valerie?
   a. Das ist Claudia-Susann Bergs Tochter.
   b. Sie ist das einzige Kind im Mietshaus.
   c. Sie ist ein Kind, das alle anderen Leute im Mietshaus gern mögen.

Schreiben

Im vorhergehenden (*preceding*) Lesetext sagt Frau Berg: „Durch kleine Gesten schafft man sich neue Freunde." Was könnten Sie tun, um ein besserer Nachbar oder eine bessere Nachbarin zu sein? Nennen Sie mindestens vier Dinge.

BEISPIEL: Ich könnte ab neun Uhr abends mein Radio nicht so laut spielen.

1. ______________________________

   ____

2. ______________________________

   ____

3. ______________________________

   ____

4. ______________________________

   ____

Name ______________________ Datum __________ Klasse ______________

Lesen

Auf den ersten Blick 2

Schauen Sie sich das Foto an, und lesen Sie nur die Bildunterschrift und die Schlagzeilen. Was wissen Sie schon?

Bild: Sokol

150 KURIER-Kinderhäuser in der Lugner-City

Lugner-City: 150 Bastelhäuser vom KURIER-Muttertags-Wettbewerb

So würden Kinder gerne wohnen

„Schenk deiner Mutter ein Haus", forderte der KURIER die jungen Leser zum großen Muttertagswettbewerb heraus, „malt, bastelt, strickt und klebt ein Haus."

Ergebnis unseres Aufrufs: rund 4000 Super-Häuser trafen bei uns in der Redaktion ein. Sehr viel Phantasie, viele lustige Einfälle und interessante „Wohnideen" und jede Menge Geduld steckten in den Entwürfen.

Eine Prominentenjury wählte nach sehr viel Kopfzerbrechen, sorgfältiger Überlegung und langen Diskussionen schließlich die Preisträger aus.

Am kommenden Sonntag ist im KURIER nachzulesen, wer den ersten Preis, ein Haus im Wert von 1,6 Millionen Schilling, oder Möbel für 120.000 Schilling, goldene Uhren, Donaufahrten, Bücher oder Bonbonnieren gewonnen hat.

Rund 150 besonders originelle, mit sehr viel Liebe gebastelte Häuser kann man derzeit in der Lugner-City bestaunen. Am kommenden „langen Einkaufs-Samstag" ist die Ausstellung bis 17 Uhr geöffnet.

1. Das Wettbewerb (*competition*) war
   a. zu Weihnachten. b. zum Valentinstag. c. zum Muttertag.
2. Die Teilnehmer (*participants*) des Wettbewerbs waren
   a. Kinder und ihre Mutter. b. alle Kinder. c. Angestellte der Wiener Zeitung „Kurier".
3. In der Lugner-City konnte man sich
   a. 150 Kinderhäuser anschauen. b. 4000 Bastelhäuser anschauen. c. 150 Fotos von Bastelhäusern anschauen.

KULTUR-TIP

In 1990 a Viennese architect built the shopping center called Lugner City in one of Vienna's outer districts.

Zum Text 2

Lesen Sie den Text, und füllen Sie die Tabelle aus.

• wie „Kurier" die Kinder herausforderte (*challenged*):
• wie viele Häuser in der Redaktion (*editorial office*) ankamen:
• wer die Preisträger (*winners*) wählte:
• was der erste Preis war:
• wann man die Ausstellung (*exhibit*) von rund 150 Kinderhäusern sehen konnte:

Journal

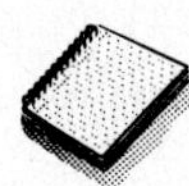

Thema 1: Ihr Traumhaus (*dream house*). Beschreiben Sie Ihr Traumhaus und auch die Umgebung (*surroundings*), in der es sein soll. Zeichnen Sie, wenn Sie Lust dazu haben, auch den Grundriß Ihres Hauses. Bevor Sie damit anfangen, lesen Sie die folgenden Fragen, und machen Sie sich Notizen. (*In the space next to the questions, jot down nouns, adjectives, verbs, or any ideas that come to mind. You can then refer to these notes as you write in your journal.*)

- Wo möchten Sie eines Tages leben?
  - ☐ im Zentrum einer Großstadt?
  - ☐ in der Vorstadt einer großen Metropole?
  - ☐ in einer Kleinstadt?
  - ☐ in einem europäischen Kurort?
  - ☐ auf dem Land?
  - ☐ in den Bergen?
  - ☐ im Wald?
  - ☐ am Strand (*beach*)?
  - ☐ an einem See?
  - ☐ an einem Fluß?
  - ☐ in der Wüste (*desert*)?
  - ☐ im Dschungel?
  - ☐ auf einer Insel im Südpazifik? in der Nordsee? in der Karibik? im Mittelmeer (*Mediterranean*)?
  - ☐ ?
- Warum möchten Sie dort leben? Was könnten Sie dort tun?
- Was für ein Zuhause möchten Sie haben?
  - ☐ eine Villa?
  - ☐ ein großes Schloß?
  - ☐ eine renovierte Burg?
  - ☐ ein Einfamilienhaus?
  - ☐ eine Eigentumswohnung?
  - ☐ eine Wohnung in einem Hochhaus?
  - ☐ ein Penthaus?
  - ☐ eine Dachwohnung?
  - ☐ eine Dreizimmerwohnung in einem Mietshaus?
  - ☐ ein Bauernhaus (*farmhouse*)?
  - ☐ ein Hausboot?
  - ☐ eine Kabine auf einem Schiff?
  - ☐ eine Jacht?
  - ☐ ein Zelt?

- Was müßte Ihr Zuhause haben? Warum?
  - ☐ einen Lift?
  - ☐ einen Balkon?
  - ☐ eine Terrasse?
  - ☐ einen großen majestätischen Eingang?
  - ☐ einen Abstellraum (*storage room*)?
  - ☐ ein Hallenbad (*indoor swimming pool*)?

Thema 2: Was würden Sie alles machen, wenn . . . ? Stellen Sie sich vor: Sie haben ganz unerwartet eine kleine Insel im Südpazifik und auch eine Menge Geld geerbt (*inherited*). Was würden Sie damit tun? Wie würden Sie leben? Wie würde Ihr Leben sich verändern (*change*)?

Name ______________________ Datum __________ Klasse ______________

Kapitel 13

Die öffentliche Meinung

Alles klar?

UMWELTINFORMATION

Eine Verpackung aus

STYROPOR® SCHÜTZT UND...

...IST 100% RECYCLINGFÄHIG, ABSOLUT FCKW[1]-FREI

GRUNDWASSERNEUTRAL

Die Hersteller von Verpackungen aus Styropor® (EPS) in Deutschland und Österreich haben sich verpflichtet, jede Sammelstelle, die eingerichtet wird, zum Recycling zu entsorgen. Viele Händler und Kommunen machen bereits mit. Zu Gunsten unserer Umwelt. Helfen auch Sie mit, Müllberge abzubauen.

Mehr darüber erfahren Sie beim IZK, Informationszentrum, Kunststoffverpackungen GmbH, Fellnerstraße 5, 6000 Frankfurt/Main 1, Telefon: 0 69/59 04 41.

R = reg. WZ der BASF Aktiengesellschaft für EPS. Alle Aussagen gelten auch für EPS anderer Hersteller: BP Chemicals GmbH, Shell Chemie GmbH, Hüls AG, Montedison Deutschland GmbH, Atochem Deutschland GmbH und Sunpor Kunststoff GmbH.

1. FCKW (Fluorchlorkohlenwasserstoff) = CFC (*chlorofluorocarbon*)

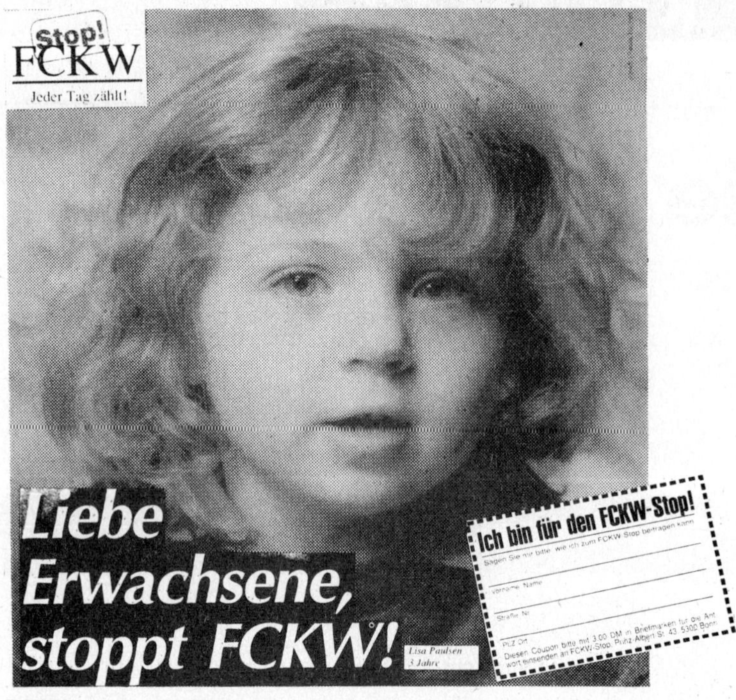

Stop!
FCKW
Jeder Tag zählt!
Liebe Erwachsene, stoppt FCKW!
Lisa Paulsen
3 Jahre
Ich bin für den FCKW-Stop!

FCKW zerstört die Erdatmosphäre, das ist bekannt. Aber noch immer werden weltweit pro Jahr mehr als 1.000.000 Tonnen hergestellt. Davon über 112.000 Tonnen FCKW in der Bundesrepublik Deutschland. Nicht nur für Spraydosen.
Viele meinen FCKW sei schon verboten. Das stimmt nicht. Bonn *plant*, die Herstellung und Verwendung in den nächsten Jahren stufenweise einzuschränken. Im Ausland passiert noch weniger. Das reicht nicht aus.
Schicken Sie uns den Coupon aus dieser Anzeige. Wir sagen Ihnen dann, wie sie Zum FCKW-Stop beitragen können. Als Verbraucher, in Industrie, Handel und Dienstleistung, in der Politik und in den Kommunen.
Egal, wie jung Sie sich fühlen.
FCKW-Stop ist ein Zusammenschluß der Initiative DEmokratie Entwickeln e.V., Ärzte und Pharmazeuten gegen FCKW e.V. und der Aktion Ozonloch e.V.
Die Initiative wird unterstützt von Senta Berger-Verhoeven, Wolf Biermann, Alfred Biolek, René Böll, Ina Deter, Klaus Doldinger, Jürgen Flimm, Jürgen Fuchs, Herbert Grönemeyer, Peter Härtling, Hans-Dieter Hüsch, Udo Jürgens, Freya Klier, Alexander Kluge, Stephan Krawczyk, Udo Lindenberg, Peter Maffay, Marius Müller-Westernhagen, Reinhard Mey, Wolfgang Niedecken, Witta Pohl, Hanna Schygulla, Johannes Mario Simmel, Karlheinz Stockhausen, Dorothee Sölle, Michael Verhoeven, Bund für Umwelt und Naturschutz Deutschland e.V. (BUND), Robin Wood und Einzelpersonen und Unternehmen der Kommunikationsbranche.

A. Lesen Sie die zwei Anzeigen.

B. Markieren Sie jetzt, welche Sätze stimmen.

1. ☐ In Deutschland und Österreich kann man Styropor® zu Sammelstellen bringen.
2. ☐ Styropor® hat kein FCKW.
3. ☐ Styropor® soll schlecht für das Grundwasser sein.
4. ☐ FCKW ist gefährlich für die Erdatmosphäre.
5. ☐ Man stellt FCKW nur für Spraydosen her.
6. ☐ FCKW ist seit vielen Jahren überall in der Welt verboten.
7. ☐ Im Ausland macht man vielmehr gegen FCKW als in Deutschland.

C. Zum Nachdenken: Die zwei Anzeigen erschienen 1990 in Deutschland. Was wissen Sie heute über FCKW? Ist die Herstellung und Verwendung von FCKW in Ihrem Land verboten? Ist FCKW schon weltweit verboten? Glauben Sie, daß Anzeigen wie diese effektiv sind? Warum (nicht)?

Wörter im Kontext

Thema 1

Weltweite Probleme

Aktivität 1 Was könnte man fragen?

Streichen Sie den Infintiv aus (streichen . . . aus *cross out*), der die Frage **nicht** logisch ergänzt.

1. Sollte man Alkohol
   a. verbieten? b. vermeiden? c. fördern? d. erziehen?
2. Sollte man die Umweltverschmutzung
   a. vermindern? b. bedauern? c. kompostieren? d. verbannen?
3. Sollte man mehr Fußgängerzonen
   a. teilnehmen? b. schaffen? c. entwickeln? d. fördern?
4. Sollte man überall Recycling
   a. einführen? b. glauben? c. unterstützen? d. fördern?

Streichen Sie jetzt das Substantiv aus, das den Satz **nicht** logisch ergänzt.

5. Man demonstriert gegen
   a. Arbeitslosigkeit. b. Korruption. c. Ernährung. d. Rassismus.
6. Man nimmt an . . . teil.
   a. Recyclingprogrammen b. Gefängnisse c. Demonstrationen d. dem politischen Leben
7. Man hält . . . für ein großes Problem.
   a. Armut b. Drogensucht c. Alkoholismus d. Stockwerke
8. Man diskutiert heute über Probleme wie
   a. Rechtsextremismus. b. Ausländerfeindlichkeit. c. Bürger. d. Gewalttätigkeiten.

Aktivität 2 Eine Demonstration

1. Lesen Sie den folgenden Zeitungsartikel, und füllen Sie dann die Tabelle stichwortartig (*with key words*) aus.

Mit Masken gegen Tierversuche[1] protestiert

■ Frankfurt/Main – Mit Transparenten und phantasievollen Masken haben am Sonnabend mehr als 600 Demonstranten aus Deutschland, Österreich und der Schweiz im Frankfurter Bahnhofsviertel gegen Tierversuche protestiert. Sie forderten das gesetzliche Totalverbot aller Versuche an Tieren. Diese zwei Tierfreunde aus der Schweiz (Foto) „solidarisierten" sich auf besonders ausdrucksstarke Weise mit der gequälten Kreatur.

Foto: dpa

1. Experimente mit Tieren in Labors

wer:	
wie:	
wann:	
wo:	
wogegen:	
was man forderte:	

2. Und Sie? Welcher Meinung sind Sie in bezug auf (in . . . *with regard to*) Tierversuche?

   ☐ Ich bin 100-prozentig dafür.
   ☐ Ich bin dafür.
   ☐ Es ist mir egal.
   ☐ Ich bin dagegen.
   ☐ Ich bin total dagegen.

Thema 2

Umwelt

Aktivität 3 Unweltfreundlich oder umweltfeindlich?

Schreiben Sie die Substantive, die definiert sind, und markieren Sie dann Ihre Meinungen: Das Pluszeichen (+) heißt *gut für die Umwelt;* das Minuszeichen (–) heißt *schlecht für die Umwelt;* das Fragezeichen (?) bedeutet, *man weiß nicht: etwas könnte umweltfreundlich oder umweltfeindlich sein.*

1. Diese Flasche wirft man weg.

   ______________________ + – ?

2. An diese Stelle bringt man leere Flaschen und Dosen.

   ______________________ + – ?

3. Diese Zone ist nur für Fußgänger; alle Motorfahrzeuge (*motor vehicles*) sind hier verboten.

   ______________________ + – ?

4. Dieses Gerät verwendet man im Haushalt.

   ______________________ + – ?

5. Diese Tüte ist aus Plastik.

   ______________________ + – ?

6. Diese Verschmutzung findet man in der Umwelt.

   ______________________ + – ?

Aktivität 4 Ein Leserbrief

Lesen Sie den Leserbrief und die Antwort darauf, und schreiben Sie dann mit eigenen Worten eine vollständige Antwort auf jede Frage.

Liebe BLITZ-Redaktion!
Ich lese sehr gern den BLITZ, würde ihn mir aber in einer umweltfreundlicheren "Verpackung" sprich recycletem Papier wünschen. Ich glaube, die Leser würden das akzeptieren.
V. Wiegleb, Liebertwolkwitz

Leider haben wir noch keine akzeptable Alternative gefunden, aber wir geben die Hoffnung noch nicht auf.

Der Leser schreibt, . . .

1. Was liest der Leser gern?

   ____

2. Was für Verpackung wünscht sich der Leser?

   ____

   ____

3. Was glaubt der Leser?

   ____

   ____

und die Redaktion (*editorial staff*) antwortet auf seinen Brief.

4. Was hat die Redaktion noch nicht gefunden?

   ____

   ____

5. Was hofft (*hopes*) die Redaktion noch?

   ____

   ____

Aktivität 5 Ihr eigener Button

A. Lesen Sie die folgenden Slogans.

B. Welches Problem stört (*bothers*) Sie besonders? Umweltverschmutzung? Waldsterben? das Energieproblem? Welthunger? das Müllproblem? Lärm? Gift (*toxins*) im Essen? Krieg? Was kann man darüber sagen oder dagegen machen? Was würden Sie anderen Leuten sagen? Entwerfen Sie einen Button mit Ihrem eigenen Slogan. Die folgenden Wörter geben Ihnen Hinweise.

der Abfall
(das) Gift im Essen
der Krieg
die Luft
der Müll
die Tiere (*animals*)
die Tierversuche
die Umwelt
das Wasser
?

fördern
aufhören mit . . .
mitmachen
retten (*save*)
sammeln
sauberhalten
schaffen
Schluß mit . . .
schützen
sterben
stoppen
vermeiden
vermindern
wählen
?

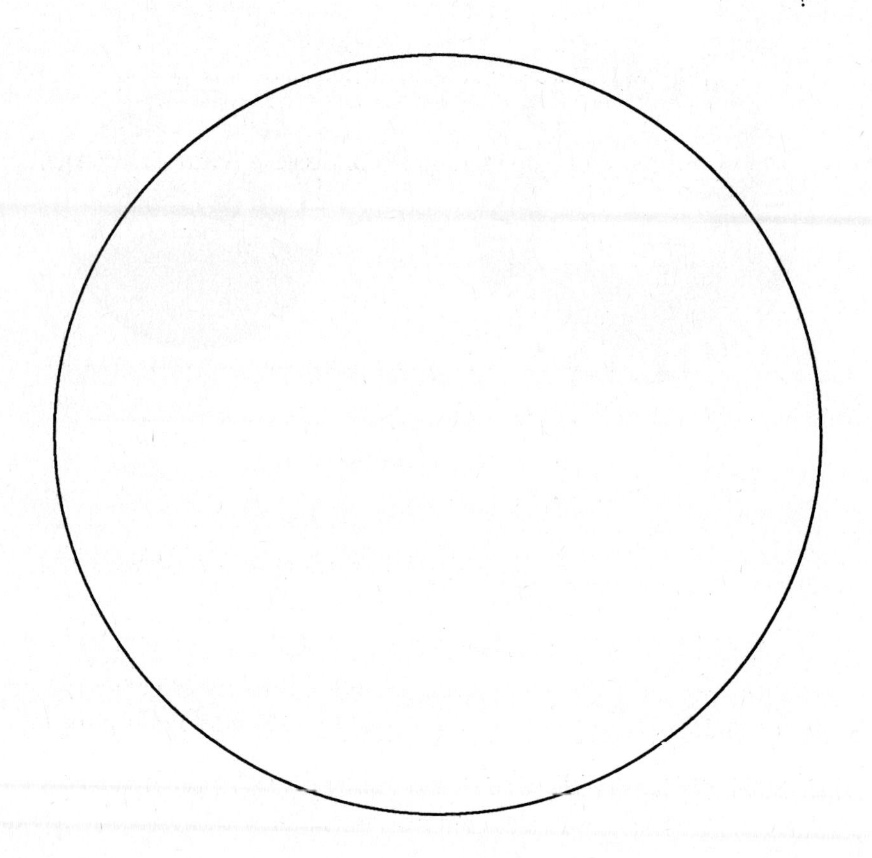

Name ______________________ Datum ______________ Klasse ______________

The Passive Voice

Übung 1 „Jeopardy“

Whitney Houston · der Volkswagen · der Truthahn · Boris Becker · der 3. Oktober · „Faust“ · Richard Nixon · Tschernobyl · Thomas Jefferson · Henry Kissinger · die „Hindenburg“

Ergänzen Sie die Sätze mit der Passivform des Verbs in Klammern. Bilden Sie dann eine Frage, die durch diesen Satz beantwortet wird.

BEISPIEL: Dieses deutsche Auto *wurde* zuerst in den 30er Jahren *hergestellt*. (herstellen)

Frage: *Was ist der Volkswagen?*

1. Die weibliche Hauptrolle in dem Film „Bodyguard“ ______________ von dieser Schauspielerin ______________. (spielen)

   Frage: ______________________________

2. Dieser Präsident ______________ als der Vater der amerikanischen Freiheitserklärung ______________. (ansehen)

   Frage: ______________________________

3. Dieses deutsche Passagierluftschiff ______________ durch eine Explosion bei der Landung auf dem Flughafen von Lakehurst ______________. (zerstören [*to destroy*])

   Frage: ______________________________

4. An diesem Tag ______________ in ganz Deutschland die Vereinigung der zwei deutschen Staaten ______________. (feiern)

   Frage: ______________________________

5. Diese Stadt in der Ukraine ____________________ durch eine Explosion in einem Atomreaktor ________________ . (kontaminieren)

Frage: ____

6. Vor einigen Jahren ____________________ mehr von diesem Tennisspieler ____________________ als von dem deutschen Bundeskanzler. (verdienen)

Frage: ____

7. Dieses Drama ____________________ von Johann Wolfgang von Goethe ____________________ . (schreiben)

Frage: ____

8. Unter diesem amerikanischen Präsidenten ____________________ der Krieg in Vietnam ____________________ . (beenden)

Frage: ____

9. Dieser Vogel ____________________ von Benjamin Franklin als Nationalsymbol der Vereinigten Staaten ____________________ . (vorschlagen)

Frage: ____

10. Dieser ehemalige (*former*) amerikanische Außenminister ____________________ in Deutschland ____________________ . (geboren)

Frage: ____

Übung 2 „Trivia" Fragen

Formulieren Sie fünf „Trivia" Fragen im Passiv. Die Liste von Verben wird Ihnen Hinweise geben.

BEISPIEL: Von wem wurde die Hauptrolle in dem Film „Terminator" gespielt?

bauen	helfen	schreiben
entdecken	kaufen	singen
entwickeln	malen	spielen
gewinnen	reiten	tragen
		?

1. ____
____

2. ____
____

3. ____
____

4. ____
____

5. ______

Übung 3 Frische Ware

Lesen Sie den Werbetext.

- Machen Sie einen Kreis um den Satz, der im Futur ist.
- Unterstreichen Sie die zwei Sätze, die im Passiv sind.

KRONE
Bei uns ist Frische garantiert!
Wenn Sie bei KRONE einkaufen, werden Sie schnell bemerken, daß das Frischwarenangebot reichhaltig, abwechslungsreich – und wirklich frisch ist! So wird z.B. unser Fisch sofort nach dem Fang – auf Eis gelegt und auf dem schnellsten Wege an die Märkte geliefert, Obst und Gemüse frühmorgens aus der Großmarkthalle abgeholt. Brot, Semmeln und Gebäck werden jeden Tag frisch gebacken! So erhalten Sie stets frische Ware in bester Qualität! Diese Woche gibt's im Frische-Bereich viele Angebote, besonders preiswert! Bis bald in Ihrem KRONE!
Nudeln
KÄSE

Schreiben Sie jetzt jeden Satz neu im Perfekt oder im Imperfekt.

1. Der Fisch wird sofort nach dem Fang (*catch*) auf Eis gelegt. (im Perfekt)

2. Der Fisch wird dann auf dem schnellsten Wege an die Märkte geliefert. (im Imperfekt)

3. Obst und Gemüse werden morgens aus der Großmarkthalle abgeholt. (im Perfekt)

4. Brot und Brötchen werden jeden Tag frisch gebacken. (im Imperfekt)

____

____

5. Frische Ware wird jeden Tag angeboten. (im Perfekt)

____

____

6. Viele Angebote werden bei uns gefunden. (im Imperfekt)

____

____

Übung 4 Küchenabfälle

A. Lesen Sie zuerst den ganzen Artikel.

Die BSR sucht Verwerter für Küchenabfälle

Die Berliner Stadtreinigung[1] (BSR) sucht Verwerter[2] für Küchenabfälle, um den Müll – wie derzeit täglich etwa 30 Tonnen im Ost-Teil – weiterhin getrennt sammeln zu können. Die Abfälle aus Haushalten, Restaurants und Großküchen wurden bisher an Futtermittelaufbereiter[3] gegeben. Eine Untersuchung hat außerdem ergeben, daß Küchenabfälle auch gemeinsam mit Gartenabfällen kompostiert werden können. Bis eine sinnvolle Verwertungsmöglichkeit gefunden worden ist, müssen die Abfälle leider gemeinsam mit Hausmüll auf den Deponien[4] beseitigt werden. *BM*

1. *city cleaning*
2. *user*
3. *preparer of animal food*
4. *dump, landfill*

B. Suchen Sie jetzt die Sätze oder die Satzteile im Passiv, und schreiben Sie sie unten als Beispiele.

1. Beispiel eines Satzes im Imperfekt:

____

____

____

2. Beispiel eines Satzteils im Perfekt:

____

____

3. Beispiel eines Satzteils im Präsens:

____

____

4. Ein zweites Beispiel eines Satzteils im Präsens:

____

____

C. Antworten Sie jetzt auf jede Frage in Stichworten (*key words*).

1. Welche Organisation hat die Abkürzung BSR? ______________________
2. Wen sucht die BSR? Warum? ______________________

   ____

3. Wem wurden die Küchenabfälle bisher gegeben? ______________________
4. Was hat eine Untersuchung (*investigation*) ergeben (*determined*)? ______________________

   ____

   ____

5. Was für eine Möglichkeit sucht die BSR? ______________________

   ____

6. Wie müssen die Abfalle beseitigt (*disposed of*) werden? ______________________

   ____

   ____

Übung 5 Wie kann man Umweltschutz praktizieren?

Lesen Sie die Anzeige, die Hinweise (Tips) für Umweltschutz gibt. Schreiben Sie dann jeden Satz neu im Aktiv mit **man** als Subjekt.

KRONE
Praktischer Umweltschutz!
In unseren Anzeigen bringen wir immer wieder Vorschläge, wie Sie durch gezielten Einkauf täglich Umweltschutz praktizieren können. Wir weisen auf umwelt-freundlich hergestellte Artikel hin, deren Inhaltstoffe biologisch abbau-bar sind, die wenig Abfall produzieren und die die Natur so wenig wie möglich belasten. Achten Sie auf Verpackungen und meiden Sie Waren, die in überflüssigem Plastik verpackt sind. Wir von KRONE versuchen, umwelt-freundliche Produkte so günstig wie möglich anzu-bieten. Lassen Sie sich über-zeugen. Also, bis bald in Ihrem KRONE!
Umweltschutz

1. Vorschläge für Umweltschutz können in Anzeigen gegeben werden.

   ____

   ____

2. Umweltschutz kann durch gezielten (*well-directed*) Einkauf praktiziert werden.

   ____

   ____

3. Umweltfreundliche Produkte können hergestellt werden, deren Inhaltstoffe (*contents*) biologisch abbaubar (*degradable*) sind.

   ____

   ____

   ____

4. Produkte können hergestellt werden, die wenig Abfall produzieren und die die Natur so wenig wie möglich belasten (*pollute*).

   ____

   ____

   ____

5. Auf Verpackung kann geachtet werden.

   ____

6. Waren, die in überflüssigem Plastik verpackt sind, können vermieden werden.

   ____

   ____

7. Umweltfreundliche Produkte können günstig angeboten werden.

   ____

   ____

Extra: Was ist Krone?

a. Eine Hotelkette. b. Eine Supermarktkette. c. Eine Kaufhauskette.

The Present Participle

Übung 6 Damals wie heute: Probleme und Meinungen

Lesen Sie den Cartoontext.

»Vorige Woche hat man mich zu Wackersdorf befragt, gestern zum Asylrecht, und heute soll ich etwas zu den Kurzstreckenraketen sagen – können die in Bonn nicht mal fünf Minuten allein regieren?

KULTUR-TIP

The cartoon appeared in the summer of 1989, at which time some of the major issues in West Germany concerned short-range missiles, rights for political asylum, and a proposed nuclear reprocessing plant (**WAA** = **Wiederaufbereitungsanlage**) at Wackersdorf in Bavaria.

Ergänzen Sie jetzt die Sätze mit dem Partizip Präsens.

BEISPIEL: Der Herr des Hauses ärgert sich über die *ermüdende* Fragerei. (ermüden)

1. Der Mann an der Tür möchte die Meinung des Hausherrn über die ______________ Zahl der Kurzstreckenraketen. (*short-range missiles*) (steigen)
2. Er hat gerade in der Zeitung über die ______________ Inflation gelesen. (zunehmen)
3. Vorige Woche hat man ihn nach seiner Meinung über das ______________ Problem in Wackersdorf gefragt. (wachsen)
4. Seine Frau sitzt im ______________ Wohnzimmer. (angrenzen)
5. Sie hat gerade im Fernsehen einen Dokumentarfilm über die ______________ Wälder gesehen. (sterben)
6. Gestern gab es im Fernsehen einen langen Bericht über die ______________ Rezession. (kommen)
7. Der Junge hat heute in der Schule etwas über das ______________ Müllproblem gelernt. (wachsen)

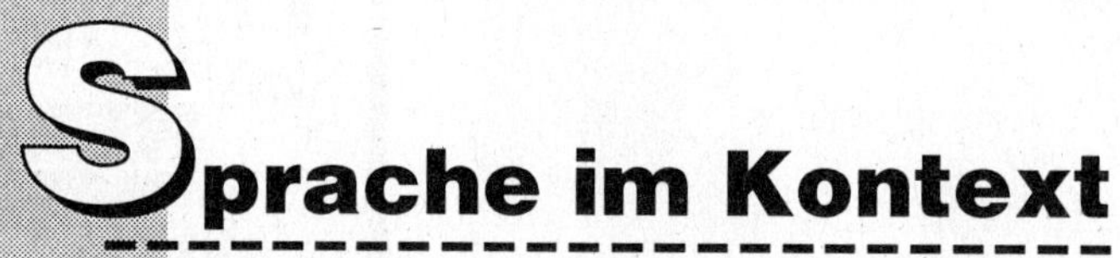

Sprache im Kontext

Lesen

Auf den ersten Blick

Lesen Sie die Schlagzeile und den ersten Absatz des Artikels. Füllen Sie dann die Tabelle stichwortartig aus.

Traumreise wird zum Alptraum

Köln. Ein Tourist aus Köln, dessen Traumreise nach Kuba zum Alptraum wurde, bekommt nach dem Urteil eines Kölner Gerichtes 80 Prozent des Preises von seinem Reiseveranstalter zurück.

So sah der Alptraum aus: Koffer und Reisetaschen wurden von Wasser aus dem Abflußsystem des Appartements durchtränkt. Elektroanschlüsse lagen offen. Die Klimaanlage sonderte Kondenswasser ab. Wände und Decke schimmelten. Die Möbelierung bestand aus Sperrmüll. Die „Betten" bestanden aus total verdreckten Matratzen mit Dachlatten-Federung. Der Strand war mit Betonstücken, verrosteten Eisenteilen, leeren Getränkedosen, Scherben und Lumpen bedeckt. Zeugen bestätigten vor Gericht, daß „die warmen Mahlzeiten mangels anderer Möglichkeiten durch heißes Öl warm gehalten wurden". Angesichts dieser Zustände stuften die Richter die Mängel der „Traumreise" als „erheblich" ein und sprachen dem Touristen das Recht zu, den Reisepreis um 80 Prozent zu mindern.

wer reiste:
wohin er reiste:
was für eine Reise es sein sollte:
was aus dieser Reise wurde:
was der Mann nach dem Urteil (*judgment*) des Kölner Gerichtes (*court*) bekommt:

Zum Text

Lesen Sie jetzt den Rest des Artikels, und beantworten Sie die Fragen.

1. Wie beschrieb der Tourist die Unterkunft?

a. Koffer und Reisetasche ______________________________

____

b. Die Elektroanschlüsse ______________________________

c. Die Klimaanlage ______________________________

d. Die Wände und die Decke ______________________________

e. Die Möbel ______________________________

f. Die „Betten" ______________________________

____

2. Was lag auf dem Strand? Identifizieren Sie jedes Ding im Bild und schreiben Sie das Wort oder den Ausdruck dafür.

a. ______________________________

b. ______________________________

c. ______________________________

d. ______________________________

e. ______________________________

3. Wie wurden die „warmen Mahlzeiten (Mittagsessen oder Abendessen) warm gehalten?

____

Schreiben

Wählen Sie eins der folgenden Themen, und schreiben Sie einen kurzen Text.

Thema 1: Die Traumreise. Stellen Sie sich vor: Der Tourist hat seinen Alptraum tatsächlich nur in der Nacht vor der Reise geträumt. In Wirklichkeit machte er einen Traumurlaub in Kuba. Wieviel Zeit verbrachte er dort? Wie war die Unterkunft? der Strand? das Wasser? das Wetter? das Essen? Wie waren die Leute? Was machte der Tourist alles in Kuba?

Thema 2: Ein Alptraum. Beschreiben Sie eine Reise, die zum Alptraum wurde. Es kann eine Reise sein, die Sie selbst gemacht haben oder die jemand, den Sie kennen, einmal gemacht hat. Was sollte passieren? Was ist tatsächlich passiert? Wie wurde die Reise zum Alptraum?

Journal

Wählen Sie eins der folgenden Themen.

Thema 1: Das größte Weltproblem. Was ist Ihrer Meinung nach das größte Problem der heutigen Welt? Wovor haben Sie die größte Angst, wenn Sie an die Zukunft (*future*) denken? Was könnte/sollte/müßte man machen, um dieses Problem zu vermeiden oder zu vermindern? Was könnte/sollte/müßte die Regierung tun? Was könnte/sollte/müßte jeder Mensch tun? Was können Sie selbst ab heute machen?

Thema 2: Umweltschutz. Ein junger Deutscher hat einmal gesagt: „Alle müssen mithelfen. Umweltschutz kann nicht befohlen (*ordered*) werden, er muß gelebt werden." Was bedeutet Ihrer Meinung nach dieser Satz? Begründen Sie Ihre Meinungen mit Beispielen aus Ihren eigenen Erfahrungen (*experiences*).

Thema 3: Ein persönliches Problem und Ihre persönliche Meinung. Es gibt immer große Probleme in der Welt. Aber jeder Mensch hat auch seine eigenen Probleme, die ihm oft sehr groß erscheinen. Auf englisch sagt man: "*. . . is a pet peeve of mine.*" Auf deutsch sagt man: „. . . ist mir ein Dorn (*thorn*) im Auge." Was ist Ihnen „ein Dorn im Auge"? Beschreiben Sie das Problem, und äußern (*express*) Sie Ihre Meinung darüber.

Name ______________________ Datum ____________ Klasse ______________________

Kapitel 14

Medien und Technik

Alles klar?

Das Programm für den Norden
...präsentiert von
Dagmar Berghoff

Ihr Vorteil:[1] Sie erhalten eine komplette Übersicht[2] der NDR-Programme eines ganzen Monats nach Tagen geordnet. Dazu wie gewohnt Hintergrundberichte,[3] aktuelle Reportagen und Porträts. Viel Spaß beim Lesen!

1. *advantage* 2. *overview* 3. *background reports*

Lesen Sie die Anzeige, und kreuzen Sie die richtigen Antworten an. Mehr als eine Antwort kann richtig sein.

1. Das Programm ist
   - ☐ für ganz Deutschland.
   - ☐ für Süddeutschland.
   - ☐ für Norddeutschland.
   - ☐ für eine ganze Woche.
   - ☐ für einen ganzen Monat.
   - ☐ für ein ganzes Jahr.
2. Es hat
   - ☐ Nachrichten.
   - ☐ Hintergrundberichte.
   - ☐ Porträts.
   - ☐ aktuelle Reportagen.
   - ☐ Skripten.
3. Und Sie? Wie oft lesen Sie das Fernsehprogramm für Ihre Region?
   - ☐ Jeden Tag.
   - ☐ Einmal die Woche.
   - ☐ Einmal im Monat.
   - ☐ Nur selten.
   - ☐ Nie.

Wörter im Kontext

Thema 1

Medien

Aktivität 1 Lesen Sie Zeitung?

Schreiben Sie die fehlenden Wörter, und markieren Sie Ihre Antworten. Wenn Sie Zeitung lesen, lesen Sie

		JA	NEIN
1.	______________________? (*the headlines*)	☐	☐
2.	______________________? (*the leading article*)	☐	☐
3.	______________________? (*the local news*)	☐	☐

	JA	NEIN
4. über ______________________? (*economy*)	☐	☐
5. über______________________? (*politics*)	☐	☐
6. ______________________? (*the arts section*)	☐	☐
7. ______________________? (*the horoscope*)	☐	☐
8. ______________________? (*the classified ads*)	☐	☐
9. , was ______________________ (*the advice columnist*) geschrieben hat?	☐	☐
10. ______________________? (*letters to the editor*)	☐	☐
11. Haben Sie je ______________________ (*a letter to the editor*) geschrieben?	☐	☐

Aktivität 2 Zeitungen

A. Goslar ist eine Kleinstadt im Harz (*Harz mountain area*). Lesen Sie die Anzeige über die „Goslarsche Zeitung", und beantworten Sie jede Frage mit einem kurzen aber vollständigen Satz.

1. Ist die „Goslarsche" eine Morgen- oder eine Abendzeitung?

   ____

2. Ist sie eine Tages- oder eine Wochenzeitung?

   ____

3. Worüber informiert die „Goslarsche"?

____

____

4. Wie viele Leser hat diese Zeitung?

____

5. Seit wann existiert diese Zeitung?

____

B. Schreiben Sie nun eine Anzeige über Ihre Lieblingszeitung. Ist sie eine große internationale oder nationale Zeitung oder ein kleines Lokalblatt (*local paper*)? Die Fragen über die „Goslarsche" und auch die Anzeige selbst geben Ihnen Hinweise.

Aktivität 3 Ihrer Meinung nach

Wie finden Sie diese Sendungen und Lesematerialien? Kreuzen Sie an. Benutzen Sie die letzten zwei Spalten für Ihre eigenen Ideen.

Wie finden Sie	AKTUELL	AUFREGEND	LANGWEILIG	OBERFLÄCHLICH	SPANNEND	UNTERHALTSAM		
Sportsendungen?								
die Nachrichten?								
Krimis?								
Serien wie „Seinfeld"?								
Dokumentarfilme?								
Liebesromane?								
Rätsel?								
das Feuilleton?								
Schlagzeilen?								
?								
?								

Thema 2

Ein Blick in den deutschen Haushalt

Aktivität 4 Technik im Haushalt

Schauen Sie sich das Bild an, und schreiben Sie den Namen von jedem Gerät auf.

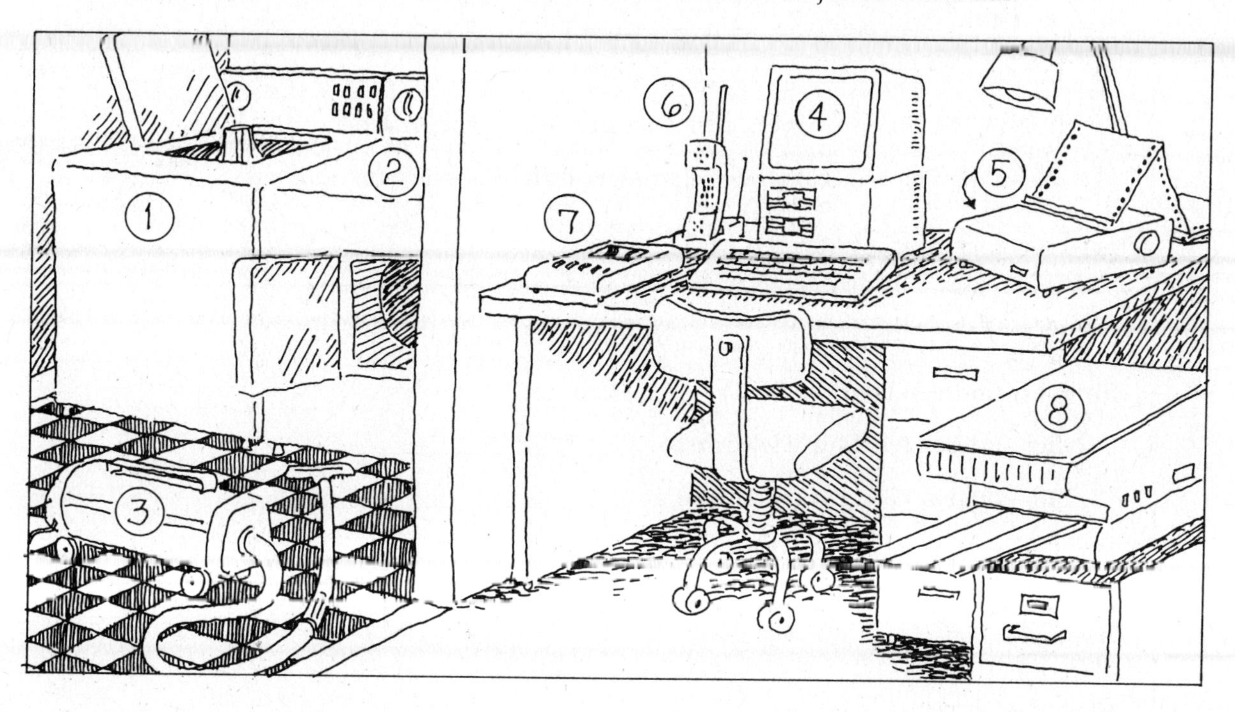

1. *die Waschmaschine, -n*
2. ______________________
3. ______________________
4. ______________________
5. ______________________
6. ______________________
7. ______________________
8. ______________________

Welche dieser Geräte haben Sie? Welche haben Sie nicht? Welche könnten Sie gut gebrauchen? Schreiben Sie drei Sätze, in denen Sie diese Informationen geben.

____

____

____

____

____

Aktivität 5 Spaß mit Wörtern

Schreiben Sie die fehlenden Wörter.

Definitionen

1. Was man erfindet, ist eine ______________________.
2. Jemand, der etwas erfindet, ist ein ______________________ oder eine ______________________.
3. Ein ______________________ oder eine ______________________ ist eine Person, die für den Arbeitgeber oder die Arbeitgeberin arbeitet.
4. Wenn man eine Zeitung oder eine Zeitschrift abonniert, hat man ein ______________________.
5. Wenn man mit den Augen schnell über einen Text hinweggeht, ______________________ man ihn.

Sinnverwandte Wörter

6. Ein anderes Wort für **wirklich** ist ______________________.
7. Ein anderes Wort für **intelligent** ist ______________________.
8. Ein anderes Wort für **absolut** ist ______________________.
9. Ein anderes Wort für **das Magazin** ist ______________________.

The Verbs *brauchen* and *scheinen*

Übung 1 Was für ein Haus scheint das zu sein?

Schauen Sie sich die Anzeige für ein Haus in Zell am Moos an. Was für ein Haus ist das? Bilden Sie Sätze mit **scheinen.**

BEISPIEL: das Haus / auf dem Land →
Das Haus scheint auf dem Land zu sein.

ZELL AM MOOS
Bauernhaus, in ländlicher Umgebung, Seeblick, nach alter Tradition wiederaufgebaut, sonnige Lage, angeboten um S 3,7 Mio.

SELINA IMMOBILIEN GMBH
5310 Mondsee
Tel. 0 62 32/23 30, 34 48

1. es / ein Bauernhaus

____

2. das Haus / in der Nähe des Mondsees

____

____

3. es / total renoviert

____

4. es / in einer sonnigen Lage

____

5. der Preis des Hauses / in österreichischen Schilling

____

____

Übung 2 Ein neues Haus, ein neues Leben

Familie Werner ist in ein neues Haus eingezogen. Herr Werner macht Pläne, aber Frau Werner sagt, daß das alles gar nicht nötig ist. Schreiben Sie ihre Antworten auf die Vorschläge (*suggestions*) ihres Mannes. Benutzen Sie **brauchen + zu.**

HERR WERNER: Wir müssen viel Geld ausgeben.

FRAU WERNER: *Wir brauchen nicht viel Geld auszugeben.*

HERR WERNER: Wir müssen Haushaltsgeräte kaufen.

FRAU WERNER: ____

____

HERR WERNER: Wir müssen uns einen Computer und einen Drucker anschaffen.

FRAU WERNER: ____

____

HERR WERNER: Wir müssen uns einen größeren Fernseher kaufen.

FRAU WERNER: ____

____

HERR WERNER: Wir müssen Zeitungen und Zeitschriften abonnieren.

____

____

HERR WERNER: Wir müssen unsere Freunde zu uns einladen.

FRAU WERNER: ____

____

Infinitive Clauses with *zu*

Übung 3 Wie kann man das Leben mehr genießen?

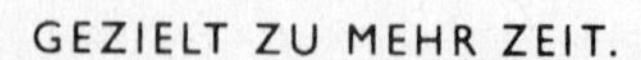

GENIESSEN SIE DEN VORTEIL,
GEZIELT MEHR ZEIT ZU HABEN:
MEGAtimer
GEZIELT ZU MEHR ZEIT.

A. Erwin und Petra Berger haben entdeckt, daß ihr Leben nur noch aus Arbeit und Streß besteht (*consists*). Deshalb haben sie sich entschlossen (*decided*), von jetzt ab alles anders zu machen. Was sind ihre Vorsätze (*resolutions*)? Bilden Sie vier Sätze mit Ausdrücken aus beiden Spalten.

BEISPIEL: Sie haben sich entschlossen, mehr Zeit zusammen zu verbringen.

Sie haben sich entschlossen,
Sie versprechen (*promise*) sich selbst,
Sie dürfen nicht mehr vergessen,
Es ist wichtig,

einen Computer kaufen.
im Sommer Urlaub machen.
mehr Bücher lesen.
jeden Tag spazierengehen.
mehr Zeit zusammen verbringen.
mehr mit den Kindern unternehmen.
öfter ins Kino gehen.
am Wochenende lange schlafen.
?

1. ______________________________

2. ______________________________

3. ______________________________

4. ______________________________

B. Besteht Ihr Leben nur noch aus Arbeit und Streß? Wie könnten Sie es verbessern? Ergänzen Sie die Sätze.

1. Ich habe mich entschlossen, ______________________________
2. Ich verspreche mir selbst, ______________________________
3. Ich darf nicht mehr vergessen, ______________________________
4. Es ist wichtig, ______________________________

Indirect Discourse

Übung 4 Ein Interview

Der folgende Auszug aus einem Interview mit einem Lehrer an einem deutschen Gymnasium erschien (*appeared*) in der Schülerzeitung „Profil".

1. Lesen Sie zuerst die Fragen und Antworten im Interview.

WIR STELLEN VOR:

Bert Carl

Profil: Was haben Sie für Hobbys?
Carl: Ich bin ein sportlicher Mensch. Ich spiele Volleyball. Außerdem surfe ich gern und mache jetzt wieder mehr Langlauf. Und wandern kann man in dieser Landschaft auch sehr schön.
Profil: Welche Fernsehprogramme sehen Sie sich zum Beispiel an, vielleicht „Denver" oder „Dallas"?
Carl: Na, wie man so sagt: Gott sieht alles, nur nicht „Dallas". So mache ich es auch. Ich sehe mal einen Krimi, aber sonst nur Sportsendungen und Magazine wie „Monitor" oder „Report."

2. Ergänzen Sie jetzt die folgende Zusammenfassung des Interviews mit Verben im Konjunktiv 1.

Herr Carl sagte, er ______________________ (sein) ein sportlicher Mensch. Er ______________________ (spielen) Volleyball. Außerdem ______________________ (surfen), ______________________ (laufen) und ______________________ (wandern) er gern.

Als die Schüler ihn fragten, ob er sich „Denver" oder „Dallas" ______________________ (ansehen), antwortete er, daß Gott alles, nur nicht „Dallas" ______________________ (sehen). Daran ______________________ (halten) er sich auch. Er ______________________ (sehen) mal einen Krimi, aber sonst nur Sportsendungen und Magazine wie „Monitor" oder „Report".

Übung 5 Wer hat was gesagt?

Schreiben Sie jeden Satz als Zitat (*quote*).

BEISPIEL: Der Polizist fragte den Zeugen (*witness*), was er gesehen habe. →
Der Polizist fragte den Zeugen: „Was haben Sie gesehen?"

1. Der Zeuge antwortete, daß der Dieb um halb elf aus der Bank gelaufen sei.

____

____

2. Eine Bankangestellte sagte, sie könne den Dieb nicht genau beschreiben.

____

____

3. Sie erklärte, der Dieb habe eine Maske getragen.

____

____

4. Der Polizist fragte, ob der Dieb allein gewesen sei.

____

____

5. Der Zeuge behauptete, der Dieb sei in einem schwarzen Mercedes weggefahren.

____

____

6. Er sagte auch, daß er eine Frau am Steuer (*wheel*) gesehen habe.

____

____

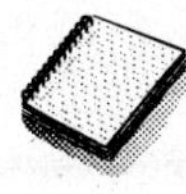

Übung 6 Interview

Sie sind Zeitungsreporter(in). Interviewen Sie einen Studenten oder eine Studentin. Machen Sie sich Notizen. (*Present the results of your interview in one of the following formats.*)

1. Interview format: Write the questions and answers exactly as spoken.

   ICH: Wo bist du geboren?
   SAM: Ich bin in Minneapolis geboren.

2. Report format: Write the results in a third-person report.

   Sam Maxwell ist in Minneapolis geboren. Er . . .

Fragen Sie Ihren Gesprächspartner oder Ihre Gesprächspartnerin,

- wo er/sie geboren ist.
- was für ein Auto er/sie fährt.
- was er/sie studiert und warum.
- ob er/sie immer gern in die Schule gegangen ist.

- was ihm/ihr an der Universität gefällt, und was ihm/ihr daran nicht gefällt.
- was er/sie gern in der Freizeit macht (welche Hobbys er/sie hat, und welche Sportarten er/sie treibt).
- was er/sie gern im Fernsehen sieht, und was er/sie nicht gern sieht.
- was er/sie gern liest.

Infinitive Clauses with *um . . . zu* and *ohne . . . zu*

Übung 7 Warum Helmstedt?

HELMSTEDT – Erholung fast vor Ihrer Tür!

Wandern in ausgedehnten Wäldern und abwechslungsreicher Landschaft; Bummeln in historischer Altstadt-Atmosphäre; Schwimmen im Hallenbad oder im beheizten Waldbad (Mai bis August), Radfahren, Angeln, Reiten, Tennis und interessante kulturelle Angebote. Ruhe und Entspannung im staatlich anerkannten Erholungsort Bad Helmstedt.

Information: Stadt Helmstedt
Amt für Information und Fremdenverkehr, Markt 1, 3330 Helmstedt
Telefon 05351 / 1 73 33

Lesen Sie die Annonce für Helmstedt, und schreiben Sie zu jeder Frage eine kurze Antwort mit **um . . . zu.**

BEISPIEL: Warum würde man gern in der Umgebung der Wälder wohnen? (wandern) →
Man würde da gern wohnen, um zu wandern.

1. Warum würde man in einem Dorf wohnen wollen? (eine abwechslungsreiche [*richly varied*] Landschaft genießen)

____

____

____

2. Warum sollte man Helmstedt besuchen? (durch die historische Altstadt bummeln)

____

____

____

3. Warum sollte man Helmstedt wählen (*choose*)? (radfahren, angeln, reiten und Tennis spielen)

(*Hint: Place* **zu** *before each infinitive in the* **um**-*clause.*)

____

____

____

4. Warum sollte man die Ferien in Helmstedt verbringen? (sich entspannen und sich erholen)

5. Warum sollte man an das Fremdenverkehrsamt schreiben? (Information bekommen)

Übung 8 Sie sollten das nicht machen.

Schreiben Sie jeden Satz neu mit **ohne . . . zu.**

BEISPIEL: ins Bett gehen / die Zähne putzen →
Sie sollten nicht ins Bett gehen, ohne die Zähne zu putzen.

1. einen Marathon laufen / fit sein
2. ein Tier im heißen Auto lassen / ein Fenster öffnen
3. in die Wüste (*desert*) fahren / Wasser mitnehmen
4. das Haus verlassen / alle elektrischen Geräte abschalten
5. bei minus 15 Grad Celsius aus dem Haus gehen / einen Mantel anziehen

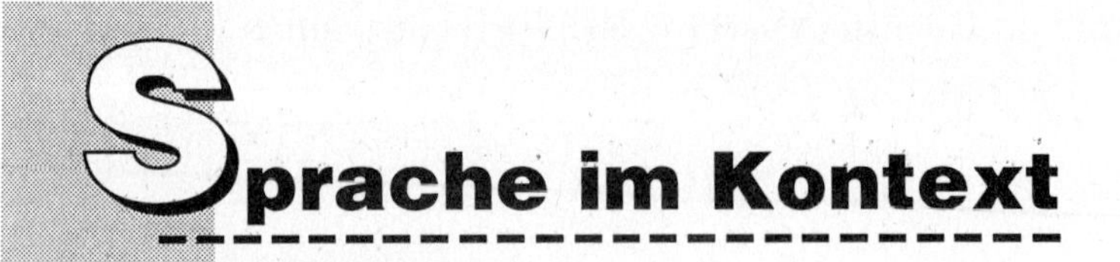

Sprache im Kontext

Lesen

Auf den ersten Blick 1

Lesen Sie die zwei Schlagzeilen, und markieren Sie die passenden Satzendungen.

1. DT 64 ist wohl
   a. der Name eines Pestizids. b. er Name eines Radiosenders. c. der Name einer Fernsehsendung.
2. Aus der Schlagzeile wird klar, daß dies ein Radiosender
   a. für die allgemeine Bevölkerung ist. b. für die Regierung ist. c. für die Geschäftswelt ist.
3. Man kann die Radiosendungen
   a. noch nicht hören. b. zur Zeit hören. c. nicht mehr hören.

Kein Platz für DT 64

Ein Bürgerradio stirbt

DT 64 – ein Jugendsender[1] in Deutschland. Früher war er mal „der" Jugendsender, doch jetzt sind diese guten Zeiten vorbei. Doch beginnen wir mit dem Anfang. DT 64 heißt Deutschlandtreffen 1964. Das fand in Berlin-Ost statt.[2] Und weil zu dem Treffen der DDR-Jugend so viele junge Leute kamen, machte der Berliner Rundfunk[3] 99 Stunden lang ein Jugendsonderprogramm. Davon wollten die Hörer mehr. Erst waren es ein paar Stunden montags bis freitags. Ab 1986 gab es dann den Jugendsender DT 64 – beliebt bei jungen Ohren im ganzen DDR-Land. Witzige Beiträge,[4] kesse[5] Moderatoren, Musik, die kein anderer Sender brachte – das kam gut an bei den jungen Leuten. Eine Million Hörer zählte man. Richtig los ging es zur Wende-Zeit. Die Radiomacher berichteten[6] über Ängste und Sorgen[7] der Menschen, aber auch über Hoffnungen und den Willen nach Eigenständigkeit.[8] Doch diese Zeit ist vorbei. Der erste Skandal passierte am 7. September 1990. Über Nacht wurden alle Frequenzen abgeschaltet,[9] man konnte nicht mehr senden. Sogar die New York Times berichtete darüber. Tausende Hörer protestierten auf den Straßen von Dresden, Leipzig und Berlin. Nach 24 Stunden durfte DT 64 wieder senden, doch nicht lange. Die deutschen Medien wurden neu geordnet – ohne einen Platz für DT 64. Freundeskreise in Ost und West versuchten zu helfen, doch der Erfolg war nur mittelmäßig. Zur Zeit hören die Berliner „ihren" Sender nur noch auf Mittelwelle. Vielleicht endet diese Radio-Geschichte bald. Ein Bürgerradio stirbt.

1. *radio station for youth* 2. fand . . . statt *took place, happened* 3. Radio 4. Witzige . . . *Imaginative contributions* 5. *cheeky* 6. *reported* 7. *concerns* 8. *independence* 9. *turned off*

Zum Text 1

Lesen Sie den Artikel, und beantworten Sie jede Frage.

1. Was war DT 64?

2. Was heißt „DT 64"?

3. In welcher Stadt fand DT 64 statt?

4. Wie wird das Jugendprogramm vor 1986 beschrieben?

5. Was gab es ab 1986?

6. Was bietete DT 64?

7. Wie viele junge Leute hörten DT 64?

8. Worüber berichteten die Radiomacher?

9. Was ist am 7. September 1990 passiert?

10. Wie reagierten die jungen Hörer?

11. Was ist sofort nach dem Protest passiert? Was ist später passiert?

____

____

____

____

Auf den ersten Blick 2

Überfliegen Sie den Text. Markieren Sie dann den Satz, der den Inhalt (*contents*) des Textes am besten beschreibt.

1. Stefan drückt seine Meinung zur Jugend in Ostdeutschland aus (drückt . . . aus *expresses*).
2. Stefan gibt Beispiele von Gewalt in Ostdeutschland.
3. Stefan erzählt uns, warum Menschen in Ostdeutschland frustriert sind und warum manche sich der Gewalt zuwenden (*turn to*).
4. Stefan berichtet (*reports*) über die Effekten von Gewalt in Ostdeutschland.

stefans szene

KUNST · KULTUR MUSIK

Meine Meinung

Es häufen sich[1] Berichte[2] über Gewalt in Ostdeutschland. Sicher habt Ihr die Bilder gesehen. Warum sind die Menschen so? Die einen sagen: wegen der hohen Arbeitslosigkeit. Die anderen glauben: In der DDR hat man nie richtig über Faschismus diskutiert. Ich glaube, beide Meinungen sind richtig. Ich denke, daß wir große Probleme mit dem Wandel[3] von Werten[4] und Kultur haben. Zu schnell sind „Ostprodukte" auf dem Müll gelandet: Kulturprogramme, Jugendhäuser usw. Stattdessen importierte man aus dem Westen. Jugendclubs schliessen, Diskotheken sind teuer. Einige können das bezahlen, die meisten nicht. Hier entsteht[5] Frust[6]. Die Straße wird zum Schauplatz der Unzufriedenheit[7]. Die Politiker sind erschrocken. Doch wissen sie, was zu tun ist? Ich denke, daß man den Jugendlichen Angebote für ihr zukünftiges Leben machen muß. Man muß sie bei Projekten unterstützen und ihre Kultur dulden[8]. Wir brauchen doch die Vielfalt[9] der Kulturen auf der Welt!

Euer Stefan

1. häufen . . . *are piling up*
2. *reports*
3. *change*
4. *values*
5. *emerges*
6. *frustration*
7. *dissatisfaction*
8. *tolerate*
9. *diversity*

Zum Text 2

Lesen Sie jetzt den Text, und machen Sie sich dabei Notizen in der Tabelle.

PROBLEME IN OSTDEUTSCHLAND
• eine Meinung:
• eine andere Meinung:
• Stefans Meinung:

MÖGLICHE LÖSUNGEN
• Stefans Vorschläge:

Schreiben

Wählen Sie eins von den folgenden Themen, und schreiben Sie Ihre eigenen Meinungen in drei Kategorien zu den folgenden Fragen.

1. Warum gibt es Ihrer Meinung nach soviel / so wenig Gewalt in Ihrer Gegend, besonders unter jungen Menschen.
2. Warum hat Ihrer Meinung nach eine besondere Fernsehsendung diese Saison großen Erfolg / keinen Erfolg?
3. Was für einen Radiosender / Fernsehsender brauchen die Bürger Ihrer Stadt? Warum?

Journal

Wählen Sie eins der folgenden Themen.

Thema 1: Sie und die Massenmedien

- Welche Zeitungen und Zeitschriften lesen Sie und wie oft? Lesen Sie die ganze Zeitung / Zeitschrift oder nur einige Teile davon?
- Was für Sendungen interessieren Sie im Fernsehen? Welche sind Ihre Lieblingssendungen? Warum?
- Hören Sie oft Radio? Wenn ja: Welche Sendungen hören Sie meistens? Nachrichten? Rockmusik? klassische Musik? Country-music? Oldies? Jazz? Rap?
- Woher bekommen Sie Ihre Informationen? von e-mail? von Lehrbüchern? von den Nachrichten im Fernsehen und im Radio? von Zeitungen? von Zeitschriften? von Anzeigen?
- Was denken Sie über die Massenmedien? Wie würden Sie sie verbessern (*improve*)?

Thema 2: Sie und Technik

- Welche Geräte haben Sie selbst im Haushalt? Gibt es Geräte, die Sie regelmäßig benutzen (*use*) aber nicht besitzen?
- Was für Geräte möchten Sie eines Tages kaufen?
- Was halten Sie von solchen elektrischen und elektronischen Geräten? Könnten Sie leicht ohne diese Geräte leben? Warum (nicht)?

Answers are included only for activities and exercises that have one expected answer. Your answers may still differ somewhat from those in this answer key. For example, your answer may contain a noun subject, whereas the printed answer contains a pronoun subject or vice versa; or, at times, your answer might include a synonym for a word or phrase in the printed answer. This does not mean that your answer is wrong, but rather that there are different ways of stating it. When variations in expressions can be anticipated, they are included in parentheses within the answer key, or a note regarding the possibilities is provided.

Einführung

Aktivität 1 HERR LANG: Hallo! Mein Name ist Peter Lang. Wie ist Ihr Name, bitte? FRAU WALL: Guten Tag, Herr Lang. Ich heiße Carolyn Wall. HERR LANG: Freut mich, Frau Wall. Und woher kommen Sie? FRAU WALL: Ich komme aus Chikago. HERR LANG: Ah ja, Chikago . . . Und Sie? Wie heißen Sie, bitte? HERR GRAY: Ich heiße Jonathan Gray, und ich komme aus Boston. HERR LANG: Nun, herzlich willkommen in Deutschland.

Aktivität 2 B: Grüß dich! C: Danke schön! D: Bitte sehr! E: Freut mich! F: Gleichfalls! G: Auf Wiedersehen! H: Tschüs!

Aktivität 3 1. Wie geht's? (*oder:* Wie geht es dir?) 2. Gute Nacht! 3. Grüß dich! 4. Guten Tag! 5. Guten Morgen! 6. Danke! (*oder:* Danke schön! *oder:* Danke sehr!) 7. Bitte! (*oder:* Bitte schön! *oder:* Bitte sehr!) 8. Hallo!

Aktivität 4 C: Fabelhaft! (*oder:* Sehr gut!) D: Sehr gut! (*oder:* Gut!) E: Gut! (*oder:* Es geht.) F. Nicht besonders gut. (*oder:* Nicht so gut.) G: Miserabel. (*oder:* Schlecht.)

Aktivität 5 FRAU WENDT: Die Nummer ist eins, acht, drei, fünf, neun, vier.

Aktivität 6 1. siebzehn 2. sechzehn 3. neunzehn 4. dreizehn

Aktivität 7 FANS: Zwanzig, neunzehn, achtzehn, siebzehn, sechzehn, fünfzehn, vierzehn, dreizehn, zwölf, elf, zehn, neun, acht, sieben, sechs, fünf, vier, drei, zwei, eins!

Aktivität 8 1. dreiundzwanzig / zweiunddreißig 2. neunundfünfzig / fünfundneunzig 3. siebenundsechzig / sechsundsiebzig 4. vierundachtzig / achtundvierzig

Aktivität 9 1. 172 2. 385 3. 599 4. 2 706 5. zweihunderteins 6. vierhundertsechsundvierzig 7. sechshundertsiebenundvierzig 8. neuntausendsechshunderteinundsechzig

Aktivität 10 Herrn / Georg Schuster / Poststraße 20 / 69115 Heidelberg

Aktivität 11 STEFAN: Ich habe eine Frage. ANNA: Wie sagt man „interesting" auf deutsch? BRIGITTE: Ich weiß es nicht. THOMAS: Haben wir Hausaufgaben? KARIN: Wiederholen Sie, bitte. (*oder:* Noch einmal, bitte. *oder:* Wie bittte? *oder:* Etwas langsamer, bitte.)

Aktivität 12 1. a 2. b 3. a 4. b 5. 490,- DM 6. Berlin 7. 14059 8. 29/31 9. (030) 321 7091

Aktivität 13 Die Bundesrepublik Deutschland, Deutsch / Dänemark, Dänisch / Frankreich, Französisch / Griechenland, Griechisch / Italien, Italienisch / Liechtenstein, Deutsch / Österreich, Deutsch / Portugal, Portugiesisch / Saudi-Arabien, Arabisch / Spanien, Spanisch / Thailand, Thai / die Türkei, Türkisch / Urgarn, Ungarisch / England, Englisch

Kapitel 1

Alles klar? ~~Adresse~~ / ~~Alter~~ / ~~Geburtsdatum~~ / ~~Geburtsort~~ / ~~Lieblingsbuch~~ / ~~Lieblingsfilm~~ / ~~Lieblingsvideospiel~~ / ~~Nationalität~~ / ~~Religion~~ / ~~Telefonnummer~~ // 1. Name 2. Beruf 3. Hobby 4. Zeitschrift

Wörter im Kontext Aktivität 1 Der Mann heißt Wolfgang Schehlmann. Er kommt aus Deutschland. Er wohnt in Darmstadt. Er ist Polizeibeamter von Beruf. Wolfgangs Vater ist Deutschlehrer in Marburg. Seine Mutter ist Architektin. Wolfgangs Bruder Johann ist Student in Münster.

Aktivität 2 **Vorname:** Renate **Nachname:** Menzel **Geburtsort:** Linz **Wohnort:** Wien **Alter:** 26 **Beruf:** Studentin **Hobby:** Fotografieren

Aktivität 3 Wie heißen Sie, bitte? Woher kommen Sie? Was machen Sie heute in Bonn? Wie finden Sie die Stadt? Wie lange bleiben Sie hier? Was sind Sie von Beruf? Was studieren Sie denn an der Uni? Hören Sie gern Musik? Lesen Sie oft Zeitung? Lernen Sie Deutsch am Sprachinstitut?

Aktivität 4 1. fleißig 2. praktisch 3. unromantisch 4. intolerant 5. unfreundlich 6. untreu 7. interessant

Aktivität 5 A. 1. neu 2. fleißig 3. lustig 4. unfreundlich 5. klein 6. schön 7. groß 8. ruhig 9. glücklich 10. sympathisch

Aktivität 6 GISELA: Computerspiele spielen macht mir Spaß (*oder:* Das Computerspiel macht mir Spaß. *oder:* Computerspiele machen mir Spaß.) CHRISTIAN: Kochen macht mir Spaß. ANDREAS: Basteln macht mir Spaß. HANNA: Fischen macht mir Spaß. ELISABETH: Lesen macht mir Spaß.

Grammatik im Kontext Übung 1 1. die 2. der 3. die 4. das 5. der 6. die 7. das 8. das 9. das 10. die 11. der 12. die

Übung 2 A: die B: sie C: der D: Er / Die E: die F: sie / Der G: der / Er H: Er I: der J: er

Übung 3 1. Das / es 2. sie 3. sie 4. er 5. es 6. Das / es

Übung 4 1. heißt 2. ist 3. arbeitet 4. kommt 5. wohnt 6. Sind 7. Spielt 8. Sammelt 9. Hört 10. Reist

Übung 5 SOFIE: Mein Name ist Sofie. Wie heißt du? PETER: Ich heiße (*oder:* bin) Peter, und das sind Alex und Andreas. SOFIE: Wie, bitte? Heißt (*oder:* Seid) ihr Max und Andreas? ALEX: Nein, Alex. Alex und Andreas. SOFIE: Seid ihr alle neu in Freiburg? ANDREAS: Alex und ich sind neu hier. Peter, bist du auch neu hier? PETER: Nein, ich bin schon ein Jahr in Freiburg. SOFIE: Wie findest du Freiburg, Peter? PETER: Das Land und die Stadt sind faszinierend. Die Uni ist auch wirklich interessant. SOFIE: Woher kommst du denn? PETER: Ich komme aus Liverpool. Ich bin Engländer.

Übung 6 D: Heute abend gehen wir tanzen. F: Morgen arbeite ich. H: Heute kommt er. J: Jetzt spielen sie Karten. (*Your sentences may begin with different time expressions*).

Übung 7 1. Ist die Stadt in Deutschland? 2. Findet man die Stadt in Süddeutschland? 3. Heißt die Stadt Regensburg? 4. Ist die Stadt wirklich groß? 5. Wie alt ist das Bauwerk? 6. Was macht man hier? 7. Wer arbeitet hier? 8. Wieviel Geld gewinnt man?

Sprache im Kontext Zum Text 1. a. Björn / Oliver b. Oliver / Björn 2. a. schlank

b. Wir restaurienen ein altes Haus. c. plane einen Roman

Kapitel 2

Alles klar? 1. b 2. b 3. c 4. b, c 5. a, b 6. a, b 7. c 8. a, c, f, g, h 9. a 1. Monate 2. Geschäftsmann 3. Familie 4. Haus 5. Wohnung 6. Südwesten

Aktivität 1 möbliert / hell / groß / niedrig / billig / bequem

Aktivität 2

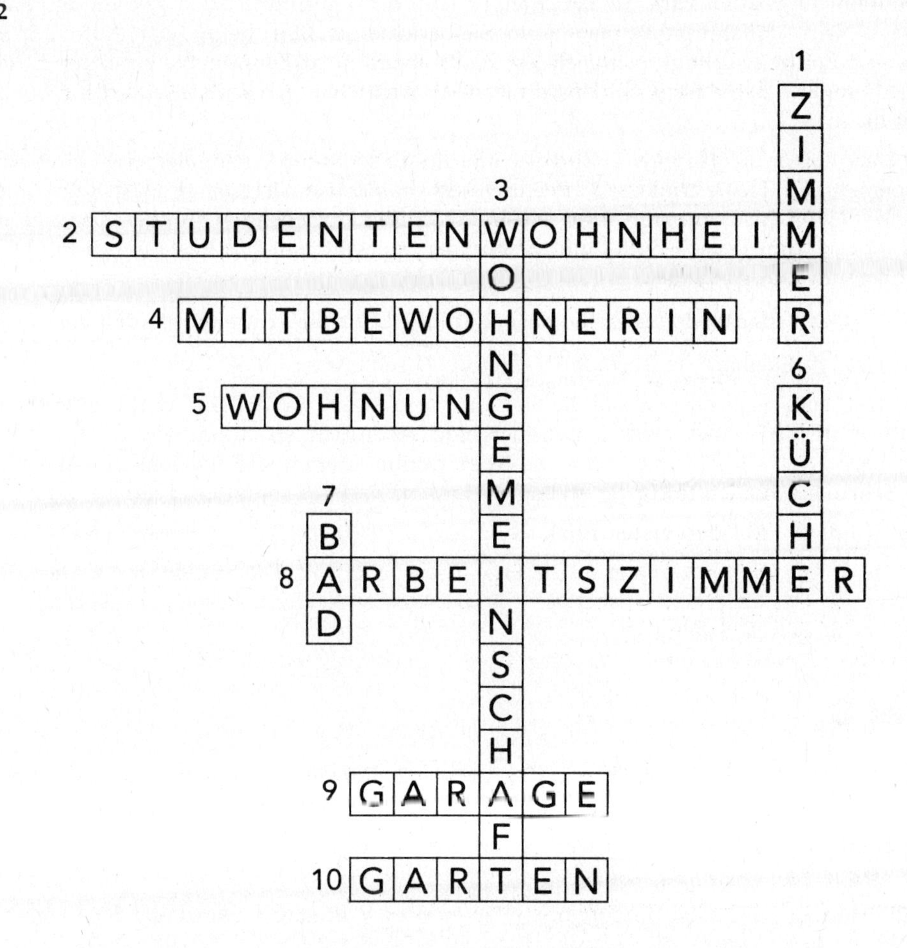

Aktivität 3 1. Das Bett 2. Der Tisch 3. Die Lampe 4. Der Wecker 5. Das Radio 6. Das Bücherregal 7. Der Fernseher 8. Der Stuhl 9. Der Sessel

Aktivität 4 Zeitung lesen / Toast mit Butter essen / Kaffee trinken / in die Stadt fahren / im Büro arbeiten / Briefe schreiben / im Park laufen / Spaghetti kochen / Radio hören / ins Bett gehen

Grammatik im Kontext Übung 1 1. die Herren 2. die Frauen 3. die Männer 4. die Mädchen 5. die Freunde 6. die Mitbewohnerinnen 7. die Studenten 8. die Amerikaner

Übung 2 1. Die Studentinnen brauchen Wohnungen. 2. Die Frauen lesen Anzeigen. 3. Die Architekten suchen Hotelzimmer in Köln. 4. Die Amerikanerinnen suchen Mitbewohnerinnen. 5. Die Kunden brauchen Häuser. 6. Die Mieten in Deutschland sind hoch.

Übung 3 2. Das ist ein Stuhl. 3. Das ist ein Tisch. 4. Das ist eine Uhr. 5. Das ist eine Lampe. 6. Das ist ein Fernseher. 7. Das ist ein Bücherregal. 8. Das ist ein Sofa.

Übung 4 1. das / den / die 2. den / die / die 3. den / das / die 4. die / die

Übung 5 A: Wen besuchen Sie? B: Ich besuche den Studenten aus Kenia. C: Wer liest den Namen? D: Der Student aus Hannover liest den Namen. E: Wer ist der Herr da? F: Der Herr da ist der Professor aus Portugal. G: Wen sucht der Architekt? H: Der Architekt sucht den Kunden. I: Wen sieht das Kind heute? J: Heute sieht das Kind den Menschen aus England.

Übung 7 1. Nein, sie ist nicht hoch. 2. Nein, es ist nicht groß. 3. Nein, ich brauche keinen Sessel. 4. Nein, ich habe keinen Schreibtisch. 5. Nein, ich habe keine Stühle. 6. Nein, ich finde das Zimmer nicht schön. 7. Nein, ich suche keine Wohnung.

Übung 8 1. Sie fragt: Nimmst du das Zimmer? Er sagt: Nein, ich nehme das Zimmer nicht. Sie berichtet: Er nimmt das Zimmer nicht. 2. Sie fragt: Ißt du oft in Restaurants? Er sagt: Nein, ich esse nicht oft in Restaurants. Sie berichtet: Er ißt nicht oft in Restaurants. 3. Sie fragt: Läufst du gern im Park? Er sagt:

Nein, ich laufe nicht gern im Park. Sie berichtet: Er läuft nicht gern im Park. 4. Sie fragt: Fährst du heute Auto? Er sagt: Nein, ich fahre heute nicht Auto. Sie berichtet: Er fährt heute nicht Auto. 5. Sie fragt: Liest du heute abend Zeitung? Er sagt: Nein, ich lese heute abend nicht Zeitung. Sie berichtet: Er liest heute abend nicht Zeitung. 6. Sie fragt: Schläfst du jetzt? Er sagt: Nein, ich schlafe jetzt nicht. Sie berichtet: Er schläft jetzt nicht.

Übung 9 Herr Reiner aus Hannover fährt nach Berlin. Er wohnt in einem eleganten Hotel und schläft in einem bequemen Bett. Heute trinkt er Kaffee und liest die *Berliner Morgenpost*. Herr Reiner faulenzt natürlich nicht. Er findet einen Park und läuft. Übrigens hat Herr Reiner manchmal Hunger. Dann geht er ins Restaurant i-Punkt zum Brunch-Buffet und ißt Berliner Spezialitäten. Das Restaurant i-Punkt ist ganz oben in der 20. Etage im Europa-Center.

Übung 10 1. Der / den / der / Der / der 2. Blöd? Dann sieh dir erst mal den hier an. 3. blöd / häßlich 4. He! 5. Ekelhaft 6. Torfkopp / Cretin 7. schlimmer

Übung 11 GNU EINS: Sieh dir erst mal die hier an. GNU ZWEI: Ja, die sind wirklich häßlich. GNU EINS: Mann, ist die blöd. GNU ZWEI: Ja, wirklich blöd. Aber nicht so dumm wie die da. GNU EINS: He! Torfkopp! GNU ZWEI: Die hört das nicht. Die ist zu dumm. Dumm und häßlich! Ich habe die ungern. GNU ZWEI: Schnaken! Iih! Ich finde die ekelhaft.

Sprache im Kontext Auf den ersten Blick b.

Zum Text 1. a. Der Dipl.-Kaufmann b. Die Ergo-Therapeutin 2. Die Studentin 3. Der Mathematiker 4. Der Unternehmensberater 5. Die Ärztin 6. Der Unternehmensberater 7. Der Mathematiker 8. Für ca. 5 Jahre

Kapitel 3

Alles klar! 1. c 2. b 3. a 4. c 5. c // 1. unser 2. Dackel 3. Frauchen 4. Herrchen // 1. Herrchen / Frauchen

Wörter im Kontext Aktivität 1 1. Vater 2. Töchter 3. Brüder 4. Opa 5. Urgroßvater 6. Neffen 7. Tante

Aktivität 2 Montag / Dienstag / Mittwoch / Donnerstag / Freitag / Samstag / Sonntag

Aktivität 3 1. Oktober 2. Januar 3. Mai 4. Juli 5. Februar 6. Dezember 7. August 8. April 9. Juni 10. November 11. September

Aktivität 5 1. Herzlichen Glückwunsch zum Geburtstag! 2. Viel Glück! (*oder:* Alles Gute!) 3. Danke! (*oder:* Danke schön! *oder:* Danke sehr!) 4. Viel Glück! 5. Viel Spaß! 6. Herzlichen Glückwunsch zum Valentinstag! 7. Na, wie geht's? (*oder:* Hallo, wie geht es dir? *oder:* Hallo, wie geht's? *oder:* Grüß dich. Wie geht es dir? *oder:* Grüß dich. Wie geht's?) 8. Herzlichen Glückwunsch zur Hochzeit! (*oder:* Alles Gute!)

Grammatik im Kontext Übung 1 . . . ihren Sohn, ein Radio für ihre Tochter, einen Wecker für ihre Nichte, ein Buch für ihren Neffen und einen Fernseher für ihren Mann.

Übung 2 1. Wir kennen euch nicht gut, und ihr kennt uns nicht gut. 2. Ich besuche dich manchmal, und du besuchst mich manchmal. 3. Er findet Sie interessant, und Sie finden ihn interessant. 4. Es versteht sie schon gut, und sie verstehen es schon gut.

Übung 3 A: den B: ihn C: den / den / die / das D: sie E: den F: ihn G: das H: es I: die J: sie / sie

Übung 4 CHRISTOPH: Ich verstehe Robert nicht gut, und er versteht mich auch nicht gut. Verstehst du ihn? BRIGITTE: Ja, kein Problem. Ich verstehe ihn gut. // HERR SCHULZ: Hören Sie mich, Herr Jones? HERR JONES: Ja, ich höre Sie ganz gut, Herr Schulz. // FRAU KLAMM: Laufen Ihre Kinder immer so laut um das Haus herum und durch den Garten, Frau Kleist? // PAUL: Hast du etwas gegen meinen Freund? UTE: Nein, natürlich habe ich nichts gegen ihn. Aber er hat etwas gegen mich. // SUSI: Spielt ihr schon wieder Cowboys ohne mich? ALEX: Nein, Susi, wir spielen nicht ohne dich. // MARGRET: Fährst du im Winter durch die Schweiz? MICHAEL: Ja, und auch durch Österreich. // MÄXCHEN: Opa, hast du eine Cola für uns? OPA: Nein, aber ich habe Milch für euch. Ohne Milch bleibt ihr klein. MÄXCHEN: Ach, Opa, bitte! OPA: Na gut, eine Cola für dich und Barbara.

Übung 6 1. werden 2. werde / wird 3. wirst 4. werdet

Übung 7 1. kenne / Kennst 2. Wissen 3. weiß 4. Kennen 5. Wißt 6. weiß 7. Kennt 8. Wissen / weiß 9. wissen

Sprache im Kontext Auf den ersten Blick 1 Die Musiklehrerin, Frau Hanna Walch-Moser, feiert ihren 80. Geburtstag.

Zum Text 1 1. a, b 2. c 3. b 4. a, b, c

Auf den ersten Blick 2 Sie heißen Nathalie, Henrik und Maximilian.

21.18 Juli
Zum Text 2 A. 1. Nathalie ist um ~~18.21~~ Uhr am 23. ~~Juni~~ 1994 geboren. 2. Das Baby Nathalie ist 51
cm lang g schwer. 3170 51
~~g schwer~~ und 3170 ~~cm lang~~. (*oder:* Das Baby Nathalie ist ~~51~~ g schwer und ~~3170~~ cm lang.) 3. Die Eltern sind
glücklich ihre Tochter. Meckenheim.
sehr ~~unglücklich~~ über ~~ihren Sohn~~. 4. Die Familie Lindt wohnt in ~~Mainz~~. 5. Ihre Adresse ist Liebermann
Straße Glückwünsche Aufmerksamkeiten".
~~Platz~~ 11. 6. Herr und Frau Lindt sagen „Dank für alle ~~Hochzeitswünsche~~ und ~~Partys"~~. 7. Jetzt hat die
fünf zwei Söhne.
Familie von Meer ~~vier~~ Mitglieder: Vater, Mutter, Tochter und ~~Sohn.~~ 8. Die Tochter und Schwester heißt
Julia. Die Mutter Rheinbach,
~~Astrid.~~ (*oder:* ~~Die Tochter und Schwester~~ heißt Astrid. 9. Die Familie von Meer wohnt in ~~Rotdorn,~~ und ihre
53359. Jürgen und Astrid danken Doktor Kaiser freundliche
Postleitzahl ist ~~37.~~ 10. ~~Doktor Kaiser dankt Jürgen und Astrid~~ für die ~~unfreundliche~~ Unterstützung.

Kapitel 4

Alles klar? 2. Operette in drei Akten 3. von Friedrich Zell und Richard Genée 4. Musik von Johann Strauß 5. Sonntag 6. 24. Mai 7. 19.00 Uhr 8. 30. Mai, 3. und 7. Juni 9. Opernhaus 10. Besucherservice Opernhaus, PF 35, Leipzig 11. 29 10 36 12. Tagekasse Opernhaus und an der Abendkasse // Sonntag / Mai / Juni / Nacht / Musik / musikalisch / Choreographie / Kostüme / Komödie / Oper / Operette / Opernhaus / Venedig

Wörter im Kontext Aktivität 1 . . . Ihr Sohn Josef räumt schon sein Zimmer auf, und ihre Tochter Maria steht jetzt auf. Jeden Tag bleibt ihr Mann, Herr Fiedler, bis acht Uhr zu Hause. Heute morgen ruft er seine Mutter an.

. . . Frau Jahn kocht, und Herr Jahn frühstückt. Ihr Kind, das kleine Hänschen, sieht fern. Frau Jahns Vater kommt alle zwei Wochen vorbei. Heute morgen geht die Familie spazieren, und der Opa kommt mit.

Aktivität 2 . . . Bei Haußner kann man essen und trinken, tanzen und träumen. Es gibt täglich eine Live Musik Show mit der „Austrian Starlight" Band. Dienstags bis donnerstags und sonntags ist das Restaurant von zwanzig bis drei Uhr geöffnet, freitags, samstags und feiertags von zwanzig bis fünf Uhr. Montag ist Ruhetag. Reservieren Sie einen Tisch. Unsere Adresse ist Joachimstaler Straße 1, und unsere Telefonnummer ist 881 55 20. . . .

Aktivität 3 A. 1. halb 2. vor 3. Viertel nach 4. nach 5. Viertel vor B. 3 2 4 1 6 7 5

Aktivität 4 1. Eine Minute 2. Eine Stunde / Minuten 3. Ein Tag / Stunden 4. vormittags 5. abends 6. Eine Woche / Tage 7. Ein Monat 8. Ein Jahr

Aktivität 5 1. Gehen Sie gern ins Kino? in die Disko? ins Konzert? ins Theater? in die Oper? 2. Abenteuerfilm / Horrorfilm / Psychothriller / Krimi 3. Drama / Komödie / Tragödie / Oper / Ballett 4. Western-Musik / klassische Musik / Rockmusik

Aktivität 6 . . . JENS: Er heißt „Ost sieht West; West sieht Ost". KLAUS: Und was für ein Film ist das? JENS: Der Film ist eine deutsch-deutsche Fotodokumentation aus dem Frühjahr 1990. KLAUS: Wo läuft der Film? JENS: Er läuft im Museum im Zeughaus in Berlin. KLAUS: Und wann fängt der Film an? JENS: Er fängt um zehn Uhr an. . . .

Grammatik im Kontext Übung 1 1. Um zehn nach sieben frühstückt sie. 2. Um halb acht räumt sie schnell ihr Zimmer auf. 3. Um zwanzig nach acht geht sie aus. 4. Um fünf nach neun fängt ihre Englischstunde an. 5. Um Viertel nach zwei kommt sie nach Hause zurück. 6. Um fünf vor sechs ruft sie ihre Freundin an. 7. Um halb sieben sieht sie fern. 8. Von acht bis zehn lernt sie Englisch.

Übung 2 1. Er wirft den Bumerang weg. 2. Man wirft einen Bumerang weg, und normalerweise kommt er von selbst zurück. 3. Ein Mann bringt ihn zurück. 4. Der Mann sieht sehr böse aus.

Übung 3 1. müssen / muß 2. muß 3. mußt / müßt / müssen 4. müssen

Übung 4 1. Dürfen / möchtest 2. Darf 3. kann 4. soll 5. magst 6. mag / können 7. soll 8. können

Übung 5 1. Frühstücken Sie doch morgen früh im Café. 2. Gehen Sie doch morgen einkaufen. 3. Gehen Sie mal durch den Park spazieren. 4. Essen Sie doch morgen abend im Restaurant. 5. Sehen Sie dann mal einen Abenteuerfilm. 6. Kommen Sie bitte am Samstag vorbei.

Übung 6 1. Fütter aber erst die Katze. 2. Seh jetzt nicht fern. 3. Wart(e) nur eine Minute 4. Öffne die Tür noch nicht. 5. Nehmt eure Jacken mit. 6. Vergeßt das Geld nicht. 7. Kauft eine Zeitung und ein Buch für mich. 8. Kommt dann sofort zurück.

Sprache im Kontext Zum Text A. 1. den „Gut drauf!" Sticker 2. a. Foyer des Springer-Hauses b. SFB-Pavillon / Theodor-Heuss-Platz / den Touristen-Info-Stellen / Bahnhof Zoo und Europa-Center 3. a. Auto 4. *Berliner Morgenpost* 5. Berliner 6. eine große Party 7. Journalisten-Club B. 2.

Kapitel 5

Alles klar? 1. a 2. d 3. d 4. c 5. b 6. d 7. c // 1. Josp-Tee / Neueröffnung 2. Quartier / Frische den ganzen Tag 3. Kirner / langer Sa. bis 16 Uhr

Aktivität 1 A. 2. das Hemd 3. die Hose 4. das Kleid 5. der Gürtel 6. die Jacke 7. der Schal 8. der Rock 9. der Hut 10. das Sakko 11. die Krawatte 12. der Mantel 13. der Pullover 14. der Schuh 15. der Stiefel 16. die Bluse

Aktivität 2 1. a 2. a 3. a 4. b 5. a 6. a

Aktivität 3 . . . ELISABETH: Ja, ich brauche ein Sommerkleid. VERKÄUFERIN: Dieses Kleid ist sehr schön. ELISABETH: Ja, aber ich möchte etwas in Blau. VERKÄUFERIN: Möchten Sie etwas in Hellblau oder Dunkelblau? ELISABETH: In Dunkelblau, bitte. VERKÄUFERIN: Diese Kleid hier ist wirklich schön, und wir haben auch Ihre Größe. ELISABETH: Ist dieses Kleid aus Baumwolle oder aus Synthetik? VERKÄUFERIN: Es ist aus Synthetik. ELISABETH: Darf ich es anprobieren? . . . VERKÄUFERIN: Gefällt es Ihnen? ELISABETH: Ja, es paßt mir gut. Ich nehme es. VERKÄUFERIN: Gut. Zahlen Sie dann bitte da vorne an der Kasse. . . .

Aktivität 4 1. rot 2. weiß 3. grün 4. schwarz 5. gelb 6. orange 7. braun / braun

Aktivität 5 Wo ist der Apfelsaft? Ich kann den Apfelsaft nicht finden. / das Salz? / das Salz / der Pfeffer? / den Pfeffer / der Wein? / den Wein / die Leberwurst? / die Leberwurst / der Kaffee? / den Kaffee / das Mineralwasser? / das Mineralwasser / das Brot? / das Brot / die Limonade? / die Limonade

Grammatik im Kontext Übung 1 1. Wem gehören diese Kleidungsstücke? 2. Gehört Ihnen dieser Bademantel? 3. Gehört ihm diese Krawatte? 4. Gehört ihr dieser Schal? 5. Gehört dir diese Jacke? 6. Gehören ihnen diese T-Shirts? 7. Gehören euch diese Schuhe?

Übung 2 B: Ihm D: Ihr F: ihnen H: ihr J: uns

Übung 3 2. Karin schenkt ihrer Oma einen Schal. 3. Herr Lenz schenkt seiner Mutter einen Hut. 4. Peter schenkt seinem Vater eine Krawatte. 5. Emilie schenkt ihrem Neffen ein Hemd. 6. Herr und Frau Pohl schenken ihrem Sohn einen Anzug. 7. Frau Effe schenkt ihren Eltern eine Flasche Wein.

Übung 4 2. Nein, Karin schenkt ihn ihrer Oma. 3. Nein, Herr Lenz schenkt ihn seiner Mutter. 4. Nein, Peter schenkt sie seinem Vater. 5. Nein, Emilie schenkt es ihrem Neffen. 6. Nein, Herr und Frau Pohl schenkt ihn ihrem Sohn 7. Nein, Frau Effe schenkt sie ihren Eltern.

Übung 5 1. Ja, ich kaufe es ihr. 2. Ja, ich zeige ihn ihnen. 3. Ja, ich gebe sie Ihnen. 4. Ja, ich gebe sie euch. 5. Ja, ich schicke ihn dir.

Übung 6 1. Diese Erdbeeren schmecken mir gut. 2. Dieser Pullover paßt mir gut. 3. Die Jeans stehen dir gut. 4. Können Sie mir bitte helfen? 5. Ich möchte dir für den Tee danken. 6. Die Mütze gefällt mir. 7. Es tut mir leid. 8. Das Hemd ist mir zu teuer. 9. Es ist mir egal.

Übung 8 1. Richard ist schon seit drei Monaten in Münster. 2. Morgens geht er zur Uni. 3. Nachmittags geht er zur Arbeit. 4. Er wohnt bei Herrn und Frau Mildner. 5. Er spricht oft mit einem Studenten aus der Schweiz. 6. Sie sprechen besonders gern von ihren Freunden. 7. Manchmal geht Richard mit seinen Freunden zum Supermarkt. 8. Da kann er Lebensmittel auch aus den USA finden.

9. Nach dem Einkaufen fährt Richard mit dem Bus nach Hause.

Übung 9 1. Wo arbeitest du? 2. Wo bleibst du oft? 3. Wohin gehst du gern Samstag nachmittags? 4. Wo wohnen deine Eltern jetzt? 5. Wo arbeitet dein Bruder manchmal? 6. Wo studiert deine Freundin Maria? 7. Woher kommt dein Freund Peter? 8. Woher kommt deine Kusine? 9. Wohin fährt dein Onkel nächste Woche? 10. Wohin will deine Tante reisen?

Übung 10 A: diese / sie B: Welche C: diesen / ihn D: Welchen / Welcher / Welche E: jeden F: Welche G: Jeder / dieser H: Diese

Sprache im Kontext Auf den ersten Blick ein T-Shirt / Jeans / Hosenträger / Basketballschuhe // Jeans

Zum Text 1. b 2. a, c 3. a, b, c 4. a, b, c 5. a, b

Kapitel 6

Alles klar? A. die Namen der Restaurants / die Adressen / die Telefonnummern / die Telefaxnummer / die Stadt / der Name der Inhabers / das Datum / die Getränke, die man bestellt / das Gericht, das man bestellt / die Preise / die Mehrwertsteuer / die Summe / wie man die Rechnung bezahlt / eine Danksagung / die Offnungszeiten B. 1. Bergerstraße 9 2. internationalen / spanische-argentinische 3. Primo Lopez 4. drei 5. Bier / Orangensaft 6. 3,00 / 3,50 / 79,50 7. 14 8. 12

Wörter im Kontext Aktivität 1 Leeze hat türkische Küche. / hat Getränke und Speisen. / hat live Musik. **Apollo-Grill** hat türkische Küche. / ist preiswert. / hat Getränke und Speisen. / hat auch eine Filiale, einen express Grill. / hat internationale Küche. / liegt in der Goslarsche Straße (in Braunschweig). **Kneipe** / hat türkische Küche. / liegt in der Frauenstraße (in Münster). / hat Getränke und Speisen. / hat eine Zimmervermittlung.

Aktivität 2 1. Imbißstand 2. Ruhetag 3. Tischreservierung 4. Ist hier noch frei? 5. besetzt 6. Speisekarte 7. Rechnung / Ober / Kellnerin / Zahlen

Aktivität 3 1. ~~Servietten~~ / ~~Gaststätten~~ / ~~Kneipen~~ / ~~Ober~~ / ~~Rechnung~~ / ~~Messer~~ / ~~Besteck~~ / ~~Wirtshäuser~~ / ~~Ruhetage~~ 2. An einem Imbißstand kann man schnell einen Imbiß kaufen und essen. Aber in einem Restaurant nehmen sich die Gäste viel Zeit für ihre Speisen und Getränke. Da kann man zuerst eine Vorspeise bestellen. Das kann oft eine Suppe oder ein Salat sein. Dann wählt man ein Hauptgericht mit Beilage. Das ist vielleicht ein Pfannengericht oder eine Hausspezialität. Dazu wählt man auch ein Getränk, wie zum Beispiel ein Bier oder ein Glas Wein oder sonst was. Nach diesem Gericht kann man einen Nachtisch (*oder:* eine Nachspeise) bestellen—wenn man noch Hunger hat.

Aktivität 4 1. c 2. b, c 3. b 4. a, b, c

Aktivität 5 1. a. der Löffel b. die Tasse d. der Teller e. die Gabel f. das Messer g. die Serviette // das Besteck

Aktivität 6 1. K: O: K: O: K: O: K: O: K: O: K: 2. 8 11 6 1 4 9 7 3 10 5 2

Grammatik im Kontext Übung 1 1. Mein Freund ist jetzt im Café. in der Stadt. auf dem Markt. am Imbißstand. im Ballett. auf einer Geburtstagsparty. auf dem Land. an der Kasse. in seinem Zimmer. 2. Heute abend gehe ich ins Kino. auf eine Party. ins Lokal an der Ecke. auf ein Familienfest. in eine Studentenkneipe. in mein Lieblingsrestaurant. in den Biergarten Leeze. ins Konzert. in die Oper.

Übung 2 1. Ein Mann sitzt neben seiner Frau auf einem Sofa. 2. Neben dem Sofa steht ein Tisch. 3. Auf dem Tisch steht eine Tasse. 4. Über dem Tisch hängt eine Lampe. 5. Vor dem Tisch liegt ein Hund und schläft. 6. Mitten im Zimmer steht ein Fernseher.

Übung 3 PAUL: Wohin soll ich das Besteck legen? ANNA: Auf die Tische. PAUL: Wo stehen die Tassen? ANNA: Im Schrank. PAUL: Wo steht der Schrank? ANNA: Im Foyer. PAUL: Wohin soll ich die Servietten legen? ANNA: In die Schublade. PAUL: Wohin soll ich die Fotos hängen? ANNA: An diese Wand. PAUL: Wo hängt das große Poster? ANNA: Zwischen den Fenstern. PAUL: Wo liegt der kleine Teppich? ANNA: Vor der Tür. PAUL: Wohin soll ich die Stühle stellen? ANNA: An die Tische. PAUL: Wohin soll ich den ersten Gast setzen? ANNA: An diesen Tisch. PAUL: Wo können die Kellner und Kellnerinnen sitzen? ANNA: Am Tisch neben der Hintertür.

Übung 4 . . . MARIA: In einer Stunde. THOMAS: Und um wieviel Uhr soll das sein? MARIA: Gegen halb sechs. THOMAS: Wann möchtest du essen? Vor oder nach dem Theater? MARIA: Vielleicht können wir etwas schnell in der Pause essen. THOMAS: Wie lange läuft dieses Stück schon im Volkstheater? MARIA: Seit zwei Monaten. . . .

Übung 6 HERR GEISLER: Was hatten Sie denn zum Abendessen, Herr Schulze? HERR SCHULZE: Ich hatte das Wiener Schnitzel, meine Frau hatte die Hausspezialität, und meine drei Kinder hatten einen Wurstteller. HERR GEISLER: Was hattet ihr zum Nachtisch, Kinder? ANGELIKA: Wir, das heißt Corinna und ich, hatten beide einen Eisbecher. Christoph, etwas anderes. HERR GEISLER: Und du, Christoph. Was hattest du? CHRISTOPH: Ich hatte ein Stück Apfelstrudel. . . .

Übung 7 1. A: mußten B: mußten C: mußte 2. A: durften B: durfte / Durftest C: durfte / durfte 3. A: konnten / Konntet B: konnte / Konntest C: konnte / konnte 4. A: sollten / solltet B: sollte / sollten / Solltest 5. A: Wolltest B: wollte / wolltet C: wollten / wollten 6. A: Mochtet B: mochten / mochten / Mochtest C: mochte

Sprache im Kontext Auf den ersten Blick 1. Oberwinter / Hauptstraße 90 / Dienstag 2. Fremdenzimmer und Ferienwohnungen

Zum Text A. 2. Spaziergang / Besuch B. 1. Am Rhein. 2. Eine große Speisekarte. 3. Pfannkuchen oder Salatbuffett. 4. Eine gemütliche Atmosphäre.

Kapitel 7

Alles klar? 1. Einen Rucksack. Einen Schlafsack. Trekking-Schuhe. Einen Hut. Eine Laterne. 2. Er wandert. Er verbringt seine Zeit draußen.

Wörter im Kontext Aktivität 1 1. spielen 2. machen 3. gehen 4. laufen 5. spielen 6. fährst 7. laufen 8. sammeln 9. spielen 10. geht

Aktivität 2 1. Helga angelt. 2. Herr Dietz segelt. 3. Käthe reitet. 4. Werner taucht. 5. Herr und Frau Wesche kegeln. 6. Helmut und Paula gehen bergsteigen. 7. Frau Kühn fährt Ski. 8. Joachim und Sigrid spielen Tennis.

Aktivität 4 1. Claudia strickt gern. Ich . . . 2. Manfred töpfert gern. Ich . . . 3. Christel bastelt gern. Ich . . . 4. Jürgen zeichnet gern. Ich . . .

Aktivität 5 1. die Sonne 2. das Gewitter 3. der Nebel 4. der Regen 5. der Schnee 6. der Wind

Aktivität 6 1. Es schneit heute. 2. Morgen regnet es. 3. Donnert und blitzt es morgen auch? 4. Gestern hat die Sonne geschienen. 5. Ist es oft neblig? 6. Im Frühling ist es heiter. 7. Ist es oft bewölkt?

Grammatik im Kontext Übung 1 1. f 2. a 3. g 4. e 5. h 6. i 7. c 8. b 9. d

Übung 2 FRAU WAGNER: Was haben Sie in Ihrer Freizeit gemacht? FRAU HUBERT: Ich habe Münze gesammelt und Karten gespielt. Ich habe auch viel gekocht. Und Sie? FRAU WAGNER: Ich bin oft gereist und habe fotografiert. Wenn ich zu Hause war, habe ich gezeichnet, gebastelt und im Garten gearbeitet. FRAU HUBERT: Haben Sie auch Musik gehört? FRAU WAGNER: Ja natürlich. Klassische, Popmusik, Jazz . . .

Übung 3 PSYCHIATERIN: Was ist denn gestern abend passiert? HERR BLOCK: Meine Frau und ich haben unser Abendessen gegessen, und dann sind wir ins Wohnzimmer gegangen. Meine Frau hat eine Tasse Kaffee mitgenommen. PSYCHIATERIN: Haben Sie auch eine Tasse Kaffee nach dem Essen getrunken? HERR BLOCK: Nein, Kaffee mag ich nicht. Nach dem Essen habe ich eine zweite Maß Bier getrunken. PSYCHIATERIN: So, Sie waren mit Ihrer Frau im Wohnzimmer. Haben Sie mit ihr gesprochen? HERR BLOCK: Nein, wir haben zusammen auf dem Sofa gesessen, aber ich habe ferngesehen, und meine Frau hat geschlafen. PSYCHIATERIN: Und Sie haben gar nichts zu Ihrer Frau gesagt? HERR BLOCK: Nein, nichts. PSYCHIATERIN: Sind Sie endlich ins Bett gegangen? HERR BLOCK: Ja, gegen elf Uhr bin ich aufgestanden. Ich habe den Fernseher abgeschaltet, und ich bin nach oben ins Schlafzimmer gegangen. PSYCHIATERIN: Haben Sie Ihrer Frau zuerst einen kleinen Kuß auf die Stirn gegeben? HERR BLOCK: Nein, aber ich habe den Fernseher geküßt. PSYCHIATERIN: Ist Ihre Frau aufgewacht? HERR BLOCK: Nein, sie ist die ganze Nacht auf dem Sofa geblieben. PSYCHIATERIN: Ach so, Sie haben dann die ganze Nacht allein im Schlafzimmer verbracht, und Ihre Frau hat die Nacht allein im Wohnzimmer geschlafen. HERR BLOCK: Ich war ganz allein. Meine Frau hatte ja die Gesellschaft des Hundes. Er hat die ganze Zeit auf dem Boden gelegen.

Übung 4 *Die Frage:* Wie haben Sie das Jahr verbracht? *Die Antwort:* 1. Ich bin fast nie zu Hause geblieben. 2. Ich habe ernsthaft Sport getrieben. 3. Ich bin in der Schweiz Ski gefahren. 4. Ich habe meine Familie und alle meine Freunde mitgebracht. 5. Wir sind alle auch Bungee jumping gegangen. 6. Ich habe ein Segelboot gekauft. 7. Ich habe oft auf dem See gesegelt. 8. Ich habe geangelt, und ich bin auch geschwommen. 9. Ich habe auch viel Geld zu Sportklubs für Kinder gegeben. 10. Das hat vielen jungen Menschen geholfen.

Übung 5 1. Wann sind Sie aufgestanden? 2. Was haben Sie zum Frühstück gegessen? 3. Was haben Sie dazu getrunken? 4. Um wieviel Uhr sind Sie aus dem Haus gegangen? 5. Wie viele Kilometer sind Sie gelaufen? 6. Wie lange hatten Sie schon Muskelschmerzen? 7. Was hat Ihnen bei den Muskelschmerzen geholfen? 8. Wo haben Sie die Salbe gekauft?

Übung 6 A. 1. r 2. r 3. r 4. f 5. f 6. r

Kapitel 8

Alles klar? 1. Bei der Klinik für Migräne und Kopfschmerzen. 2. Die Zahnärztin, Dr. Monika Geißler. 3. Den Internisten, Dieter Funcke, oder den Arzt, Werner Vesting. 4. Die Ärztin für Allgemeinmedizin, Hannelore Elmi.

Wörter im Kontext **Aktivität 1** 1. Achten 2. Reduzieren (*oder*: Vermeiden) 3. Suchen 4. Vermeiden (*oder:* Reduzieren) 5. Essen 6. Gehen 7. Verbringen 8. Meditieren (*oder:* Essen) 9. Verbringen (*oder:* Meditieren) 10. Rauchen

Aktivität 2 1. a. Kurort b. Ruhe c. Süßigkeit d. Krankenkasse e. Gewicht f. Husten 2. a. Arzt / Ärztin b. Fieber / Kopfschmerzen c. Urlaub (*oder:* Ruhe *oder:* Erholung) d. Heilbad / Trinkkur e. Termin / Sprechstunde f. Ruhe / Erholung (*oder:* Urlaub)

Aktivität 4 1. das Auge, die Nase, der Mund, der Finger, die Hand, der Ellbogen, der Arm, die Schulter, die Brust, der Bauch, das Bein, der Fuß 2. Die Ballons haben einen Kopf, aber der Kopf hat kein Haar und keine Ohren. Die Ballons haben auch keinen Körper mit Armen und Beinen, Händen und Füßen.

Aktivität 5 STEFAN: Du klingst deprimiert. BETTINA: Ich fühle mich hundsmiserabel. STEFAN: Was fehlt dir denn? BETTINA: Ich habe die Grippe. Der Hals tut mir weh, und ich kann kaum schlucken. STEFAN: Hast du Fieber? BETTINA: Ja, auch Husten und Schnupfen. STEFAN: So ein Pech. Hast du deinen Arzt (*oder*: deine Ärztin) angerufen? BETTINA: Das mache ich heute. STEFAN: Na, gute Besserung! BETTINA: Danke.

Aktivität 6 1. duscht sich 2. kämmt sich 3. entspannen sich 4. strecken sich 5. putzt sich die Zähne 6. schminkt sich 7. zieht sich an

Aktivität 7 1. Ja, ich kämme mich jeden Morgen. (*oder:* Nein, ich kämme mich nicht jeden Morgen.) 2. Ja, ich strecke mich oft. (*oder:* Nein, ich strecke mich nicht oft.) 3. Ja, ich verletze mich manchmal. (*oder:* Nein, ich verletze mich nicht oft.) 4. Ja, ich muß mich immer beeilen. (*oder:* Nein, ich muß mich nicht immer beeilen.) 5. Ja, ich kann mich am Abend entspannen. (Nein, ich kann mich am Abend nicht entspannen.) 6. Ja, ich halte mich fit. (*oder:* Nein, ich halte mich nicht fit.) 7. Ja, ich fühle mich immer gesund. (*oder:* Nein, ich fühle mich nicht immer gesund.) 8. Ja, ich erkälte mich leicht. (Nein, ich erkälte mich nicht leicht.)

Grammatik im Kontext **Übung 1** Karl und Rosa haben Urlaub, aber sie haben noch keine Pläne. Sie wissen, daß sie den ganzen Urlaub nicht im Hotelzimmer verbringen wollen. Karl liest laut aus Reisebroschüren vor. Rosa spricht nicht, sondern sie hört zu. Die beiden können nicht in die Oper gehen, denn sie haben nicht genug Geld dafür. Sie können nicht schwimmen gehen, weil das Hotel weder Hallenbad noch Freibad hat. Karl weiß, daß Rosa durchs Einkaufszentrum bummeln möchte, aber er will nicht mitgehen. Rosa weiß, daß Karl gern ein Fußballspiel im Stadion sehen möchte, aber sie interessiert sich nicht dafür. Rosa sagt: „Wenn du ins Stadion gehst, gehe ich einkaufen," aber Karl sagt: „Wenn wir in Urlaub sind, sollten wir die Zeit zusammen vebringen".

Übung 2 1. Wenn ich mein Zimmer aufgeräumt habe, durfte ich fernsehen. 2. Wenn ich meine Hausaufgaben gemacht habe, habe ich noch draußen gespielt. 3. Wenn ich meiner Mutter geholfen habe, sind wir alle ins Kino gegangen. 4. Wenn ich samtags früh aufgestanden bin, sind wir aufs Land gefahren. 5. Wenn ich mein Gemüse gegessen habe, durfte ich Süßigkeiten haben. 6. Wenn ich mir die Hände nicht gewaschen habe, durfte ich nicht am Tisch mit ihnen (*oder:* mit meinen Eltern) essen.

Übung 3 A: dir B: mich C: dich D: mich E: mich / mir / mich F: dich E: mich G: euch H: uns I: dich J: mich

Übung 4 Ich habe mich fit gehalten. Ich habe gesund gegessen und viel Wasser getrunken. Ich habe regelmäßig Sport getrieben. Zweimal pro Woche habe ich Tennis gespielt. Ich bin jeden Morgen schwimmen gegangen, und ich bin jedes Wochenende gelaufen. Ich habe nie geraucht und habe nur selten Medikamente genommen. Manchmal habe ich mich erkältet. Dann habe ich Vitamintabletten eingenommen und viel

Orangensaft getrunken. Ich bin zu Hause geblieben und habe mich erholt. Bald bin ich wieder gesund geworden. Einmal pro Jahr bin ich zum Arzt gegangen. Ich habe die Gesundheit für wichtig gehalten.

Übung 5 1. Kämm dir doch die Haare. 2. Wasch dir doch die Hände. 3. Putzt dir doch die Zähne. 4. Kauf dir doch Vitamintabletten. 5. Zieh dir doch deinen Mantel an.

Sprache im Kontext Auf den ersten Blick 1 Bankkaufmann / Rentnerin A. 1. Letztes Jahr war sie im Kur, und das hat wohl viel Geld gekostet. 2. Sie hilft seinen Kindern im Haushalt und hat viel im Garten zu tun. 3. Sie liest meistens geographische oder geschichtliche Bücher über Schlesien. 4. Sie borgt es sich von ihrer Nachbarin. 5. Er muß sehr viel in seinem Beruf lesen. 6. Er ist in zwei Sportvereinen engagiert. 7. Er liest einen Krimi, einen Wildwestroman oder sonst was.

Auf den ersten Blick 2 1. Buch / CD 2. Mond / Luna / Neumond / Vollmond 3. Astrologie

Zum Text 2 A. 1. b, c 2. a, b 3. a, b 4. b, c 5. a, b B. 1. a, b, c 2. b

Kapitel 9

Aktivität 1 2. das Bett, -en 3. die Wäsche 4. die Kommode, -n 5. das Handtuch, ¨er 6. der Kabelfernseher, - (*oder*: der Fernseher, -) 7. der Tisch, -e 8. die Lampe, -n 9. der Schlüssel, - 10. der Stuhl, ¨e 11. das Gepäck 12. der Koffer, - 13. der Schrank, ¨e 14. die Heizung 15. die Klimaanlage, -n 16. das Badezimmer, - 17. die Toilette, -n 18. die Dusche, -n // Kabelfernsehen / Dusche und WC / Einzelzimmer mit Bad / Klimaanlage und Heizung

Aktivität 2 1. Innenstadt 2. Lage 3. Parkplatz 4. Jugendherberge 5. Doppelzimmer / Mehrbettzimmer 6. Einzelzimmer / Einbettzimmer 7. Heizung 8. Klimaanlage 9. Handtuch 10. Kabelfernsehen

Aktivität 3 5 7 4 9 10 2 6 1 8 3

Aktivität 5 eine Kreuzung, Kreuzungen, / eine Bank, Banken, / eine Jugendherberge, Jugendherbergen, / ein Hotel, Hotels, / eine Pension, Pensionen / eine Kirche, Kirchen / ein Museum, Museen / einen Parkplatz, Parkplätze / eine Schwimmhalle, Schwimmhallen / eine Tankstelle, Tankstellen / einen Friedhof / Friedhöfe

Aktivität 6 B. 1. Beethoven. 2. Der Rhein. 3. Die Kennedybrücke. 4. Der Hofgarten und der Stadtgarten. 5. Das Stadtmuseum. 6. Die Münster-Basilika. 7. Rheinisches Landesmuseum. (*oder:* Das Rheinische Landesmuseum.)

Aktivität 7 1. Potsdam. 2. Hamburg. 3. Am Rhein. 4. An der Donau. 5. Zürich. 6. Wiesbaden und Mainz. 7. Nein, München liegt im Süden. 8. Nein, Dresden liegt im Osten. 9. Nein, Innsbruck liegt westlich von Graz. 10. Nein, Bern liegt südlich von Basel.

Grammatik im Kontext Übung 1 Das Haus der Familie Beethoven steht in Bonn. Hier wurde Ludwig van Beethoven 1770 geboren. Dieses Haus ist für viele Besucher ein wichtiges Symbol der Stadt Bonn. Die zweite Heimat des Komponisten war Wien, und im „Wiener Zimmer" des Beethoven-Hauses kann man Dokumente über sein Leben und seine Werke in Wien sehen.

Die moderne Beethovenhalle dient seit 1959 als Konzerthalle, und sie ist eigentlich die dritte dieses Namen in Bonn. Das Orchester der Beethovenhalle spielt eine große Rolle im kulturellen Leben dieser Musikstadt am Rhein. Es hat auch wichtige Funktionen im Rahmen des Beethovenfestes in Bonn.

Das erste Beethovenfest fand an Beethovens 75. Geburtstag statt. Der Komponist Franz Liszt war ein Mitglied des Festkomitees. Man hat zu diesem Fest eine Bronzfigur von Beethoven, das Beethoven-Denkmal, errichtet.

Ein neues Symbol der Beethovenstadt Bonn ist „Beethon", eine Skulptur aus Beton. „Beethon" ist das Werk des Künstlers aus Düsseldorf, Professor Klaus Kammerichs.

Man findet das Grab der Mutter Beethovens auf dem Alten Friedhof in Bonn. Ludwig van Beethovens Mutter wurde als Maria Magdalene Keverich geboren. Sie starb am 17. Juli 1787. Auf dem Grabstein dieser Frau stehen die Worte: „Sie war mir eine so gute liebenswürdige Mutter, meine beste Freundin." Das Grab ihres Sohnes findet man in Wien.

Übung 2 1. Wer 2. Wessen 3. Wen 4. Wer 5. Wessen 6. Wem 7. wen 8. Wer 9. wem 10. Wer 11. Wessen 12. Wem

Übung 3 1. des Mannes / des Kindes 2. des Ostens / dieses Landes / der Städte 3. des Tages / des Monats / des Jahres

Übung 4 1. Wegen der hohen Mieten wollen viele Leute ein Haus kaufen. 2. Trotz der Kosten kann man in dieser Stadt ein Haus haben. 3. Innerhalb eines Monats kann man im Traumhaus wohnen. 4. Wir kaufen Häuser innerhalb der Stadt in der Nähe des Stadtzentrums. 5. Wir verkaufen keine Häuser außerhalb der Stadt. 6. Man kann uns während der Woche und auch während des Wochenendes anrufen.

Übung 5 1. des Sommers 2. der Hochsaison 3. des Hotels 4. des Gastes 5. des Mannes 6. Trotz ihrer Reservierung 7. außerhalb der Stadt

Übung 6 stilvolles Ambiente / licht-heiterer Gartensaal / französischer Charme / wohltuende Gastlichkeit / persönlicher Service / ruhige Zimmer / internationaler Komfort

Übung 9 D: Ja, ich habe den Hamburger Hafen fotografiert. F: Ja, ich habe das Berliner Theater besucht. H: Ja, ich habe die Wiener Philharmoniker gehört. J: Ja, ich bin vom neuen Münch(e)ner Flughafen abgeflogen.

Sprache im Kontext Auf den ersten Blick 1 1. Platzl Hotel / in München / in der historischen Altstadt / dem Viktualienmarkt 2. 2 Minuten zu Fuß vom Viktualienmarkt, nur einige Schritte weiter von Theatern und Museen

Zum Text 1 Das neue Platzl Hotel in der historischen Altstadt Münchens hat eine zentrale Lage, eine persönliche Atmosphäre, bequeme Zimmer und Suiten und eine gemütliche Hotelbar.

Zum Text 2 1. (a) Braunschweig war die Sachsenmetropole des Mittelalters. (b) Heute ist Braunschweig ein wirtschaftliches und kulturelles Zentrum Südostniedersachsens. 2. In Braunschweig findet man nicht nur historische Bauwerke und mittelalterliche Plätze mit malerischem Fachwerk, sondern auch moderne Geschäfte in einer großzügig angelegten Fußgängerzone. 3. Man hat die Uraufführungen von Goethes „Faust" und Lessings „Emilia Galotti" in Braunschweig gesehen. Man hat hier auch die erste Spiegelreflexkamera, die erste Rechenmaschine und den ersten VW-Käfer gebaut. 4. Braunschweig hat heute private und staatliche Forschungseinrichtungen mit über 6 000 Wissenschaftler. Auch studieren 12 000 junge Menschen aus aller Welt an der Technischen Universität und Hochschulen. 5. Man beschreibt Braunschweig als eine lebenswerte Stadt zum Wohlfühlen. . . .

Kapitel 10

Alles klar? 1. a 2. b 3. c 4. a, c 5. b, c 6. b, c

Wörter im Kontext Aktivität 1 A. 1. unbequem 2. lang 3. schnell 4. gefährlich 5. billig 6. nah 7. viel B. 1. der Zug 2. der Urlaub 3. die Kamera 4. die Auskunft 5. der Schaffner 6. die Schaffnerin 7. die Fahrt 8. die Fahrkarte C. 1. Urlaub 2. die Fahrt 3. die Fahrkarte 4. dem Zug 5. den Schaffner / die Schaffnerin 6. die Kamera

Aktivität 2 B. 1. in der Heide in Norddeutschland 2. segeln / wandern 3. eine idyllische Landschaft. / einen internationalen Mühlenpark. / 80 Kilometer markierte Wanderwege. 4. einen Segelkurs machen. / im Fluß schwimmen. / tagelang wandern. 5. eine historische Altstadt. / behagliche Gastlichkeit. 6. Wasser. / Windmühlen. 7. Auskünfte bekommen. / Reiseprospekte bekommen. 8. Pauschalangeboten fragen.

Aktivität 3 1. h 2. e 3. g 4. f 5. a 6. b 7. c 8. d

Aktivität 4 A. 1. der Bahnhof 2. der Fahrkartenschalter 3. die Fahrkarte 4. der Bahnsteig 5. das Gleis 6. das Gepäck 7. der Koffer 8. der Zug 9. der Schaffner 10. der Wagen B. Frau Lüttge macht eine Reise mit dem Zug. Sie ist mit einem Taxi zum Bahnhof gefahren. Dann trägt sie ihr Gepäck, das heißt einen Koffer und eine Reisetasche in die Bahnhofshalle. Sie geht gleich an den Fahrkartenschalter, wo sie ihre Fahrkarte kauft.

Sie ißt etwas im Bahnhofsrestaurant und geht dann zum Bahnsteig 10, wo ihr Zug zehn Minuten später auf Gleis 4 abfährt. Der Schaffner kommt dann etwas später in ihren Wagen und kontrolliert die Fahrkarten.

Aktivität 5 1. Am 31. Mai. 2. Bis zum 3. Juni. 3. Zweiter Klasse. 4. Für eine einfache Fahrt. 5. Am Frankfurter Flughafen. 6. Am Hauptbahnhof in Regensburg. 7. 351 Kilometer. 8. 72 DM.

Aktivität 6 A. 2. die Kamera, -s 3. das Flugzeug, -e 4. der Schnee 5. der Berg, -e 6. das Eis 7. die Sonne 9. der Wagen, - 11. der Koffer, - 13. das Schiff, -e 18. der Hut, ¨e B. Anja packt ihre Bekleidung in einen Koffer. Weil die Sonne im Süden so hell ist, nimmt sie eine Sonnenbrille und einen Hut mit. Weil sie auch gern fotografiert, packt sie auch ihre Kamera ein.

Sprache im Kontext **Auf den ersten Blick 1** 1. Ein Interview / ein Zeitungs- oder Zeitschriftenartikel 2. ein Foto / Fragen und Antworten / eine Unterschrift / eine Schlagzeile

Zum Text 1 1. der seinen Beruf als Bürgermeister von ~~Düsseldorf~~ Dortmund genießt. 2. der im ~~Dezember~~ Juni 1925 geboren ist. 3. ~~der erst seit sechs Jahren~~ in Dortmund ~~wohnt.~~ geboren ist. 7. der seine Sommerferien ~~in den Bergen~~ am Meer in südlichen Ländern verbringt. 8. der im Winter in ~~südlichen Ländern~~ den Bergen Urlaub macht. 9. der sich durch ~~Reiten~~ Schwimmen und ~~Segeln~~ Wandern fit hält. 10. der ~~den Film~~ das Buch „Menschen und Mächte" von Helmut Schmidt ~~sehen~~ lesen möchte. 11. dessen hervorstechende Charakter-Eigenschaften Verläßlichkeit und ~~Freundlichkeit~~ Pünktlichkeit sind. 12. der schwere Krankheiten ~~nicht~~ fürchtet. 13. dem der Fleiß und die Aufgeschlossenheit der ~~Berliner~~ Dortmunder gefallen. 15. den die hohe Arbeitslosigkeit in seiner Stadt ~~nicht~~ stört. 16. der in Wickede in der Nähe des ~~Bahnhofs~~ Flughafens wohnt.

Auf den ersten Blick 2 wie viele Jahre die Person schon studiert hat / wie lange diese Person noch studieren muß / das Alter der Person / in welchem Land diese Person studiert

Zum Text 2 **Name:** Gerd Elstner **Alter:** 45 **Familienstand:** ledig **Wo er wohnt:** im Studentenheim in Berlin **Was er fürs Zimmer zahlt:** 150 Mark **Universität:** Freie Universität Berlin **Fach:** Tiermedizin **Länge seines Studiums bis jetzt:** 11 Jahre **Gründe fürs lange Studium:** 1. Er bekam einen Job als Koch. 2. Er ist nicht so schnell wie andere. 3. Ihm fällt regelmäßige Arbeit schwer.

Kapitel 12

Alles klar? 1. wie die Versicherungsfirma heißt / wie viele Menschen in Deutschland keine Versicherung haben / wer versichert sein sollte / warum die Frau auf der Anzeige so froh ist

Wörter im Kontext **Aktivität 1** Ernährung / Miete / Strom / Müll / Versicherung / Benzin / Reparaturen / Telefon / Studiengebühren / Hefte / Bleistifte / Kugelschreiber / Papier / Computerdisketten

Aktivität 3 A. 1. bauen 2. betragen 3. mieten 4. vermieten 5. ausgeben 6. vergleichen 7. warten 8. leihen 9. einrichten 10. bitten B. 1. ausgeben / betragen 2. bauen / versichern 3. Leihen / warten 4. Mieten / vermieten 5. bitten / vegleichen

Aktivität 4 . . . 1. einen Keller 2. Treppen 3. einen Eingang 4. eine Diele 5. einen Flur 6. eine Garage 7. Balkone 8. zwei Stockwerke 9. ein Dachgeschoß 10. ein Dach . . . ZWEITER MAULWURF: Man kocht in der Küche. ERSTER MAULWURF: Wie heißt das Zimmer, in dem man ißt? ZWEITER MAULWURF: Das heißt das Eßzimmer. ERSTER MAULWURF: Und wie heißen die Zimmer, in denen man schläft ZWEITER MAULWURF: Sie heißen die Schlafzimmer. ERSTER MAULWURF: Wo sieht man gewöhnlich fern? ZWEITER MAULWURF: Im Wohnzimmer. ERSTER MAULWURF: Und in welchem Raum badet man? ZWEITER MAULWURF: Im Badezimmer.

Aktivität 6 1. c 2. e 3. g 4. f 5. b 6. h 7. a 8. d

Grammatik im Kontext **Übung 1** 2. Ja, ich habe mich darauf gefreut. (*oder:* Nein, ich habe mich nicht darauf gefreut.) 3. Ja, ich mußte immer lange darauf warten. (*oder:* Nein, ich mußte nicht immer lange darauf warten.) 4. Ja, ich interessiere mich dafür. (*oder:* Nein, ich interessiere mich nicht dafür.) 5. Ja, ich interessiere mich dafür. (*oder:* Nein, ich interessiere mich nicht dafür.) 6. Ja, ich habe Angst davor. (*oder:* Nein, ich habe keine Angst davor.) 7. Ja, ich denke oft darüber nach. (*oder:* Nein, ich denke nicht oft darüber nach.) 8. Ja, ich ärgere mich manchmal darüber. (*oder:* Nein, ich ärgere mich nicht darüber.) 9. Ja, ich glaube, daß die Regierung damit aufhören sollte. (*oder:* Nein, ich glaube, daß die Regierung damit nicht aufhören sollte.) 10. Ja, ich habe etwas dafür gespendet. (*oder:* Nein, ich habe nichts dafür gespendet.)

Übung 2 1. Wovor hast du Angst? 2. Woran denkst du? 3. Worauf wartest du? 4. Worauf freust du dich? 5. Womit beschäftigst du dich? 6. Worüber freust du dich? 7. Worum bittest du? 8. Worüber ärgerst du dich?

Übung 3 B: Ich hätte gern eine Tasse Tee. C: Ich möchte gern eine Tasse Kaffee. A: Dürfte ich Ihnen auch ein Stück Kuchen bringen? C: Würden Sie mir bitte den Marmorkuchen beschreiben? A: Ich könnte Ihnen ein Stück Marmorkuchen zeigen. C: Das wäre sehr nett.

Übung 4 1. Würdest du mir bitte helfen? 2. Würdest du mich bitte morgen anrufen? 3. Würdet ihr bitte am Samstagmorgen vorbeikommen? 4. Würdet ihr bitte eure Fotos mitbringen? 5. Würden Sie mir bitte die Wohnung beschreiben? 6. Würden Sie bitte damit aufhören?

Übung 5 1. Du solltest nicht so schnell fahren. Ich würde nicht so schnell fahren. 2. Du solltest nicht soviel Geld ausgeben. Ich würde nicht soviel Geld ausgeben. 3. Ihr solltet nicht soviel Zeit am Strand verbringen. Ich würde nicht soviel Zeit am Strand verbringen. 4. Ihr solltet nicht auf so viele Partys gehen. Ich würde nicht auf so viele Partys gehen.

Übung 6 1. Wenn die Ferien nur länger wären! (*oder:* Wenn die Ferien nur nicht so kurz wären!) 2. Wenn wir nur nicht Tag und Nacht arbeiten müßten! (*oder:* Wenn wir nur nicht Tag und Nacht arbeiten brauchten!) 3. Wenn ich nur mehr Geld hätte! 4. Wenn die Mieten in dieser Stadt nur nicht so hoch wären! (*oder:* Wenn die Mieten in dieser Stadt nur niedriger wären!) 5. Wenn Häuser nur nicht so viel Geld kosteten! (*oder:* Wenn Häuser nur weniger kosteten!) 6. Wenn ich mir nur ein neues Auto kaufen könnte!

Übung 9 A: ein Viertel B: ein Achtel C: eine Hälfte D: Ein Drittel E: zwanzig Prozent C: Viertel D: in der zweiten Hälfte

Sprache im Kontext Zum Text 1 2. a, b, c 3. b 4. c 5. a 6. a 7. a 8. a, b, c

Auf den ersten Blick 2 1. c 2. b 3. a

Kapitel 13

Alles klar? B. 1. 2. 3. 4.

Wörter im Kontext Aktivität 1 1. d 2. c 3. a 4. b 5. c 6. b 7. d 8. c

Aktivität 2 **wer:** 600 Demonstranten aus Deutschland, Österreich und der Schweiz **wie:** mit Transparenten und phantasievollen Masken **wann:** am Sonnabend **wo:** im Frankfurter Bahnhofsviertel **wogegen:** Tierversuche **was man forderte:** das gesetzliche Totalverbot aller Versuche an Tiere

Aktivität 3 1. die Wegwerfflasche 2. die Sammelstelle 3. die Fußgängerzone 4. das Haushaltsgerät 5. die Umweltverschmutzung

Grammatik im Kontext Übung 1 1. wurde / gespielt / Wer ist Whitney Houston? 2. wurde / angesehen / Wer ist Thomas Jefferson? 3. wurde / zerstört / Was ist die „Hindenburg"? 4. wurde / gefeiert / Was ist der 3. Oktober? 5. wurde / kontaminiert / Was ist Tschernobyl? 6. wurde / verdient / Wer ist Boris Becker? 7. wurde / geschrieben / Was ist „Faust"? 8. wurde / beendet / Wer ist Richard Nixon? 9. wurde / vorgeschlagen / Was ist der Truthahn? 10. ist / geboren / Wer ist Henry Kissinger?

Übung 3 Wenn Sie bei KRONE einkaufen, werden Sie schnell bemerken, daß das Frischwarenangebot reichhaltig, abwechslungsreich—und wirklich frisch ist! So wird z.B. unser Fisch sofort nach dem Fang auf Eis gelegt und auf dem schnellsten Wege an die Märkte geliefert, Obst und Gemüse frühmorgens aus der Großmarkthalle abgeholt. Brot, Semmeln und Gebäck werden jeden Tag frisch gebacken! // 1. Der Fisch ist sofort nach dem Fang auf Eis gelegt worden. 2. Der Fisch wurde dann auf dem schnellsten Wege an die Märkte geliefert. 3. Obst und Gemüse sind morgens aus der Großmarkthalle abgeholt worden. 4. Brot und Brötchen wurden jeden Tag frisch gebacken. 5. Frische Ware ist jeden Tag angeboten worden. 6. Viele Angebote wurden bei uns gefunden.

Übung 4 B. 1. Die Abfälle aus Haushalten, Restaurants und Großküchen wurden bisher an Futtermittelaufbereiter gegeben. 2. Bis eine sinnvolle Verwertungsmöglichkeit gefunden worden ist, 3. daß Küchenabfälle auch gemeinsam mit Gartenabfällen kompostiert werden können. 4. müssen die Abfälle leider gemeinsam mit Hausmüll auf den Deponien beseitigt werden. C. 1. Die Berliner Stadtreinigung. 2. Verwerter für Küchenabfälle. 3. Futtermittelaufbereitern. (*oder:* An Futtermittelaufbereiter.) 4. Küchenabfälle können mit Gartenabfällen kompostiert werden. 5. Eine sinnvolle Verwertungsmöglichkeit. 6. Gemeinsam mit Hausmüll auf den Deponien.

Übung 5 1. Man kann Vorschläge für Umweltschutz in Anzeigen geben. 2. Man kann Umweltschutz durch gezielten Einkauf praktizieren. 3. Man kann umweltfreundliche Produkte herstellen, deren Inhaltsstoffe biologisch abbaubar sind. 4. Man kann Produkte herstellen, die wenig Abfall produzieren und die die Natur so wenig wie möglich belasten. 5. Man kann auf Verpackung achten. 6. Man kann Waren vermeiden, die in überflüssigem Plastik verpackt sind. 7. Man kann umweltfreundliche Produkte günstig anbieten. **Was ist Krone?** b.

Übung 6 1. steigende 2. zunehmende 3. wachsende 4. angrenzenden 5. sterbenden 6. kommende 7. wachsende

Sprache im Kontext Auf den ersten Blick wer reiste: ein Tourist aus Köln **wohin er reiste:** nach Kuba **was für eine Reise es sein sollte:** eine Traumreise **was aus dieser Reise wurde:** ein Alptraum **was der Mann nach dem Urteil des Kölner Gerichtes bekommt:** 80 Prozent des Preises von seinem Reiseveranstalter zurück 1. a. wurden aus dem Abflußsystem des Appartements durchtränkt. b. lagen offen. c. sonderte Kondenswasser ab. d. schimmelten. e. bestanden aus Sperrmüll. f. bestanden aus total verdreckten Mattratzen mit Dachlatten-Federung. 2. a. Betonstücke b. verrosteten Eisenteilen c. leere Getränkedosen d. Scherben e. Lumpen 3. Durch heißes Öl.

Kapitel 14

Alles klar? 1. für Norddeutschland. für einen ganzen Monat. 2. Hintergrundberichte. Porträts. aktuelle Reportagen.

Wörter im Kontext Aktivität 1 1. die Schlagzeilen 2. den Leitartikel 3. die Lokalnachrichten 4. die Wirtschaft 5. Politik 6. das Feuilleton 7. das Horoskop 8. die Kleinanzeigen 9. der Ratgeber 10. die Leserbriefe 11. einen Leserbrief

Aktivität 2 1. Sie ist eine Morgenzeitung. 2. Sie ist eine Tageszeitung. 3. Sie informiert sich über das Geschehen in aller Welt, aus Politik, Wirtschaft und Kultur. 4. Sie hat 105 000 Leser 5. Sie existiert seit 1783.

Aktivität 4 2. Der Wäschetrockner, - 3. der Staubsauger, - 4. der Computer, - 5. der Drucker, 6. das Telefon, -e 7. der Anrufbeantworter, - 8. der Kopierer, -

Aktivität 5 1. Erfindung 2. Erfinder / Erfinderin 3. Arbeitnehmer / Arbeitnehmerin 4. Abonnement 5. überfliegt 6. eigentlich 7. gescheit 8. unbedingt 9. die Zeitschrift

Grammatik im Kontext Übung 1 1. Es scheint ein Bauernhaus zu sein. 2. Das Haus scheint in der Nähe des Mondsees zu sein. 3. Es scheint total renoviert zu sein. 4. Es scheint in einer sonnigen Lage zu sein. 5. Der Preis des Hauses scheint in österreichischen Schilling zu sein.

Übung 2 FRAU WERNER: Wir brauchen keine Haushaltsgeräte zu kaufen. / Wir brauchen uns keinen Computer und keinen Drucker anzuschaffen. / Wir brauchen uns keinen größeren Fernseher zu kaufen. / Wir brauchen keine Zeitungen und Zeitschriften zu abonnieren. / Wir brauchen nicht alle unsere Freunde zu uns einzuladen.

Übung 4 Herr Carl sagte, er sei ein sportlicher Mensch. Er spiele Volleyball. Außerdem surfe, laufe und wandere er gern.

Als die Schüler ihn fragten, ob er sich „Denver" oder „Dallas" ansehe, antwortete er, daß Gott alles, nur nicht „Dallas" sehe. Daran halte er sich auch. Er sehe mal einen Krimi, aber sonst nur Sportsendungen und Magazine wie „Monitor" oder „Report".

Übung 5 1. Der Zeuge antwortete: „Der Dieb ist um halb elf aus der Bank gelaufen." 2. Eine Bankangestellte sagte: „Ich kann den Dieb nicht genau beschreiben." 3. Sie erklärte: „Der Dieb hat eine Maske getragen." 4. Der Polizist fragte: „Der Dieb ist allein gewesen." 5. Der Zeuge behauptete: „Der Dieb ist in einem schwarzen Mercedes weggefahren." 6. Er sagte auch: „Ich habe eine Frau am Steuer gesehen."

Übung 7 1. Man würde in einem Dorf wohnen, um eine abwechslungsreiche Landschaft zu genießen. 2. Man sollte Helmstedt besuchen, um durch die historische Altstadt zu bummeln. 3. Man sollte Helmstedt wählen, um radzufahren, zu angeln, zu reiten und Tennis zu spielen 4. Man sollte die Ferien in Helmstedt verbringen, um sich zu entspannen und sich zu erholen. 5. Man sollte an das Fremdenverkehrsamt schreiben, um Information zu bekommen.

Übung 8 1. Sie sollten keinen Marathon laufen, ohne fit zu sein. 2. Sie sollten kein Tier im heißen Auto lassen, ohne ein Fenster zu öffnen. 3. Sie sollten nicht in die Wüste fahren, ohne Wasser mitzunehmen. 4. Sie sollten nicht das Haus verlassen, ohne alle elektrischen Geräte abzuschalten. 5. Sie sollten bei minus 15 Grad Celsius aus dem Haus gehen, ohne einen Mantel anzuziehen.

Sprache im Kontext Auf den ersten Blick 1 1. b 2. a 3. c

Zum Text 1 1. Es war ein Radiosender für Jugend in Deutschland. 2. Es heißt Deutschlandtreffen 1964. 3. Es fand in Ost-Berlin statt. 4. Es begann als ein 99-stundenlanges Jugendsonderprogramm. Dann wurde es ein Programm für Jugend, das ein paar Stunden montags bis freitags dauerte. 5. Es gab dann den Jugendsender DT 64 für die ganze DDR. 6. Er bietete witzige Beiträge, kesse Moderatoren und Musik, die kein anderer Sender brachte. 7. Eine Million junge Leute hörte ihn. 8. Sie berichteten über Ängste und Sorgen aber auch über Hoffnungen und den Willen nach Eigenständigkeit. 9. Alle Frequenzen wurden über Nacht abgeschaltet. 10. Sie protestierten auf den Straßen von Dresden, Leipzig und Berlin. 11. DT 64 durfte nach 24 Stunden wieder senden. Später wurden die deustchen Medien neu geordnet, und es gab keinen Platz mehr für DT 64.

Auf den ersten Blick 2 3